NOUVELLE DESCRIPTION DE LA VILLE DE PARIS,

ET

DE TOUT CE QU'ELLE CONTIENT
de plus remarquable.

Par GERMAIN BRICE.

Enrichie d'un nouveau Plan & de nouvelles Figures deſſinées & gravées correctement.

HUITIEME EDITION
Revûe & augmentée de nouveau.

TOME SECOND.

A PARIS,

Chez { JULIEN-MICHEL GANDOUIN,
Quay de Conty, aux trois Vertus.
FRANÇOIS FOURNIER, rue
S. Jacques, aux Armes de la Ville.

―――――――――――――

M. DCCXXV.
Avec Approbation & Privilege du Roy.

LA PORTE DE SAINT DENYS.

DESCRIPTION
DE LA VILLE
DE PARIS,
ET
DE TOUT CE QU'ELLE
contient de curieux & de plus remarquable.

LA PORTE
DE SAINT DENYS.

E toutes les nouvelles portes conſtruites depuis qu'on a entrepris d'embellir la ville de Pari , aucune n'a été élevée avec plus de magnificence que celle-ci. Elle eſt ſituée proche des fon-

Tome II.   A

dations de l'ancienne, qui étoit très íncomode. Le corps de la nouvelle qui se voit à present, a soixante & douze piés de hauteur avec la même largeur. La baye ou l'ouverture est de quatorze piés; & de chaque côté, elle est acompagnée de pyramides chargées de trophées d'armes, qui sont attachez sur la largeur de l'ouvrage, dans le piédestal desquelles on a ouvert deux petites portes, pour aider à la grande du milieu. Sur le ceintre, on a placé un bas relief, qui represente, du côté de la Ville, le passage du Rhein; & du côté du faubourg, la prise de Mastrich.

Afin de rendre ces choses plus claires, sous chaque pyramide, on a gravé ces inscriptions, sur des tables de marbre blanc.

LUDOVICO MAGNO.

QUOD DIEBUS VIX SEXAGINTA
RHENUM, WAHALIM, MOSAM,
ISALAM SUPERAVIT.

SUBEGIT PROVINCIAS TRES,
CEPIT URBES MUNITAS
QUADRAGINTA.

EMENDATA MALE MEMORI
BATAVORUM GENTE

PRÆFECTUS ET ÆDILES. P. CC.
Anno D. M. DC LXXII.

Du côté du Faubourg :

LUDOVICO MAGNO.

QUOD TRAJECTUM AD MO-
SAM XIII. DIEBUS CEPIT.

PRÆFECTUS ET ÆDILES. P. CC.
Anno D. M. DC LXXIII.

Cette porte est d'une magnifique apparence, & doit être regardée comme un ouvrage de distinction. Le dessus est découvert à la maniere des anciens Arcs de triomphe, que l'on voit à Rome & ailleurs. C'est le savant *François* BLONDEL, qui en a donné le dessein aussi bien que de quelques autres nouvelles portes & de la plûpart des embellissemens qui ont été faits à Paris sous le ministere de J. B. COLBERT. Les Inscriptions sont de sa composition, & leur beauté fait connoître qu'il étoit tres-versé dans la belle litterature, & tres-habile en plusieurs choses.

Tous les ornemens de sculpture distribuez sur cette porte, sont d'ANGUIER l'aîné, aussi-bien que les bas reliefs placez sur les deux faces. Ces travaux avoient été commencez par GIRARDON; il avoit même déja achevé les rosons qui sont sous l'arc; mais aiant été emploié à d'autres ouvrages pour Versailles, il fut obligé de discontinuer.

Il se trouvoit à côté de la porte de saint Denys une grande place, nommée la *Ville-Neuve*, qui a été remplie de maisons en 1717, dans lesquelles quantité d'artisans se sont établis, qui y sont commodement logez.

Dans le faubourg de saint-Denys, on doit aller voir les choses qui suivent.

LA MAISON
DES PRESTRES DE LA MISSION
DE SAINT-LAZARE.

Es auteurs qui traitent des antiquitez de la ville de Paris, difent bien des chofes de cette ancienne maifon, que l'on n'a pas trouvé à propos de rapporter ici. Il faut feulement favoir que c'étoit autrefois un Prieuré de fondation roiale, où les Rois faifoient leur féjour pendant quelques femaines, pour recevoir le ferment de fidelité & les foumiffions de tous les ordres qui compofent la Ville, & pour fe préparer à leur premiere entrée, qui étoit ordinairement très-magnifique. Leurs corps y étoient mis en dépôt, & on y faifoit les préparatifs de leurs funerailles, avant que de les porter à faint-Denys pour y être inhumez.

Dans la fuite des années ce prieuré qui étoit de l'ordre de faint Auguftin, fût uni à une *léproferie*, c'eft-à-dire, un hôpital deftiné à traiter & à entretenir les perfonnes attaquées de la *ladrerie*, qui devoient donner à cette maison la proprieté de tous leurs biens, avant que d'y être reçus, mais cette infâme maladie aiant cessé, particulierement en France, les choses ont changé de face. Les biens consideŕables de ces maisons ont été détournez ou appliquez à d'autres usages.

Le dernier Prieur titulaire de ce benefice, nommé *Adrien le Bon*, mort en 1651, s'accommoda de son titre avec Vincent de PAUL, premier instituteur des Prêtres de la Mission, qui avoit commencé sa congrégation dès l'année 1622, dans le college des Bons Enfans situé proche de la porte de saint-Victor; il vint dix ans après s'établir dans la maison de saint-Lazare, devenue ensuite chef de toute la congrégation de la mission, & la residence ordinaire du General. Cette nouvelle congrégation a multiplié tres-promptement, à cause des services qu'elle rend à l'Eglise par les missions qu'elle fait dans les Villes & dans les Villages, & par les Seminaires & les retraites spirituelles. Il y a pour cette raison peu de Villes Episcopales en France, où elles n'ait des Seminaires ou des maisons tres-bien établies; ensorte que cette congrégation en peut compter à préfent plus de quatre-vingt dix, tant dedans que dehors du roiaume.

Le roi Louis XIV. qui a toujours eu de la confideration pour les miffionnaires, dont il avoit fort connu l'inftituteur *Vincent* de PAUL, les a établis à Verfailles, à Fontainebleau, à faint-Cyr, aux Invalides, à Sedan & à Rochefort, où ils font l'Office divin & les fonctions curiales avec beaucoup d'édification & d'exactitude.

Il ne refte aucun veftige de l'ancienne maifon de faint-Lazare qui étoit tres-petite, n'y aiant que douze religieux, & menaçoit ruine de tous côtez. *Edme Jolli*, troifiéme General, éleva ces vaftes & folides bâtimens qui fe voient aujourd'hui, qui ne font cependant pas encore affez fpacieux pour loger cette nombreufe & tres-riche communauté. Le grand corps de bâtimens qui donne fur la Ville, eft un peu plus ancien, & ne fert qu'aux exercitans, étant féparé par une grille de fer de celui de la grande communauté.

On a mis dans une fale baffe, par un jufte fentiment de reconnoiffance, les portraits des nombreux bienfaicteurs de cette congrégation, aufquels ceux de quelques perfonnes d'un merite diftingué ont été ajoutez. L'entrée principale de la maison est assez belle. Le réfectoire est grand & éclairé ; & rien n'est plus beau que d'y voir l'ordre, le silence & la propreté qui y regnent, quoiqu'il s'y trouve quelquefois plus de deux cens personnes ensemble. On a placé dans le fond un grand tableau qui represente le déluge universel, peint avec beaucoup d'art. Deux pauvres mangent tous les jours avec la Communauté, & sont servis également. L'Apotiquairerie est encore un endroit qui mérite d'être vû. La bibliotheque n'est pas à la verité située dans un lieu avantageux ; elle est cependant nombreuse & d'un bon choix. On y trouve tout ce que l'on peut desirer, particulierement sur les matieres de discipline ecclesiastique, & on a soin d'y procurer tous les bons livres qui paroissent.

L'Eglise est une Gothique assez grossiere, de la moitié trop petite pour contenir cette Communauté, & pour faire les cérémonies avec la grace & la majesté qu'il conviendroit ; à quoi cependant les missionnaires s'attachent d'une maniere édifiante : cependant on l'a reblanchie & embellie en dedans, pour la rendre propre, autant qu'il a été possible.

On lit dans le chœur quelques épitaphes, entre autres, celle de *Vincent de* Paul, instituteur & premier General de la Congrégation de la mission, qui étoit en grand crédit dans son tems, & qui avoit l'oreille des puissances sous le roi *Louis* XIII. ce que son zele & sa charité, avec une grande douceur répandue dans toutes ses actions, lui avoient procuré. On travaille depuis quelques années à sa canonisation.

Voici l'inscription gravée sur son tombeau.

HIC JACET VENERABILIS VINCENTIUS A PAULO, FUNDATOR SEU INSTITUTOR AC PRIMUS SUPERIOR GENERALIS CONGREGATIONIS MISSIONIS, NECNON PUELLARUM CHARITATIS. OBIIT 27. SEPTEMBRIS ANNO 1660. ÆTATIS VERO SUÆ 85.

René Almeras & *Edme Jolli* ses deux successeurs, sont inhumez à ses côtez. Le premier est mort en 1672, & le second en 1697.

Plusieurs personnes de distinction reposent aussi dans cette Eglise; *Louis de Bassompierre* Evêque de *Saintes*, *Nicolas Sevin*, Evêque & Comte de *Cahors*,

Louis Abelly Evêque de *Rodez*, qui a mis plusieurs ouvrages en lumiere, entre autres *Medulla Theologiæ* ; & quelques autres personnes distinguées par leur merite & par leur naissance.

La plus belle épitaphe qui soit dans le chœur, est celle d'*Adrien le Bon*, dernier Prieur titulaire de saint-Lazare, & insigne bienfaicteur de la Congrégation de la mission ; on y voit son portrait, au bas duquel on lit ces vers qui font allusion à son nom.

Dic bona verba bono, pia dicas ossa quiescant,
Hoc tibi, qui dicat, protinus alter erit.

Ils sont de la composition de *Jacques de la Fosse*, né à Paris, Prêtre de cette Congrégation, qui a fait plus de trente mille vers, que sa modestie l'a empêché de donner au public, & que le fameux Santeul, qui s'y connoissoit, jugeoit très-dignes de paroître au jour.

Il est à propos de remarquer que cette maison occupe un terrain fort vaste, dont l'étendue s'avance bien loin dans les campagnes voisines, & plus grand qu'aucun autre qu'il y ait à Paris, dans lequel il y a plusieurs terres labourées, un moulin, & toutes les autres choses necessaires à une grande & nombreuse Communauté comme celle-ci, qui passe pour la plus riche du roiaume, quoique l'établissement en soit fort nouveau, comme on l'a marqué. Les jardins particuliers sont tres-agréables; le parterre est entre deux grandes terrasses, qui ont vûe sur la Ville & sur les campagnes voisines.

Pour instruire le public des services que la Congrégation de la mission rend à la religion, on dira quelque chose des retraites qui se font dans cette maison.

Aux quatre ordinations, ceux qui sont admis aux ordres sacrez peuvent y venir faire leurs retraites de huit jours, qui commencent le samedi au soir; & tous ceux qui se presentent sont reçus gratuitement.

Un bourgeois de Paris qui n'a pas voulu être connu par un esprit de modestie, a fondé depuis quelques années, avec une tres-grande somme d'argent, quatre retraites pour quatre cens Curez, & d'autres Prêtres desservans, du Diocese de Paris, afin de se recueillir pendant quelques jours, Ces retraites se font après Pâques, dans les semaines où il ne se trouve point de fêtes, & commencent le Dimanche au soir.

Il y a de même des retraites pour les Clercs avant le tems de leurs vacances, qui commencent aussi le Dimanche; mais elles ne sont pas fondées, quoiqu'elles soient d'une fort grande utilité. L'abbé *Vivant*, grand Penitencier, est après le *Cardinal de Noailles*, Archevêque de Paris, le principal Promoteur de toutes ces retraites de Prêtres & de Clercs, qu'on imite déja dans les provinces, à cause de leur utilité & du fruit merveilleux qu'elles produisent.

Enfin tous les mardis au soir, excepté dans les semaines des grandes retraites, dont on vient de parler, on reçoit aussi dans cette maison les personnes de tous états pour faire des exercices spirituels: ce qui produit de tres grands secours pour la conduite des bonnes mœurs.

Jean Bonet, élû le dixiéme de Mai 1711, qui est le sixiéme General, gouverne cette Congrégation avec une grande sagesse & une douce fermeté. *François Hebert*, né à Paris, a eu plusieurs voix pour être General. Il a été longtems Curé de Versailles, & est à present Evêque d'Agen, où l'on a toujours vû de dignes Prélats.

On ne doit pas oublier de dire, que *Vincent* de *Paul* trouva en entrant dans la maison de saint-Lazare, des personnes dont l'esprit & la conduite étoient dans le déreglement, que les parens & les tuteurs y tenoient enfermées pour la correction. *Adrien* le *Bon* l'engagea à vouloir bien s'en charger, comme il avoit fait lui-même. On a à présent la consolation de voir plusieurs de ces personnes déreglées sortir de cette maison, avec un esprit plus sain, & d'une conduite mieux rangée.

Le Parlement par un très-sage reglement envoioit autrefois, tous les ans, des Commissaires députés de son corps pour faire la visite, afin d'être informé de tout ce qui s'y passoit, & pour être instruit si tout étoit dans les regles; mais à présent le Lieutenant General de police a seul cette commission. Les grosses pensions qui se tirent de cette correction, produisent de tres grandes sommes.

En 1719 & en 1720, les Prêtres de la mission de saint-Lazare ont fait élever sur la grande route ou le grand chemin qui va à saint-Denys, une longue suite de maisons doubles à plusieurs étages, construites tres-solidement toutes de pierres de taille, dans lesquelles plusieurs familles particulieres & divers artisans pourront être fort commodement logez, & qui rendront des loiers très considerables.

Comme les Prêtres de la mission de saint-Lazare sont tres-zelés pour la bonne conduite des mœurs, ils proposent une chose qui pourroit convenir à quantité de personnes qui veulent serieusement travailler à leur salut.

Dans le mois de Juin 1724, ils ont fait mettre cette affiche à tous les coins des rues de Paris pour en instruire le public.

RETRAITE HONNESTE ET CHRETIENNE.

S'il se trouvoit plusieurs gens de bien, Ecclesiastiques ou Seculiers, qui désirent de vivre un peu à l'écart du grand monde, les Prêtres de la mission de saint-Lazare seroient assez disposez à leur procurer, à bon compte, près de leur Eglise, un logement sain & commode, une grande cour, un beau jardin, une maison de campagne & toutes les autres choses necessaires à la vie, tant en santé qu'en maladie.

Cet avis peut être tres-utile à plusieurs personnes & aux Prêtres de saint-Lazare, en procurant aux premiers de grandes

DE LA VILLE DE PARIS. 13
commodités, & aux autres de bonnes pensions, si les choses s'executent comme elles sont proposées par l'Affiche.

LES FILLES DE LA CHARITÉ ont leur principale maison de l'autre côté de la rue, qui est grande & fort remplie de jeunes filles, que l'on envoie dans les charités des Paroisses & en divers endroits du roiaume, où elles sont établies pour le service des pauvres & des malades; & l'on peut ajoûter à leur louange qu'elles rendent plus de service au public, qu'aucune communauté de leur sexe.

Elles ont été fondées par *Louise* de MARILLAC, veuve de N. le GRAS, Secretaire de la reine Marie de Medicis. Cette Dame en a été la premiere superieure en 1633, & *Vincent* de *Paul* qui en étoit l'Instituteur, donna des regles & des constitutions approuvées par François de Gondy, Archevêque de Paris, qui les mit à perpetuité sous la direction des Superieurs generaux de saint-Lazare, ausquels elles obéissent avec une profonde soumission. Quoique cet établissement soit nouveau, ces filles en ont déja trois cens, dont quelques-unes sont en Pologne; & l'on en compte plus de trente seulement à Paris. Ces filles ne sont point religieuses, & peuvent quitter quand elles veulent. Avec les services qu'elles rendent aux pauvres & aux malades, elles s'appliquent aussi à l'instruction des jeunes filles, en leur apprenant à lire, à écrire, & à faire des ouvrages propres à gagner leur vie.

Les Dames de qualité vont souvent chez elles, pour faire des retraites spirituelles.

Un peu plus avant & du même côté est la FOIRE DE SAINT-LAURENT, que l'on ouvroit depuis plusieurs siecles le lendemain de la fête de ce Saint, qui arrive le dixiéme d'Août, & qui duroit seulement huit jours ; mais par le grand crédit des Prêtres de la mission de saint-Lazare, à qui elle appartient, elle a été avancée en 1705, au vingt-quatriéme de Juillet, à cause qu'elle tomboit dans les vacances, qui commencent à la N. D. de Septembre ; ce qui étoit cause qu'elle étoit peu frequentée pendant ce tems-là. Cette Foire qui continue àpresent jusqu'à la fête de saint-Michel, est franche pour toutes sortes de marchands & de marchandises. Sa premiere institution est rapportée au regne de Philippe Auguste, qui la donna aux anciens Religieux de Saint-Lazare dont les Prêtres de la mission ont pris la place, qui en jouissent de la même maniere. Ils ont fait une grande dépense pour bâtir les loges, qui sont tres-bien construites, occupées par des marchands; chez lesquels on trouve quelquefois des curiositez de prix.

Les spectacles de toutes especes que cette Foire fournit, même pendant les Fêtes & les Dimanches, y attirent beaucoup de gens de toutes les especes.

LA RUE SAINT MARTIN.

Cette rue une des plus longues & des plus droites, perce toute la Ville d'une extremité à l'autre, mais change de nom en plusieurs endroits; & rien n'eût été plus aisé & plus beau, que de la redresser en y faisant quelques élargissemens dans les endroits serrez qui en ont un tres-grand besoin.

L'EGLISE DE SAINT-JACQUES DE LA BOUCHERIE, n'est pas éloignée du commencement de cette rue.

Avant les accroiſſemens de la Ville, ce n'étoit qu'une fort petite chapelle, qui prit ſon nom du voiſinage de la grande boucherie. Cette Egliſe a dépendu pendant pluſieurs ſiecles du Prieuré de ſaint Martin des champs. Ce qui la rend remarquable entre les autres, c'eſt ſa haute tour d'un ouvrage Gothique parfaitement bien conſtruit, mais chargé de quantité d'ornemens ſans goût & ſans choix, du haut de laquelle on découvre toute l'étendue de la Ville, bien mieux que d'aucun autre endroit d'où on la puiſſe voir. On ne trouve point en quelle année cette tour a été bâtie. Il paroît cependant qu'elle eſt plus ancienne, que le P. du *Breul* ne le dit, qui marque qu'elle a été élevée ſous le regne de François I. La forme de l'ouvrage & les ſculptures qui y ſont en abondance, paroiſſent au moins du tems du roi Jean ou de Charles V. ſon fils. On a fait quelques embelliſſemens au grand Autel en 1720, mais peu remarquables.

Sur la porte du chœur on verra un Crucifix de bois de la main de *Jacques* SARAZIN, qui excelloit parfaitement dans les pieces de ce genre.

Nicolas FLAMEL, ſi fameux chez

les Hermetiques, & *Perenelle* sa femme, dont on a assez amplement parlé dans l'article du Cémetiere de saint-Innocent, sont enterrez dans l'Eglise de saint-Jacques leur Paroisse. Ils sont l'un & l'autre representez en sculpture sur la petite porte qui donne du côté de la rue Marivaux, au coin de laquelle étoit leur maison, où ils parvinrent au grand œuvre, comme on l'a raconté ailleurs.

Jean FERNEL, premier Médecin du roi Henri II. y est aussi enterré. Il a été selon *Guy Patin*, un des plus savans médecins qui aient jamais paru en France, comme on en peut juger par les cures merveilleuses qu'il fit sur les personnes roiales, principalement sur la reine Catherine de Medicis. On lui trouva après sa mort trente mille écus en argent comptant, cachez dans ses Livres; & il étoit si occupé, qu'à peine avoit-il le tems de manger, ce qui est cause que l'on ne voit que peu de ses ouvrages. On lit dans quelques memoires particuliers, que cette Reine étoit si contente de ses soins, qu'elle lui donnoit dix mille écus à chaque couche qu'elle faisoit. Il est mort le vingt-septiéme d'Avril 1557, âgé seulement de cinquante-deux ans, si l'on en doit croire son épitaphe.

Plus avant on trouve l'EGLISE DE SAINT-MERRY, autrefois nommée *faint-Pierre des Bois* ; parce qu'elle étoit alors au milieu d'une petite Forest, dans une espece de solitude, où *faint Merry* se retira & où il finit ses jours en odeur de sainteté, ce qui fut cause qu'elle prit le titre de ce saint Solitaire qu'elle a toûjours porté depuis.

Cette Eglise est assez regulierement distribuée, mais triste & obscure, & tres-mal propre, ainsi que la plûpart des Eglises de cette Ville, où l'on est bien plus negligent à cet égard qu'en aucun endroit de la chrétienté, s'il est permis de le dire.

C'est une collegiale qui dépend du Chapitre de la Cathedrale, composée d'un Cheffecier, qui est aussi Curé, & de six Chanoines, qui ont chacun six cens livres de revenu, avec six Chapelains. Tous ces Beneficiers sont à la collation de deux Chanoines de Nôtre-Dame, par le droit annexé à leur prebende.

On y expose les jours des fêtes principales des tapisseries assez belles, qui representent la vie de Nôtre Seigneur, executées sur les cartons de *Henri* LEREMBERT Peintre du Roi, dont les ouvrages avoient quelque beauté.

Dans une chapelle à droite en entrant aſſez proche de la porte, on trouve une choſe unique à Paris. C'eſt un morceau de *Moſaique* en tableau, qui repreſente la ſainte Vierge & l'enfant *Jeſus*, accompagnez de quelques anges, ſur un fond doré. Cette piece à cauſe de ſa rareté, mériteroit d'être conſervée avec plus de ſoin.

On lit au bas :

OPUS MAGISTRI DAVIDIS FLORENTINI, ANNO M. CCCC. LXXXXVI.

Ce morceau a été apporté d'Italie par *Jean* du GANAY, étant alors premier Préſident du Parlement, comme on le voit par cette inſcription qui eſt au bas. Il le donna à cette chapelle qu'il avoit fondée, dans laquelle il eſt inhumé.

Dominus JOANNES *du* GANAY, *Preſidens Pariſienſis primus, adduxit de Italia Pariſium hoc opus muſaicum.*

A côté du chœur, peu loin de la porte de la ſacriſtie, on a conſtruit un tombeau pour *Simon Arnauld*, *Marquis* de POMPONNE, mort Ministre d'Etat. La chapelle où ce monument se trouve, est fort serrée ; & la quantité de figures & d'ornemens qui y sont emploiez, ne produit pas tout l'effet que l'on pouvoit desirer. Cet ouvrage est de *Barthelemi* RASTRELLI Italien, qui a fait voir en cette occasion le goût moderne & corrompu de son payis, fort different de celui de Michel Ange & des vieux maîtres ; dont les nouveaux s'éloignent trop, pour faire quelque chose d'excellent. Ce monument est chargé de plusieurs figures dessinées d'une maniere seche & contrainte, qui ne font remarquer ni correction ni bon goût, & le tout ensemble n'est pas d'une heureuse invention, ni d'un accord fort bien entendu.

Voici l'épitaphe gravée sur le monument.

D. O. M.

HIC JACET

SIMON ARNAULD de POMPONNE, *eques marchio de* POMPONNE. *Dominus, Baro de Ferrieres, Chambrois, Auguinville, &c.*

Antiquâ inter Arvernos & nobili prosapiâ.
Neapolim & Mantuam annum vix dum agens xxij. Reip. causâ missus.
Unâ apud Batavos, duplici apud Suecos legatione functus.
Inde à LUDOVICO MAGNO *ultro adscitus ipsi ut esset à sanctioribus consiliis, mandatis secretis, & ad exteras gentes epistolis.*
REGNI ADMINISTER, CURSUS PUBLICI PRÆFECTUS.
Clarus fide, religionis studiosus, Res secundas æquo animo adversas fortiter tulit.
Vixit annos lxxx. menses x. dies xxvj.
Obiit apud Fontem-Bellaquæum regi universis regni ordinibus, & exteris æque carus, die xxvj Septembris anno M. DC. XCIX.

CATHERINA LAVOCAT, *uxor amantissima monumentum hoc, quo & ipsa inferri voluit, conjugi carissimo mœrens posuit.*
Obiit illa, die xxxj Decembris.
anno D. M. DCC. XI.
vixit annos LXXVI.

Il s'étoit aquis une haute reputation par sa vaste connoissance dans les affaires étrangeres, & par sa singuliere habileté à les conduire à l'avantage de sa patrie, pour laquelle il a travaillé jusqu'aux derniers momens de sa vie. Sa probité lui avoit procuré l'estime de tous ceux qui le connoissoient, & particulierement des diverses personnes illustres, avec lesquelles il avoit négocié en differens payis.

Simon MARION, Avocat general au Parlement, est enterré dans cette Eglise. C'étoit un homme d'une profonde science dans le droit, & d'une éloquence merveilleuse dans le Barreau, ce qui servit beaucoup à sa fortune & à sa réputation. Il est mort au mois d'Octobre 1605. On admiroit encore plus en lui, une piété solide & un tres-grand discernement.

Jean CHAPELAIN, poëte & bel esprit de son tems, né à Paris, est mort le vingt deux de Fevrier 1647, âgé de soixante & dix-neuf ans. Il étoit de l'Académie Françoise, & connu par quelques pices estimées. Son poëme de la Pucelle d'Orleans, n'a pas eu grand nombre d'approbateurs. Ce Poëte selon *Richelet*, a été le plus heureux *à cause des grosses pensions qu'il avoit, & non pas le plus habile de son siecle.*

Derriere

Derriere l'Eglife de faint-Merry, eft la JURISDICTION DES JUGES CONSULS. On a mis fur la porte de la maifon qu'elle occupe, une figure du Roi, en marbre, de *Simon* GUILAIN, fculpteur habile.

Cette Jurifdiction a été établie par le roi *Charles* IX. Ce Prince étant un jour au Parlement dans un lieu caché pour entendre les procès que l'on raportoit dans la grande Chambre, de même que fes prédéceffeurs l'avoient fouvent pratiqué; on appella une caufe entre deux marchands, qui furent renvoiez hors de cour & fans dépens, après dix ans que le procès avoit duré, ce qui avoit confumé bien du tems & une très-grande fomme d'argent. Le Roi touché de voir que le commerce fouffroit beaucoup par ces longueurs, fit un Edit au mois d'Octobre 1565, par lequel il érigea dans les principales Villes du roiaume, à l'exemple de Marfeilles & de Rouen, des Jurifdictions particulieres, nommées les *Juges Confuls*, compofées feulement de marchands pour terminer promptement tous les differends qui furvenoient au fujet du négoce.

Tome II. B

Plus avant dans la rue faint-Martin est l'ancienne Eglife de Saint Julien des Menetriers, autrefois hôpital, dont les revenus ont été depuis affectez à l'Hôtel-Dieu. Cette maifon eft occupée à prefent par les Peres de la Doctrine Chrétienne, qui y font venus peu d'années après qu'ils furent établis dans la maifon qu'ils ont fur les Foffez de faint-Victor. L'édifice de cette petite Eglife eft fi vilain, qu'il feroit difficile d'en trouver un plus malpropre & plus incommode.

La rue aux Oues, qui n'eft pas éloignée, termine aux rues de faint-Denys & de faint Martin : elle eft ainfi nommée, parce qu'elle étoit autrefois toute remplie de Rotiffeurs qui ne vendoient guere d'autres volailles que des Oyes, viande tres-méprifée à préfent, dont nos Peres cependant, moins fenfuels & moins délicats que l'on ne l'eft à prefent, où le luxe immoderé & la gourmandife regnent au fuprême degré, faifoient tout leur régal. Les Chapons du Mans, les Poulardes fines de Mezerai, engraiffées avec art, les Poules de Caux & mille autres rafinemens ridicules étoient abfolument inconnus dans ces tems heureux de moderation & de continence, où les bonnes mœurs regnoient; & ce ne fut que vers le regne de Charles IX. que les Dindons parurent en France, c'est-à-dire quelques années après la fameuse découverte des Indes Occidentales. Les premiers furent aportez de Mexique, où ils sont tres communs; & l'on ajoûte qu'aux nôces de Charles IX. on servit le premier Dindon, ce que l'on admira avec raison comme une chose fort extraordinaire.

On remarquera au coin de cette rue l'image de la sainte Vierge enfermée dans une grille de fer, sous le nom de N. D. de la *Carotte*, devant laquelle on entretient une lampe allumée par dévotion, au sujet d'un événement si peu connu & si mal fondé dans l'histoire, que l'on n'en peut rien dire de certain.

LA RUE QUINCAMPOIS vient finir dans la rue aux Oues, dont on vient de parler. Elle est ainsi nommée à ce que l'on croit, *à quinque campanis*, parce qu'elle est de cinq Paroisses differentes.

Dans les années 1719 & 1720, cette rue a rendu son nom tres-fameux, par le concours prodigieux des *Agioteurs* d'actions de la nouvelle Banque roiale, entre lesquels quantité ont fait des fortunes immenses & bien au-delà de tout ce que l'on pourroit imaginer. Le commerce de papier que l'on y a vû pendant ces deux années, de plusieurs centaines de *milliars*, y avoit attiré tous les Juifs les plus ardens de divers endroits de l'Europe, & tous les plus actifs usuriers; jamais les bourses fameuses de Londres, d'Amsterdam, de Venise, de Gennes, n'ont vû un concours si furieux & si inquiet, & la posterité seroit avec juste raison fort étonnée, si l'on osoit lui fournir une histoire exacte de tout ce qui s'est passé dans cette rue, peu connue auparavant, & fréquentée seulement par des Banquiers & par des gens qui font commerce d'argent.

Dans la même rue, on peut voir le curieux cabinet de *N. Vivant* qu'il assemble depuis fort longtems. On y remarquera des médailles d'or & d'argent, la plûpart modernes, des monoies étrangeres & des Rois de France de la premiere race, des tableaux & des miniatures des meilleurs maîtres, des branches de corail de toutes couleurs, des plantes coralines d'une grandeur extraordinaire, des vases de cristal de roche, d'agathe & d'autres sortes, taillez & vuidez avec un soin & une industrie toute particuliere, des émaux sur or, anciens & nouveaux de la premiere perfection, ainsi que des boëtes & d'autres bijoux curieux garnis d'or, une corne de licorne, des heures anciennes, pleines de vignettes & de miniatures d'un grand travail, des Livres d'estampes, & avec toutes ces choses un assortiment de coquilles les plus rares, sans parler des bronzes & des piéces de tour en yvoire d'une industrie surprenante.

En reprenant la suite de la rue saint-Martin, après ce petit détour on découvre L'HÔTEL DE VIC, qui a appartenu pendant plusieurs années à *Nicolas* CHUPIN, Tresorier du marc d'or, lequel avoit fait une grande dépense pour l'embellir. Les faces du côté de la cour, sont ornées de pilastres Ioniques couplez, & de fenêtres en balcons, qui forment une décoration agréable. PAPILLON Agent de change, tres-habile dans sa profession, occupe cet hôtel, où l'on a vû des meubles tres-riches.

LES CARMELITES *de la rue Chapon*, sont assez proches : ces Religieuses ont une Eglise solidement construite, dont l'Autel principal est decoré d'un tableau de *Simon* VOUET, qui n'est pas de ses plus beaux ouvrages, & de quelques sculptures dorées d'un dessein commun. Leur maison est fort serrée; & quoique cette Communauté soit tres-riche, les logemens qu'elle occupe, sont tres-mal entendus & des plus tristes.

On trouve dans les vieux Auteurs, que la rue CHAPON étoit autrefois destinée aux mauvais lieux, lorsque l'enceinte de la Ville étoit encore bien en deça.

A l'entrée de la rue de Montmorency, on remarque encore sur pié quelques vieilles maisons, sur le frontispice desquelles il y a des Inscriptions assez difficiles à lire & à entendre, avec des sculptures Gothiques tres-grossieres. C'étoit autrefois un hôpital destiné pour des pauvres passans qui étoient logez & nourris pendant quelques jours, bâti & fondé par *Nicolas Flamel*, dont on a parlé dans l'article de saint-Innocent. On le distingue encore lui même entre les figures qui sont representées sur la face de ces vieilles maisons, dont les revenus ont été depuis affectez à l'Eglise de saint-Jacques de la Boucherie.

En rentrant dans la rue de saint-Martin, on approche de SAINT-NICOLAS

DES CHAMPS, qui est une Paroisse fort peuplée, fondée selon la plus commune opinion par le sage & pieux roi Robert. Comme il tenoit souvent sa cour dans le Monastere de saint-Martin des champs situé à côté, il avoit fait construire une chapelle dans le dehors pour ses domestiques & les gens de sa suite, laquelle fut depuis convertie en Paroisse, ce quartier étant devenu plus peuplé avec le tems. Le bâtiment comme on le voit, est un fort vilain ouvrage de l'année 1576, des plus grossiers, & tres-malpropre.

Le Curé de cette ancienne Paroisse, si l'on en croit *Valesiana*, p. 21. avoit autrefois le titre de *Cardinal*, ainsi que quelques autres de la ville & des villages des environs de Paris, entre autres celui de Charenton, que l'on appelloit *Presbyteri Cardinales*, parce qu'ils étoient obligez d'assister l'Evêque de Paris, lorsqu'il officioit pontificalement. Cela se pratiquoit en divers endroits avant le Pontificat d'Innocent IV. qui éleva la dignité de Cardinal qui fait tant de bruit à present.

L'illustre *Guillaume* BUDE', Maître des Requêtes, né à Paris, un des plus savans hommes & des plus renommez de son siecle, est enterré dans cette Eglise. Il ordonna par son testament, que l'on ne lui fit aucune pompe funebre, & qu'il seroit inhumé de nuit sans aucune cérémonie & sans en avertir personne, ce qui fut ponctuellement executé. Il possedoit la Langue Grecque à un si haut degré de perfection, que Jean *Lascaris* disoit de lui, qu'il pouvoit être comparé aux plus célebres Orateurs de l'ancienne Grece. On a fait en 1557, un recueil de tous ses ouvrages en 4. *vol. in fol.* imprimé à Basle, dans lequel on trouve son excellent traité *de Asse. Jacques de sainte-Marthe* fit son éloge funebre, comme on le pratiquoit alors à la mort des personnes qui avoient fait honneur à leur patrie; & *Louis le Roi* composa sa vie. Peu de savans furent plus estimez que lui, autant à cause de sa profonde érudition, que pour le zele qu'il témoignoit à tous ceux qui avoient besoin de ses bons offices. Le roi François I. qui se connoissoit en personnes de merite, le consideroit infiniment; & il fut un des premiers qui lui conseillerent l'établissement du College roial, un des plus utiles pour le progrès des sciences que l'on pût jamais imaginer. Il est mort le vingtiéme d'Août 1540, âgé de 73 ans.

DE LA VILLE DE PARIS. 33
Salmonius Macrinus lui fit cette épitaphe sur ce qu'il avoit ordonné qu'on l'enterrât de nuit sans flambeaux & sans cérémonies.

BUDÆUS *voluit media de nocte sepulchro*
Inferri, & nullas prorsus adesse faces :
Non factum ratione caret, clarissima quando
Ipse sibi lampas, luxque corusca fuit.

Pierre GASSENDI, un des plus grands philosophes de ces derniers siecles, a son tombeau dans une chapelle de cette Eglise, où l'on voit son buste en marbre avec cette épitaphe.

PETRUS GASSENDUS

Diniensis civis, Presbyter ejusdem Ecclesiæ
Præpositus,
Sacræ Theologiæ Doctor in Academia
Parisiensi,
Regius Mathematicus Professor,
Hîc
Quiescit in pace.
Qui natus est anno Christi 1598.
Die 11. Kal. Februarii,
Obiit 1656.
Die 9. Kal. Novembris
Depositus est 7. Kal.

B v

HENRICUS LUDOVICUS HABERTUS
DE MONTMORT,
Libellorum supplicum Magister, viro pio, sapienti, docto, amico suo & hospiti posuit.

GASSENDI apprit les langues savantes; & entre divers systemes de la Philosophie des anciens, il s'attacha à celui d'Epicure, qu'il fit valoir, dont il a donné trois volumes au public, qui contiennent toute sa philosophie & quelques autres savantes productions qui lui ont procuré une grande reputation chez les plus doctes qui vivoient de son tems.

Henri de VALOIS, historiographe de France, connu par quantité de doctes ouvrages qu'il a publiez, est mort en 1676 âgé de 72 ans; les principaux sont, *Amian Marcelin* traduit avec des remarques; l'histoire Ecclesiastique d'*Eusebe*, de *Cesarée*, de *Socrate*, de *Sozomene*, de *Theodoret*, d'*Evagre*, & de *Philostorge*: tous ces ouvrages sont enrichis de notes & de recherches tres-excellentes.

Adrien de VALOIS, son frere, mort le 12 de Juillet 1692, est inhumé dans la même Eglise. Il est auteur de trois volumes *in fol.* sur l'histoire de France, d'un autre ouvrage intitulé *Notitia Galliarum*, enrichi d'un nombre infini de curieuses & savantes recherches, qu'il entreprit par les instances de *J. B. Colbert*, de qui il reçut des gratifications considerables. Le volume de *Valesiana*, imprimé en l'année 1703, est un recueil curieux de pensées critiques, historiques & morales de ce savant auteur, fait par son fils.

Madelene de SCUDERY, si celebre par les nombreux ouvrages qui sont sortis de sa plume, a aussi sa sepulture dans la même Eglise. Elle est morte âgée de 94 ans, le 2 de Juin 1601. Cette savante fille s'est fort distinguée de celles de son sexe ; & l'on peut dire qu'elle a fait beaucoup d'honneur à sa patrie par sa sage conduite, par son savoir, son éloquence & par sa politesse ; ce qui étoit cause qu'on la nommoit ordinairement la *Sapho* de ces derniers siecles, & que quantité d'auteurs ont fait son éloge.

Theophile VIAUD, poëte fameux, dont la fin de la vie a été malheureuse, par la persecution des ennemis puissans qu'il s'étoit attirez à cause de ses satyres, a été enterré dans le cémetiere de cette Eglise, en 1627 ; il est mort âgé seulement de 36 ans.

François MILET, Flaman d'origine,

connu sous le nom de *Francisque*, étoit un fort excellent peintre pour les payisages, dont les tableaux sont recherchez des curieux. Il est aussi inhumé dans le même lieu.

On a oublié de dire que les quatre Anges placez sur le grand Autel de cette Eglise, sont de SARAZIN, qui les fit à son retour de Rome; & que ce premier ouvrage lui aquit beaucoup de réputation. Le tableau du même Autel est de *Simon* VOUET.

SAINT MARTIN DES CHAMPS, qui donne le nom à tout ce quartier, est fort proche; c'est un riche Prieuré de l'ordre de Clugny, de plus de quarante-cinq mille livres de rente.

Les auteurs qui ont écrit sur les antiquitez de cette Ville, croient que cette maison est tres-ancienne. Ce qu'il y a de certain, c'est que selon leurs propres termes il y avoit des Chanoines réguliers sous la regle de saint Augustin, & que les premiers Rois de la troisiéme race y avoient de tems immemorial, un palais. Robert le Pieux, si célebre par la felicité de son regne, fils du roi Hugues Capet, y tenoit sa cour, de même que le roi Henri I. son successeur, qui y fit construire de grands édifices. Philippe I. fils de ce dernier roi, donna cette maison à l'ordre de Clugny, vers l'année 1079, qui fut convertie en prieuré dépendant de cette fameuse abbéie dans le même tems.

Grand nombre de collations dépendent de ce riche benefice, entre lesquelles on compte les cures de saint Jacques de la Boucherie, de saint Nicolas des Champs, de saint Josse dans la rue Aubery-boucher, de la Ville neuve proche de la porte de saint Denys, & de saint Laurent dans le faubourg de même nom, ainsi que le Prieuré de saint Bon, & plusieurs autres aux environs de la Ville, au nombre de cent huit au moins.

La disposition & la structure des édifices de cette maison, font évidemment connoître son ancienneté ; elle est entourée de hautes & fortes murailles, chargées de craineaux, avec des tours d'espace en espace, qui se communiquent en dedans de la même maniere qu'on le pratiquoit autrefois pour la défense des places de resistance. L'Eglise, comme tout le reste, marque aussi son ancienneté par la maniere dont elle est construite, sur tout les chapelles du chevet, ou du rond point ; cependant le grand Autel a été refait à la moderne fur les deffeins de *François* MANSART. Il eft orné de quatre colonnes Corinthiennes de marbre de Dinan, d'une difpofition & d'une correction digne d'un auffi grand maître qu'il étoit.

Depuis quelques années on a fait de grandes réparations & des embelliffemens confiderables dans la nef de cette Eglife. On l'a toute revêtue d'un lambris de menuiferie, décoré d'architecture, fur lequel on a placé quatre grands tableaux de *Jean* JOUVENET, pofez à la fin de l'année 1706, dans lefquels cet habile peintre a reprefenté autant de points de l'hiftoire du nouveau teftament, d'une maniere excellente & digne de la grande reputation qu'il s'eft aquife par quantité d'autres ouvrages qui font fortis de fon pinceau. MONTAGNE & PERSON, tous deux peintres de l'Academie, ont fait les autres tableaux qui font de chaque côté de la porte.

Les dedans de ce monaftere ne font pas encore achevez. On a commencé de grands travaux qui donnent une belle idée de ce qu'il y aura quelque jour ; & fi les projets commencez s'achevent, rien ne fera plus magnifique, aucune communauté religieufe ne fera plus commodément & plus noblement logée que celle-ci ; mais il faut encore du tems pour arriver au point de perfection où ces entreprises doivent parvenir.

Le refectoire de cette maison est dans son genre Gothique, un des plus beaux édifices qui se puisse voir. Les voûtes en sont élevées & d'une legereté & d'une hardiesse surprenante, soûtenues sur des colonnes en perches, d'une extrême délicatesse. *Pierre* de MONTREAU, à qui on attribue ce bel ouvrage, tres-habile architecte, qui vivoit sous le regne de saint Louis, avoit une grande pratique dans cette sorte d'édifices, & y réussissoit d'une maniere merveilleuse. Ce refectoire est orné d'un lambris tres-propre, dans l'Attique duquel on a mis plusieurs peintures qui représentent la vie de saint Benoist, faites par SILVESTRE, de l'Academie, à présent en Saxe où il travaille avec beaucoup de succès.

Guillaume POSTEL est inhumé dans l'Eglise de saint Martin des Champs. Il avoit fait de longs voyages en Europe & en Asie ; & étoit si versé dans les langues vivantes, qu'il se vantoit de pouvoir aller par tout le monde sans le secours des truchemens. Selon de *Thou*, il étoit bon philosophe, mais prévenu de certaines erreurs marquées dans le même auteur,

LA PORTE DE SAINT MARTIN

ont édifié plusieurs maisons sur la rue, & dans la place qui se trouvoit proche de leur Eglise, lesquelles leur produisent des revenus considerables, à cause des franchises dont jouissent ceux qui y sont logez.

LA PORTE
SAINT MARTIN.

Cette Porte, ainsi que le faubourg, qui termine la Ville de ce côté-là, reçoit son nom du prieuré, dont on vient de parler. Elle a été élevée en 1674, presque en même tems que la porte de saint Denis, sur les desseins de *Pierre Bulet*. C'est une maniere d'arc de triomphe de trois ouvertures, dont celle du milieu est plus grande que les deux autres. L'ouvrage a environ cinquante piés de hauteur & de largeur. L'architecture est en bossages rustiques vermiculez, avec des sculptures sur le cintre de la principale ouverture, & un grand entablement Dorique composé de mutules, au lieu de trigliphes, sur lequel regne un Attique en maniere de piédestal continu, dans les faces duquel ces inscriptions sont gravées.

LUDOVICO MAGNO.
VESONTIONE SEQUANISQUE
BIS CAPTIS,
ET FRACTIS GERMANORUM,
HISPANORUM BATAVORUMQUE
EXERCITIBUS,
PRÆF. ET ÆDIL. P.
C C.
ANNO R. S. H. M. DCLXXIV.

Du côté du faubourg on lit celui ci :

LUDOVICO MAGNO,
QUOD LIMBURGO CAPTO
IMPOTENTES HOSTIUM MINAS
UBIQUE REPRESSIT.
PRÆF. ET ÆDIL. P.
C C.
ANNO M. DC. LXXV.

Toutes les diverses sculptures qui se voient sur cette Porte ont été faites par quatre differens maîtres habiles, à savoir DES JARDINS, MARCY, le HONGRE & le GROS.

Le rempart qui communique de cette porte, jusqu'à la porte saint Denis, est planté d'une large allée d'ormes, qui forment le cours tout autour de la Ville, ensorte que les carosses peuvent aller à present tres-commodement, depuis la porte saint Honoré, jusqu'à la porte saint Antoine. Le public est obligé de la plûpart de ces travaux à *François* BLONDEL, qui en a donné les desseins, comme il a été marqué ailleurs.

Au-delà de la porte, proche de la barriere, LE MERCIER, Receveur de la generalité d'Orleans, a fait élever une fort jolie maison, dont les dehors sont agréablement decorez de même que la porte qui plaît à la vûe; mais le voisinage d'un vilain égoût qui passe sous les fenêtres & qui termine la cour, y cause des incommoditez qui doivent en rendre la demeure mal saine & desagreable, quoique d'ailleurs les vûes de cette maison soient assez étendues.

Dans *le faubourg* DE SAINT LAURENT qui est au-delà, on peut aller jusqu'à l'Eglise paroissiale dont il porte le nom : son district entre bien avant dans la Ville, & va de l'autre côté jusques dans la campagne voisine.

C'étoit autrefois une maison conventuelle de l'ordre de saint Benoît, dépendante du Prieuré de saint Martin des Champs, dont la fondation étoit tres-ancienne, puisque saint Gregoire de Tours en parle comme d'un Couvent dont saint Domnol, Evêque du Mans, étoit Abbé contemporain, & bon ami de saint Germain, Evêque de Paris, qui vivoit sous le regne de Childebert I. c'est-à dire, vers l'année 576. Cet ancien monastere, longtems negligé, ou absolument abandonné, à cause des courses & des devastations des Normans, fut rebâti & érigé en paroisse par Philippe Auguste, qui y fut engagé à cause des accroissemens de la Ville, qui augmenta beaucoup sous son regne ; mais l'édifice qui fut refait de son tems, étant tombé en ruine, on construisit en l'année 1429 l'Eglise que l'on voit à present, qui fut benîte & dediée par Jacques du Châtelier, alors Evêque de Paris. La porte principale, tournée du côté du couchant, ornée d'architecture, n'a été élevée qu'en 1622. Le grand Autel est d'un dessein particulier, donné par le PAUSTRE, connu par ses beaux ouvrages d'architecture. Tous les ornemens de sculpture, le Christ qui sort du tombeau, les anges & les autres figures qui le servent d'accompagnemens, sont de *Gilles* GUERIN, Sculpteur de réputation, qui a fait aussi sainte Apolline, que l'on voit dans une chapelle de la nef. Il est mort le 27 de Février 1678, & a été enterré dans cette Eglise qui étoit sa paroisse.

En 1714, on a élevé une petite chapelle derriere le chœur, qui paroît d'un assez beau dessein.

Louise de MARILLIAC, veuve de le *Gras*, Secretaire des commandemens de la reine Marie de Medicis, morte le quinziéme de Mars 1660, est inhumée dans la chapelle de la Visitation. Cette Dame s'est distinguée par une solide pieté & par un zele tres-ardent pour le soulagement des pauvres, en faveur desquels elle institua les filles de la Charité, dont elle fut la premiere Superieure, qu'elle mit sous la direction du General de la mission de saint Lazare, comme on l'a remarqué ailleurs.

L'EGLISE DE LA VILLE-NEUVE, assez proche de la porte de saint Denis, étoit une annexe de la paroisse de saint Laurent, bâtie pour y servir de secours, le vingtiéme du mois d'Août 1552. On y verra un autel de menuiserie, construit depuis peu, sur un dessein agréable & assez bien imaginé. Cette Eglise est à present une paroisse indépendante pour tout ce quartier, autrefois presque désert, mais à present rempli de quantité de maisons occupées par divers ouvriers.

LE COUVENT DES RECOLETZ.

CEs Peres reconnoissent pour protecteurs de leur reforme, & pour fondateurs particuliers de cette maison, le roi Henri IV. & la reine Marie de Medicis. Ils étoient déja logés au même lieu dès l'année 1603, dans une fort petite maison, qui leur avoit été donnée par un bourgeois de Paris nommé *Cottar*; mais comme ils manquoient en ce lieu de toutes les commoditez necessaires, plusieurs personnes de piété contribuerent à la dépense du bâtiment, des dortoirs & de l'Eglise, qui fut dediée sous le titre de l'Annonciation de la Vierge en 1614, par Leonard d'Estrapes Archevêque d'Auch. Les Religieux de ce monastere ne vivent que d'aumônes & vont nuds piés. Entre ceux qui leur ont fait le plus de bien, ils comptent l'illustre Chancelier Pierre Seguier, Claude de Bullion Surintendant des Finances, François de Gondy & le Cardinal de Retz, tous deux Archevêques de Paris; le Comte de Guitaut, qui est enterré dans l'Eglise, & quelques autres. Ce Couvent est à présent dans une très-belle & tres commode disposition. Les clos sont grands & vastes; & cette Communauté, qui est des plus nombreuses, y trouve le necessaire sans peine.

L'Eglise n'a rien que de fort simple. On y trouvera cependant quelques peintures du frere *Luc*, qui se fit Religieux de cette maison en 1644, à l'âge de 29 ans; où après avoir mené une vie exemplaire & toute appliquée au travail, il est mort le 17 de Mai 1685. Il a laissé quantité d'ouvrages, qui sont répandus dans les Couvens du même ordre, entre lesquels il y en a qui ont de la beauté.

La bibliotheque qui est sous la direction du Pere *Fortuné* LANTIER, tres-entendu dans la connoissance des livres, peut être considerée comme une des mieux assorties d'entre les bibliotheques Ecclesiastiques de cette Ville. Elle doit son accroissement aux soins vigilans du pere *Jean Damascene* le *Bret*, qui a paru avec applaudissement pendant trente-huit ans dans les plus fameuses chaires de Paris & du roïaume. Ce sage & docte Religieux a emploié toute sa vie à l'édification du prochain, & à l'agrandissement de son ordre.

Entre les prédicateurs renommez que cette maison a produit, on compte le Pere *Alexandre Poquelin*, le P. *Charles Rapine*, le P. *Cosme du Bosque*, le P. *Archange Anguerrand*, & le P. *Olivier Jouvernet*. Le P. *Artus du Monstier* a donné des ouvrages au public, qui ont paru remplis d'érudition & d'exactitude.

Ces mêmes Religieux fournissent depuis 1615 grand nombre de missionnaires, autant pour l'Amerique & le Canada, que pour l'assistance des officiers & des soldats des armées du Roi, où ils rendent des services, avec un zele & une charité desinteressée qui édifie ; ce qui leur attire le cœur de tous les gens de bien. Ils ont environ cent cinquante Couvens dans le roïaume, divisez en sept provinces, qui nourissent un grand nombre de Religieux, dont la subsistance ne vient que des quêtes qu'ils font exactement dans les villes & dans les villages où leurs Couvens sont placez.

Dans

Dans le faubourg de faint Laurent, est L'HÔPITAL DU NOM DE JESUS, qui a donné l'idée de l'établiffement de l'hôpital general. Un riche bourgeois de Paris, aiant prefenté à Vincent de Paul, Inftituteur de la miffion de faint Lazare, une fomme d'argent fort confiderable, pour faire quelque bonne œuvre; ce faint prêtre crut ne la pouvoir mieux employer qu'à fonder un hôpital pour des pauvres âgez: ce qu'il executa heureufement. La maifon eft compofée de deux corps de logis feparez l'un de l'autre, néanmoins tellement difpofez, que chaque fexe peut entendre à part une même Meffe & une même lecture de table, fans fe voir ni fe parler. Les Prêtres de la Miffion de faint Lazare ont la direction du fpirituel de cet hôpital; & trois filles de la Charité, fervent les pauvres avec foin.

L'HÔPITAL DE SAINT LOUIS, que l'on doit confiderer comme le Lazaret de cette Ville, eft derriere le monaftere des Recolets. Il a été fondé pour les peftiferez en 1607, par les foins du roi Henri IV. La premiere pierre de l'Eglife fut pofée le trois de Juillet de la même année. Les bâtimens en font fort fpacieux,

& ont toutes les commoditez neceſſaires. Les adminiſtrateurs de l'hôtel-Dieu furent chargés de la conſtruction de tous les édifices qui le compoſent, & entreprirent de fournir les choſes néceſſaires pour le ſervice des malades, moiennant dix ſols que le roi Henri IV. leur attribua, ſur chaque minot de Sel qui ſe vendroit dans tous les greniers à Sel de la generalité de Paris, pendant le terme de 15 ans, & cinq ſols à perpetuité. Après les 15 années expirées, par cet accord le le bureau de l'Hôtel-Dieu s'obligea encore de payer les gages des domeſtiques, & de fournir les meubles, & toutes les choſes neceſſaires pour le ſervice des pauvres, après qu'il ſeroit entierement édifié & établi. Les édifices furent quatre ans & demi à conſtruire, & ne furent achevez qu'en 1611. Quelques années après on unit à cet hôpital celui de ſainte Anne, ſitué dans la campagne au delà de l'Obſervatoire roial qui tomboit en ruine, & qu'il fallut entierement reparer; en ſorte qu'il ſe trouva deux hôpitaux pour les peſtiferez, aux deux extremitez de la Ville, deſtinez pour la même maladie, dont Paris n'a pas été affligé depuis ce tems-là. On trouve dans les regiſtres de l'Hôtel-Dieu, que la dépenſe de tous les travaux monta à sept cens quatre-vingt-quinze mille livres. Le premier fut nommé l'*hôpital de saint Louis*, à cause de *Louis* XIII. qui regnoit alors; & l'autre l'hôpital de *sainte Anne*, parce que la Reine son épouse portoit le nom de cette sainte.

La premiere pierre de l'Eglise de l'hôpital de saint Louis fut posée le 13 de Juillet 1607, & l'édifice fut continué jusqu'en l'année 1610. Au-dessus de la porte on lit sur une table de marbre noir cette inscription en lettres dorées.

D. O. M. S.

HENRICUS *IV. Franciæ & Navarræ Rex Christianissimus, domi forisque pace alta fruens, quam Dei virtute & sua invicta dextra sibi & regno peperit, curam suam in omnes Reipublicæ partes maximas minimas pariter extendens, inter tot stupendarum substructionum moles, quibus majestatem imperii Gallici in dies amplificat, instaurato Ptochotrophio urbis cognito defuisse hactenus nosocomium, quæ res ingenti civibus incommodo ac periculo vertebat opus novum in Valetudinarii usum à fundamentis excitavit; inque ejus fabricam memoranda in omne ævum liberalitate tanto parem incœpto pecuniarum vim una donatione contulit, ædem insuper hanc in honorem* D. LUDOVICI *progenitoris sui qui pro Christi servatoris gloria, adversus infideles bellis feliciter gestis, in Africa demum morbo pestilenti mortalitatem exuit, dedicatam de ejus nomine dici voluit; documentum subditis quod jam nunc Ludovico filio exempla sua & suorum majorum proponat imitanda anno Domini 1608, regni sui 19.*

On envoye aujourd'hui les convalescents de l'Hôtel-Dieu dans cet Hôpital prendre l'air pendant quelques jours, pour rétablir leur santé. En 1709, on a fait des augmentations dans les édifices de l'hôpital de saint Louis, pour loger plus commodement les scorbutiques, dont il y avoit un tres-grand nombre, à cause de l'extrême misere des dernieres années.

MONT-FAUCON.

SI l'histoire fait passer la memoire des grands hommes à la posterité, pour exciter à la vertu & aux grandes entreprises ; elle ne neglige pas de raporter les noms des scelerats insignes, & de marquer leur supplice, afin que leur exemple puisse effrayer les méchans & les retenir dans le devoir ; ce qui malheureusement n'arrive pas toujours, puisque l'on voit encore souvent tomber dans des excès, qui de tous tems ont été tres-rigoureusement punis.

On rapportera, suivant la methode observée dans cet ouvrage, les noms de quelques insignes maltôtiers & de quelques malfaicteurs de distinction, que les plus fideles auteurs de l'histoire de France n'ont pas negligé de marquer dans leurs écrits, dont cependant les châtimens rigoureux ont peu fait d'impression sur l'esprit de quantité de cette sorte de gens, qui ont paru depuis, & qui paroissent encore tous les jours.

MONTFAUCON est dans la campagne voisine des endroits dont on vient de parler.

C'est un *gibet patibulaire*, où l'on faisoit autrefois souffrir le dernier supplice aux criminels, dans le tems qu'il n'étoit pas permis de le faire dans l'enceinte des villes; & que même les sepultures ordinaires y étoient rigoureusement défendues : à present c'est le lieu où ils sont enterrez. Le roi *Eudes*, selon *Mezeray*, remporta à cet endroit une signalée victoire sur les Barbares du Nord, le jour de saint Jean-Baptiste en 888, & dit qu'il en coucha dix-neuf mille par terre aux environs de ce lieu, alors nommé *la forest de Montfaucon.*

Le nom de *Gibet*, selon *Furetiere*, après du *Cange* & *Menage*, vient du terme Arabe *Gibel*, qui signifie hauteur, parce que ces édifices publics étoient toûjours placez sur des éminences hors des villes, pour être distinguez de plus loin & vûs de tout le monde.

Ce fut seulement sous le regne de *Charles* VI. vers l'année 1396, qu'on donna pour la premiere fois, des Confesseurs aux condamnez, à la sollicitation de *Pierre de Craon*, qui fit ériger exprès une grande Croix fort proche, qui s'y voit encore à present, au pié de laquelle ils s'arrêtoient pour se confesser. Les Cordeliers du grand Couvent furent gagez pour rendre ce pieux office, à qui

Pierre de Craon donna à perpetuité un fonds pour cet œuvre de misericorde, dont ces bons Peres se sont dispensez depuis.

Ce gibet qui est tres-ancien, & dont on ne trouve la fondation dans aucun auteur, fut rebâti sous *Philippe le Hardy*, par les soins de *Pierre* de BROSSE, lequel y fit mettre seize piliers, à present presque détruits qui y étoient encore tous entiers du tems de la ligue.

Mezeray remarque, que tous ceux qui ont pris le soin de le reparer y ont terminé leurs jours; ce qui pourroit être cause qu'on le laisse tomber en ruine.

Ce *de Brosse*, suivant le même auteur, étoit un homme de néant, originaire de Tours, dont saint Louis s'étoit servi de chirurgien & de barbier dans ses voiages, né avec beaucoup d'esprit, & aiant aquis une grande experience dans sa profession, il s'insinua dans les bonnes graces de *Philippe le Hardy*, fils de ce Prince, qui l'admit dans la plus intime faveur; mais en aiant insolemment abusé, il se fit de puissans ennemis, qui travaillerent à sa perte avec chaleur. On trouva en effet qu'il étoit coupable d'empoisonnemens & de plusieurs attentats contre des personnes du premier rang pour lesquels il fut condamné à la mort en

1277. Les Ducs de *Bourgogne*, de *Brabant*, & *Robert* Comte d'Artois, voulurent être presens à son supplice, pour lui faire honneur. *Du Puy histoire des Favoris.*

Enguerrand de MARIGNY, Ministre d'Etat, y fut aussi pendu le dernier d'Avril 1315, sous le regne de *Louis Hutin*. On l'accusa de cinq chefs principaux, *d'avoir alteré la monoie, surchargé le peuple de nouveaux impôts, volé & detourné plusieurs grandes sommes, dégradé les forêts du Roi, pris de l'argent des Flamans, alors ennemis de l'état, & entretenu intelligence avec eux.* Son procès lui fut fait dans le Château de Vincennes, il fut condamné à la mort ; il est vrai qu'à la question qui lui fut cruellement donnée, il protesta de son innocence, & n'avoua presque rien ; cependant les richesses immenses qu'on lui trouva, prouverent suffisamment la justice de sa condamnation. *Son corps qui avoit été attaché au plus haut du gibet avec les autres larrons, fut long-tems la curée des corbeaux, selon les propres termes de la chronique.* Les auteurs remarquent aussi qu'il avoit fait reparer le même gibet. Le roi *Charles le Bel* le rendit aux sollicitations pressantes de *Philippe*, Archevêque de Sens, son frere, qui le mit en dépôt pendant quelque tems dans l'Eglise des Chartreux de Paris; ensuite il fut transporté dans celle du village d'Escouy, qu'il avoit fait édifier de son vivant, où l'on voit encore à présent son tombeau. Cependant sa memoire fut rehabilitée; & le Comte de Valois, qui avoit été son plus cruel ennemi, travailla ensuite à le justifier, & à rétablir sa réputation. *Mezeray.*

Henry CAPEREL fut aussi pendu au même lieu en 1320, sous le regne de *Philippe le Long.* Il étoit Prevôt de Paris, convaincu d'avoir fait mourir un innocent à la place d'un riche coupable, accusé de plusieurs crimes, qu'il avoit sauvé pour de l'argent; par arrêt du Parlement il fut attaché au même gibet, comme il le meritoit. *Mezeray.*

Gerard de la GUETTE, né en Auvergne, d'une basse extraction, eut la même destinée. Il s'étoit élevé à la charge de *Surintendant,* ou de *grand Tresorier,* sous le regne de *Philippe le Long.* On le trouva coupable d'étranges concussions, d'avoir établi plusieurs nouveaux impôts & terriblement volé le Roi dans les monoies. Il fut arrêté sous *Charles le Bel,* & mis à la question; enfin il expira dans les tortures; son corps fut traîné par les rues

C v

& enfuite pendu à Montfaucon, en l'année 1322. *Mezeray*.

JOURDAIN, Seigneur de *Lifle* en Aquitaine, pour avoir commis plufieurs grands crimes, & poignardé de fa propre main un Huiffier roial; il fut cité au Parlement, & conftitué prifonnier au Châtelet, & par arrêt condamné à être trainé à la queue d'un cheval; enfin pendu au gibet de Paris, en 1323. *Mez.* Selon le Pere *Daniel*, il avoit époufé la niéce du Pape *Jean* XXII. mais convaincu de vingt-deux crimes, dont chacun meritoit la mort, on lui fit grace la premiere fois, en confideration du faint Pere; cependant aiant continué, il fubit le fupplice qu'il meritoit.

Pierre Remy, Seigneur de MONTIGNY, fucceda à ceux dont on vient de parler, dans le maniment des Finances; cependant leur funefte exemple le toucha moins, que l'ardente & avide paffion d'acquerir des richeffes. Par arrêt du Parlement, où fe trouverent dix-huit Chevaliers, vingt-cinq Seigneurs & Princes, & le Roi lui-même; il fut condamné le 25 d'Avril 1328, à être traîné par les rues; & enfuite pendu au gibet de Montfaucon, qu'il avoit fait réparer de fes propres deniers, quelques années auparavant. La confiscation de ses biens monta à plus de douze cens mille livres, somme immense en ce tems là, laquelle reviendroit au moins à présent à 15 millions. *Mezeray.*

Massé des MACHES, *Tresorier Changeur* du Tresor du Roi, parce qu'il avoit volé & alteré la monoie, fut traité au même lieu comme ceux dont on vient de parler, en 1331. *Mezeray.*

Remond de SIRAN, Maître des monoies, pour les mêmes crimes ; mais la crainte du supplice qu'il méritoit justement, fit que de desespoir il se pendit dans la prison ; son corps fut exposé après sa mort au gibet de Montfaucon, en 1333. *Mezeray.*

Adam de HOURDAIN, Conseiller au Parlement, fut accusé & convaincu de plusieurs faussetez commises dans des procès à son rapport : on le condamna à la mort, qu'il subit à Montfaucon le trois de Juillet 1348. *Journal du Parl. MS.*

Jean de MONTAIGU, fils d'un bourgeois de Paris, également arrogant & ignorant.. La faveur du Roi sans beaucoup de merite de son côté, l'avoit élevé à la charge de *Surintendant*, & à celle de *Grand Maître de sa Maison*, & fait ses freres, l'un *Archevêque de Sens*, & l'autre *Evêque de Paris*. Les richeſſes immenſes qui ne s'acquerent jamais ſans crimes, aveuglerent ce petit homme, & donnerent dans les yeux des grands, enſortequ'il avoit oſé marier ſon fils à la fille du Connétable d'Albret, & ſes filles à des Seigneurs les plus conſiderables du roiaume. Le Duc de Bourgogne & le Roi de Navarre, prenant l'intervale que le roi Charles VI. qui le cheriſſoit beaucoup, fut dans un accès de ſa folie, dont il ſe ſentit preſque pendant tout ſon regne, le firent arrêter par Pierre des Eſſars, Prevôt de Paris: examiné par des Commiſſaires du Parlement, & tourmenté horriblement à la queſtion, la douleur arracha de ſa bouche ce qu'on vouloit ſavoir, & eut enſuite la tête tranchée aux halles, Mercredi dix-ſeptiéme d'Octobre 1409. A la mort, il avoua la déprédation des Finances, qui contient en ſoi tous les plus grands crimes. Son corps fut attaché au gibet de Montfaucon, & ſa tête plantée ſur un pieu. Le Vicomte de Laonois ſon fils, eut aſſez de credit auprès du Dauphin, pour faire réhabiliter ſa memoire. Le corps fut détaché du gibet, après y avoir été expoſé plus de trois ans. On l'avoit enfermé dans un ſac de cuir, rempli de parfums, pour le garantir des corbeaux & de la pouriture; & on avoit permis qu'il fut gardé par un Prêtre, qui prioit nuit & jour à ſes piés, pour le repos de ſon ame. Les Celeſtins l'apporterent dans l'Egliſe de ſaint Paul ſa paroiſſe, où ils lui firent une pompe funebre des plus magnifiques. De-là ils le conduiſirent avec ceremonie, & en grand appareil au Couvent de Marcouſſy, qu'il leur avoit richement fondé, où ils le dépoſerent dans un tombeau, qui s'y voit encore à preſent. Cette genereuſe conduite des Celeſtins, rare parmi les Moines, leur attira la bienveillance de quantité d'honnêtes gens qui leur firent du bien dans la ſuite.

Mezeray mot à mot, de Breul.

Pierre des ESSARS, *Prevôt de Paris*, ſous le même regne, eut la deſtinée de ceux dont on vient de parler. Il fut convaincu de pluſieurs entrepriſes hardies & criminelles, & puni du dernier ſupplice dans le même lieu, en l'année 1413.

Mezeray.

Le roi *Charles* VIII. parvenu à la couronne en 1483, après la mort de Louis XI. ſon pere, aſſembla l'année d'après les Eſtats generaux du roïaume à Tours, pour reformer les malverſations du regne precedent. Le Procureur general fur certaines dénonciations, fit le procès *à deux infignes coquins, des plus infolens Miniftres du regne paffé.* C'étoit *Olivier le* DIABLE, *Barbier* du Roi *Louis* XI. & *Jean* de DOYAC. Cet *Olivier* avoit changé fon nom de *Diable*, fort convenable à fes mœurs, en celui de *Dain*, &s'intituloit effrontément*Comte* de *Meulan*; convaincu de quantité de vols, & d'actions violentes & criminelles, il fut attaché au gibet; & fon camarade *efforillé* & fuftigé, premierement à Paris, puis à Montferrand, lieu de fa naiffance. *Jacques Coytier*, premier Medecin du roi Louis XI. leur bon & fidele ami, dont on parlera encore ailleurs, en fut quitte pour une taxe de cinquante mille écus, qui fut emploiée à l'expedition de Naples. *Mezeray*.

Jacques de Baune, Seigneur de SAMBLANÇAY, *Surintendant des Finances*, fous le roi *François* I. fut auffi pendu à Montfaucon le 14 d'Aouft 1527, âgé de 62 ans. Cependant les hiftoriens difent en fa faveur, qu'il périt moins pour fes fautes, que par la malice de la Ducheffe d'Angoulême, mere du Roi. On accufa auffi de fa mort le Chancelier du *Prat*, tres-dangereux perfonnage de ce tems-là, qui entroit bien avant dans les intrigues

& dans les menées secrettes de cette Princesse artificieuse. *Mezeray.*

On trouve dans les œuvres de *Clement Marot*, impression d'Hollande pag. 426, une épigramme en faveur de *Samblançay*, qui marque bien qu'il n'étoit pas coupable des crimes dont on l'accusoit; & que tout le monde s'interessoit au malheur qui lui arrivoit, par la perfidie de ses ennemis.

Lorsque MAILLART, *juge d'enfer, menoit*
A Montfaucon SAMBLANÇAY *l'ame tendre,*
A vôtre avis lequel des deux tenoit
Meilleur maintien : pour vous le faire entendre,
MAILLART *sembloit homme que mort va prendre;*
Et SAMBLANÇAY *fut si ferme vieillard,*
Que l'on cuidoit pour vray qu'il menât pendre
A Montfaucon le Lieutenant MAILLART.

Quelques années après sa mort, son innocence fut reconnue, & sa memoire réhabilitée.

Après cette course, il faut rentrer dans la Ville, & prendre le quartier le plus proche.

La rue neuve Saint-Merry, qui termine à la rue saint Martin, n'a rien de remarquable que la maison bâtie par Jabac, où tous les habiles Architectes ont donné des desseins. Cependant Bulet, renommé dans sa profession, a plus fait que tous ceux qui y ont été employez. L'étendue de cette maison est peu considerable, & le jardin qui est derriere, est fort serré ; mais les appartemens sont assez bien disposez, quoique d'ailleurs ils ne soient pas fort clairs ni fort gais. Les dedans ont été raccommodez, & mis à la mode depuis quelques années, sous la conduite de Dulin ; & l'appartement bas est à present embelli d'une maniere plus gracieuse qu'il n'étoit auparavant, quoiqu'on y eut déja fait bien de la dépense en dorure, & en d'autres enrichissemens.

On trouve l'élevation des façades, & les principales coupes de cette maison, dans le recueil que *Marot* a fait des plus beaux édifices de cette Ville.

De-là on doit aller dans la rue SAINTE-AVOYE, qui reçoit son nom d'un Couvent de Religieuses sous ce titre, fondé par saint Louis, pour des femmes infirmes. On nommoit autrefois ces Religieuses *Beguines*, parce qu'elles suivoient quelques constitutions données par sainte Begue, dont la regle est fort connue dans les Payis-bas. Ce couvent est à présent occupé par des *Ursulines*, dont la Communauté est nombreuse. Leur Eglise est incommode, fort petite, & paroît trop negligée.

On lit ces vers de SANTEUL sur une vieille fontaine de cette rue.

CIVIS AQUAM PETAT HIS DE
FONTIBUS, ILLA BENIGNO
DE PATRUM PATRIÆ MUNERE
JUSSA VENIT.
1687.

A côté de cette même fontaine, dont on vient de parler, dans une maison qui n'a aucune apparence en dehors, laquelle appartient à *René* de MARILLAC, Conseiller d'Etat; on verra un escalier tres bien imaginé, dont le trait a quelque chose d'ingenieux & de beau. Les curieux conviennent qu'il y en a peu à Paris qui en approchent; & quoiqu'il ne soit que de plâtre, il surpasse cependant de beaucoup ceux qui ont été bâtis avec plus de dépense, & d'une matiere plus solide.

Plus avant & du même côté est l'Hôtel de Mesme, autrefois l'hôtel de Montmorency, qui a longtems conservé le nom des illustres maîtres à qui il appartenoit autrefois. *Jean Antoine* de Mesme, nommé premier Président dans le mois de Janvier 1712, l'a fait rétablir sur les desseins de *Bulet*, & ensuite sur ceux de Germain de *Boffrand* en 1704. Cet Hôtel consiste en plusieurs appartemens; ceux du rez-de-chaussée de l'aîle, sont tres-spacieux & magnifiquement ornez; l'étendue qu'il occupe est grande, aiant son entrée principale sur la rue sainte Avoye, & une issue par la rue du Chaume. L'hôtel de *Sourdis*, qui a une face sur la rue de Paradis, en dépend, ainsi que le *petit hôtel de Mesme*, sur la rue de Bracq, avec plusieurs maisons de la rue sainte-Avoye, qui font toutes partie de ce grand terrain. On voit encore dans son étendue quelques restes des anciens murs de la Ville, que

Philippe Auguste fit construire, comme on l'a dit au commencement de cette Description.

Ce fut dans cet hôtel que rendit les derniers soupirs, le 12 de Novembre 1567, *Anne* de *Montmorency*, Connétable de France, qui y fut apporté, chargé de blessures mortelles qu'il avoit reçues à la fameuse bataille de faint-Denis; que ce Heros chrétien gagna sur les Huguenots, commandez par le Prince de Condé & par l'Amiral de Coligny. Tous les Historiens ont donné des éloges à ce grand homme, à cause de son zele pour la Religion & de son habileté dans les affaires qu'il avoit conduites sous quatre regnes, avec une extrême sagesse. Son corps fut porté à Montmorency, dans le magnifique Mosolée que lui fit ériger *Madelene* de *Savoye* son illustre épouse, une des Héroïnes de son tems, sur les desseins de *Philbert* de *Lorme*, fameux Architecte. Son cœur fut mis auprès de celui du roi Henri II. son cher maître, dans la chapelle d'Orleans aux Célestins, comme on le dira dans l'article de ce Couvent.

L'HÔTEL DE BEAUVILLIER, n'est pas fort éloigné, c'étoit autrefois l'hôtel d'Avaux, bâti par *Claude de Mesme*, *Comte* d'Avaux, si celebre dans les ambassades importantes où il a été employé ; mais le Duc de *Beauvillier* mort depuis quelques années, l'avoit acheté. Le bâtiment en est élevé avec magnificence sur les desseins de *Pierre* le Muet, qui en a fait graver les coupes, les profils & les élevations dans son traité d'architecture *in folio*. Les quatre faces du bâtiment sont ornées de grands pilastres Corinthiens, qui prennent depuis le rez-de-chaussée, jusqu'au comble de l'édifice ; ce qui forme une apparence grande & magnifique. La cour est de douze toises de largeur, sur seize de profondeur. Les appartemens sont assez bien ornez, l'escalier est d'une coupe hardie & ingénieuse ; & cette maison a de quoi satisfaire en bien des choses.

Nicolas de l'Argilliere, Peintre tres excellent & en grande réputation, demeure dans la rue *Geoffroi l'Angevin*, assez voisine des endroits dont on vient de parler. Il a fait construire depuis peu d'années une maison commodément disposée, où les amateurs de la peinture vont voir ses ouvrages, qui leur donnent une extrême satisfaction. L'Hôtel de Ville est orné d'un grand tableau de sa façon, dont la composition est admirable; & à sainte Genevieve du mont on en voit un autre, qui lui a procuré bien de la réputation.

LE TEMPLE.

Quoiqu'il n'y ait presque rien dans ce lieu, qui puisse satisfaire la curiosité, on ne peut cependant se dispenser d'en dire quelque chose.

Le Temple retient encore le nom des Chevaliers Templiers à qui il a appartenu pendant plusieurs siecles; voici ce que les Historiens rapportent au sujet de la destruction de cet ordre de Chevalerie, tres-fameux autrefois, arrivée sous le regne de Philippe le Bel.

Les croisades & les pélerinages de la Terre sainte aiant cessé par la conquête universelle que les Sarrazins firent de la Palestine, les Chevaliers du Temple dont l'institution étoit d'escorter les voyageurs qui alloient aux saints lieux, se crurent exempts de ce devoir, à cause des dangers qu'il y avoit à essuyer; & comme ils avoient des biens tres considerables dans toutes les terres de la chrétienté, ils eurent pendant ce repos qui les délivroit de beaucoup de dépenses & de fatigues, l'occasion d'amasser de grandes richesses ; mais comme l'abondance & l'oisiveté corrompent ordinairement les mœurs, on prétend qu'ils se plongerent dans des desordres extrêmes qui furent cause de leur destruction entiere. Cependant bien des historiens contemporains disent, que la veritable origine du malheur de cet ordre, vint seulement de la possession de ses prodigieuses richesses, qui firent envie aux puissances superieures, qui s'en emparerent bientôt après sa ruine. Le Pape *Clement* V. & le roi *Philippe le Bel*, pour châtier les Chevaliers du Temple de leurs crimes & de leurs débauches scandaleuses, convinrent de détruire entierement cet ordre, qui étoit alors tres-florissant. Ils commencerent par le grand maître *Jacques* de *Molay*, originaire de Bourgogne, que le Pape sous un prétexte specieux, fit venir de l'Ile de Chypre, avec plusieurs des principaux de son ordre qui y faisoient la guerre aux Infideles, avec bien du succès & de la gloire ; aussitôt qu'ils furent arrivez à Paris, on les confina dans des prisons, où après avoir souffert des tourmens horribles, & confessé des crimes

DE LA VILLE DE PARIS. 71

énormes, dont on prétend qu'ils furent convaincus ; on en condamna d'abord cinquante-neuf à être brûlez vifs, à petit feu, à la pointe de l'Ile du Palais du côté des grands Augustins, à present la place Dauphine. Un nombre presque égal subit le même supplice à l'extremité du faubourg saint Antoine, neuf dans la ville de Senlis, & plusieurs autres en differens endroits du Roiaume. Cette persecution qui avoit commencé par toute la France, Vendredi 13 d'Octobre 1307, contre laquelle le peuple cria beaucoup, dura jusqu'en l'année 1314. *Molay* & trois des principaux de l'ordre, entre lesquels étoit le frere du Dauphin de Viennois, furent gardez en prison les derniers, & ne furent éxecutez qu'après les autres ; & quoiqu'ils se retractassent hardiment des crimes que la violence des tourmens leur avoit arraché de la bouche, ils furent cependant brûlez en presence du Roi & de toute la cour, dans les mêmes lieux où leurs confreres avoient subi le dernier supplice. *Pierre* du *Puy*, savant historien, a donné au public un traité curieux de la condamnation des Templiers, dans lequel il fait voir qu'ils méritoient justement les châtimens rigoureux ausquels ils furent condamnez. On raconte, mais pourtant sans beaucoup de certitude, que le grand maître *Molay*, sur le point d'être executé, ajourna le Pape & le Roi à comparoitre devant Dieu dans l'année ; que cette circonstance soit veritable ou fausse, il est certain, selon quelques historiens, que le saint-Pere mourut avant quarante jours expirez, après cette grande execution, c'est à-dire, le 20 d'Avril 1314. & Philippe le Bel le 29 de Novembre de la même année, après un regne de 29 ans & quelques mois ; ce qui donna occasion à bien des reflexions & à des discours qui ne furent pas à l'avantage de l'un & de l'autre.

Le temple demeura depuis par confiscation à Philippe le Bel, qui y tint sa cour pendant quelques mois seulement, & qui en fit ensuite une vente aux chevaliers de saint-Jean de Jerusalem, lesquels en ont joui jusqu'à present, & l'ont choisi pour leur maison provinciale du grand Prieuré de France.

Le terrain que le Temple occupe est vaste, enfermé de hautes murailles antiques garnies de craineaux & soutenues de tours d'espace en espace, comme une ancienne citadelle. Au milieu il s'éleve
cinq

cinq tours fort exhauffées que l'on diftingue de loin, conftruites vers l'année 1304, lefquelles ont longtems fervi d'arfenal & de magafin d'armes; c'eft où l'on conferve à prefent les titres & les archives de l'Ordre de Malthe, & où fe tiennent les chapitres provinciaux de la nation de France.

La maifon qui eft deftinée aux Grands Prieurs, enfermée dans l'enclos du Temple, a été conftruite par les foins de *Jacques* de *Souvré* pourvû du même benefice, fils du Maréchal de Souvré gouverneur du roi Louis XIII. mais la mort l'aiant prévenu trop tôt, l'édifice étoit demeuré imparfait, perfonne n'y aiant fait travailler depuis, que fort legerement. Ce qui paroît eft du deffein de DE L'ILE. La cour eft entourée d'une efpece de periftyle à colonnes couplées dont les piédeftaux font deux fois plus hauts qu'ils ne devroient être naturellement, ce qui choque étrangement la vûe. Le corps de logis eft au fond de la cour, mais peu élevé & fans aucune proportion avec tout le refte. La grande porte qui donne fur la rue, eft accompagnée de colonnes Doriques ifolées, au milieu d'une longue façade de maçonnerie, dont l'invention eft des plus communes; ce

Tome II. D

qui défigure encore tout cet ouvrage, c'est l'Attique d'une fort vilaine forme, qui s'éleve au dessus, de même que la baluftrade chargée de vafes qui l'accompagne : en un mot tout cet ouvrage ne fait rien voir de beau, quoiqu'il foit d'une grande apparence, & qu'il ait beaucoup coûté.

Dans les années 1720 & 1721, on a fait de tres grands changemens dans cet édifice, & l'on n'a rien negligé pour donner aux appartemens toutes les commodités & tous les agrémens qui y manquoient auparavant. Le *Chevalier d'Orleans*, pourvû du grand Prieuré de France, par la démiffion du Chevalier de Vendôme, a fait faire tous ces changemens pour être plus commodément logé. Ils ont été executez avec un tres-grand fuccès fous la conduite de *Gilles-Marie* OPPENORD premier Architecte de S. A. R. le Duc d'Orleans défunt.

L'Eglife du Temple eft d'une structure ancienne & groffiere, élevée, dit-on, fur le modéle de celle de faint-Jean de Jerufalem. On y enterre tous les Commandeurs & les Chevaliers de l'ordre de Malthe qui meurent à Paris. La chapelle particuliere des Grands Prieurs eft embellie d'ornemens qui ont été faits autrefois avec quelque soin, mais qui n'ont rien d'extraordinaire.

Il faut savoir qu'il se trouve grand nombre de maisons enfermées dans le vaste enclos du Temple, entre lesquelles il y en a de fort logeables, accompagnées de jardins assez grands. Plusieurs marchands & ouvriers y sont aussi logez, comme dans un lieu de franchise, pour être exempts de la visite des jurez des communautés de la Ville ; ce qui est cause qu'ils s'y retirent, pour jouir des franchises & de quelques exemptions particulieres.

Un peu plus haut à l'extremité des murailles qui enferment le Temple, on lit ces vers sur une fontaine élevée depuis peu d'années.

QUEM CERNIS FONTEM MALTEÆ
DEBETUR ET URBI,
PRÆBET HIC UNDAS, PRÆBUIT
ILLA LOCUM.

Dans la rue des *Fontaines*, vis-à-vis du Temple, est le COUVENT DES MADELONETTES, où l'on enferme les femmes dereglées. Tout proche est une chapelle, sous le titre de *Nôtre-Dame*

de *Lorette*, qui est une copie fidelle de
la sainte chambre de Lorette, dans la
Marche d'Ancone, si fameuse en Italie
& par toute la chretienté.

Dans la même rue des Fontaines,
Dassenay, amateur de la peinture,
a rassemblé plusieurs pieces d'un choix
judicieux, des maîtres modernes les plus
habiles. On voit chez lui des ouvrages
de *Rigault* & de l'*Argilliere*, d'une
beauté particuliere, & qui font bien de
l'honneur à ces grands Peintres.

Les religieuses de sainte-
Elizabeth sont vis-à-vis des anciennes murailles du Temple. Leur Eglise
est ornée d'un portail où il y a deux ordres d'architecture en pilastres; le Dorique & l'Ionique, qui sont d'un assez
bon dessein. Le dedans de cette Eglise
est embelli d'un ordre Dorique, qui
n'est pas mal executé. Ce bâtiment a
été commencé en 1628, & la premiere
pierre fut mise par la reine *Anne d'Autriche*.

Les peres de Nazaret sont
du même côté, un peu au-delà. Ils doivent leur fondation en 1636, à l'illustre
chancelier Seguier. Depuis quelques
années leur église a été achevée, dont

le portail est peu de chose. Cette Eglise est ornée d'un Dôme à pans qui ne fait pas un trop bel effet, & tout le reste de cet édifice ne doit pas être trop remarqué.

Le tableau du grand Autel est de le *Brun*, qui le fit en consideration du fondateur, auquel il étoit redevable de sa fortune. Cependant il n'est pas achevé. Dans la seconde chapelle en entrant, on doit voir un petit tableau de *Jouvenet*, qui est un des plus beaux & des plus corrects que ce Peintre habile ait fait.

La porte de la Ville qui conduisoit à la campagne de ce côté-là, a été abatue depuis quelques années, pour faire place au cours dont on a parlé; ce qui contribue beaucoup à la commodité & à l'agrément de tout ce quartier.

LA RUE DU GRAND CHANTIER.

Avant que de voir cette rue on peut commencer par la petite rue des *deux portes*, dans laquelle on trouvera une maison que BASTONNEAU, Fermier general des Aydes & Gabelles, a fait bâtir, dans laquelle il a emploié beaucoup de soin & d'argent, quoiqu'elle soit dans un des plus vilains endroits de la Ville. Du côté de la cour, elle est ornée de pilastres Ioniques & de sculptures fort bien executées. L'escalier placé au milieu est avantageusement ouvert, pour recevoir toute la lumiere dont elle a besoin ; mais ce qu'il y a de plus beau dans cette maison, c'est un cabinet, dont le lambris est orné de pilastres dorez, entre lesquels sont des panneaux de marqueterie, qui representent des vases pleins de fleurs. Ce qui est encore de plus particulier, c'est que le plafond & le parquet sont du même ouvrage de rapport. Toutes ces pieces font un effet d'autant plus beau, qu'on n'a encore rien imaginé de pareil, & c'est presque la seule chose que l'on ait de cette espece.

Dans la rue qui est à l'extremité de celle où est la maison dont on vient de parler, on voit LE COUVENT DES BILLETES. C'étoit autrefois la maison d'un Juif, qui par une impiété execrable, perça de plusieurs coups de couteau une hostie consacrée, & voulut ensuite la brûler ; mais miraculeusement elle fut recueillie par une vieille femme qui entra inopinement chez cet impie, & la porta au curé de saint Jean, où depuis elle a été conservée avec beaucoup de veneration. Ce malheureux Juif fut brûlé tout vif, & sa maison donnée à des Religieux venus de Boucheromont, au Diocese de Châlons en Champagne, qui suivoient originairement la regle du tiers ordre de saint-François, & prirent ensuite celle de S. Augustin. Ces moines avoient dix-sept maisons en France, dont le General residoit dans ce lieu. Enfin, ils s'accommoderent avec les Carmes qui en sont à present en possession.

Le savant *Papire* MASSON, dont les écrits sont si connus des gens de Lettres, y est enterré. Ses principaux ouvrages, sont *l'histoire des Papes*, les *Annales de France*, les *éloges* en latin *des hommes illustres*, une *Description de la France par les rivieres*, & des *Commentaires sur quelques auteurs*.

Cette épitaphe a été gravée sur son tombeau.

PAPIRIUS MASSONIUS
Forensis,
in Senatu Parisiensi advocatus,
in hoc loco jacet,
quem sibi longe ante obitum elegerat.
Requiescat
in pace.

Il est mort dans le mois de Janvier 1611, âgé de 67 ans. Sa vie a été écrite par le Président de *Thou*.

Le cœur de MEZERAY, un des plus fideles historiens & des moins flateurs que la France ait eu, est conservé dans une chapelle de cette Eglise, où cette inscription a été posée.

D. O. M.

Cy-devant repose le cœur de FRANÇOIS EUDES DE MEZERAY, *Historiographe de France, Secretaire perpetuel de l'Académie Françoise.*

Ce cœur après sa foy vive en JESUS-CHRIST, n'eut rien de plus cher que l'amour de sa patrie. Il fut constant ami des bons, & ennemi irreconciliable des méchans. Ses écrits rendront témoignage à la posterité de l'excellence & de la liberté de son esprit, amateur de la verité, incapable de flaterie, qui sans aucune affection de plaire, s'étoit uniquement proposé de servir à l'utilité publique.

Il cessa de respirer le 10. de Juillet 1683.

LA RUE DES BILLETES finit à la RUE DE SAINTE CROIX DE LA BRETONNERIE, qui tire son nom d'un couvent fondé par saint Louis en 1268, pour des Religieux mandians de l'ordre de S. Augustin; mais depuis ce tems-là, plusieurs personnes charitables leur aiant fait du bien considerablement, ils n'ont plus été à la quête, pour ne la pas ôter à ceux qui en avoient besoin. Leur Eglise est d'une structure grossiere, mais le grand Autel qu'ils ont fait rétablir depuis quelques années, est d'un ouvrage de menuiserie assez passable. Sur les stales, ou chaires des Religieux, on a placé un bas-relief de *Jacques Sarrazin*, que les connoisseurs estiment.

Il y a quatre personnes enterrées dans cette Eglise, connues dans l'histoire.

Jean de POPAINCOUR, President au Parlement sous le regne de Louis XI. fut Ambassadeur en Angleterre, & Commissaire au procès du Connétable de *Saint-Pol*, qui eut la tête tranchée dans la Greve en l'année 1475. Ce magistrat donna de grandes marques de son habileté & de sa moderation, sous un regne tres-inquiet & tres-rude. Il est mort le 21 de Mai 1480. Son pere qui avoit été premier Président du Parlement, & qui s'étoit acquis une grande réputation sous les regnes précédens, a voulu être inhumé dans le tombeau de ses ancêtres. Et pour marque de la consideration que l'on faisoit de son merite; la Cour accompagna son Convoi jusqu'aux portes de la ville de Paris, & l'on trouve dans *Blanchard*, qu'il fut conduit à Roye pour être déposé dans la sepulture de ses ancêtres.

Barnabé BRISSON, aussi President au Parlement, avoit l'estime du roi Henri III. qui le fit Avocat General, ensuite conseiller d'Etat & president au mortier. Il fut employé dans plusieurs négociations délicates, qu'il termina avec bien de la prudence. Ce magistrat finit ses jours d'une maniere indigne d'un homme de son merite & de sa qualité: comme il condamnoit hautement & avec chaleur les séditieux qui faisoient un parti sous le nom de *sainte union*, dans le tems que la ville de Paris étoit assiegée par le roi Henri IV. quelques insolens de ce parti le trouvant dans la rue, assez proche de la Greve, se jetterent sur lui & le trainerent indignement en prison avec *Claude l'Archer*, Conseiller de la grande Chambre, & *Jean Tardif*, Conseiller au Châtelet, trop affectionnés au bon parti ; tous trois furent pendus le 15 Decembre 1591. Ils furent arrêtez à neuf heures du matin, confeſſez à dix & executez à onze, dans la priſon du petit Châtelet. *Cromé*, Conſeiller au grand Conſeil, les jugea ſans autre forme de procès, & conduiſit lui-même les corps en Greve le matin ſuivant.

Antoine MINARD, ſieur *de la Tour Grollier*, Preſident au Parlement, eſt auſſi enterré dans cette Egliſe. Il fut aſſaſſiné par trois ſcelerats de la R. P. R. le 12 de Decembre 1559, revenant de l'audience de relevée, qu'il avoit tenue ce jour-là au Palais. Le Parlement ordonna que cette audience finiroit à quatre heures préciſes : elle fut nommée depuis la *Minarde*, pour cette raiſon.

De-là on peut entrer dans la RUE DU GRAND CHANTIER.

La premiere & principale choſe que l'on y diſtingue, eſt

L'HOTEL DE SOUBISE.

Cet ancien hôtel appartenoit autrefois au Connétable *Olivier de Clisson*, & fut nommé pendant quelque tems *l'hôtel des graces*, parce que le roi *Charles* VI. y aïant fait assembler les principaux bourgeois de la Ville après une émotion populaire arrivée en 1392. au sujet d'une nouvelle maltôte que l'on prétendoit établir, leur pardonna publiquement en ce lieu, & leur fit grace, en changeant la peine à laquelle ils devoient être condamnez, en amende pecuniaire bien plus forte que le nouvel impôt, ce qui étoit tout ce que l'on souhaitoit.

Par la suite des tems, cet hôtel un des plus considerables de Paris, vint à la possession des *Ducs de Guise*, dont il a porté le nom pendant plusieurs années. Ces princes eurent tant de part aux évenemens extraordinaires du siecle où ils ont vécu, que leur histoire en fait la principale partie. Le roi Henri III. fit poignarder *Henri* Duc de *Guise* surnommé le Balafré, & le Cardinal son frere Archevêque de Reims, dans le château de

Blois, où les Etats generaux étoient assemblez pour remedier aux desordres qui troubloient cruellement la France. Mais cette funeste tragedie causa des maux infinis & des revoltes extrêmes qui ne terminérent que longtems après la mort du roi Henri III. qui fut assassiné à Saint-Clou par Jacques Clement le premier jour d'Aoust 1589, sur les huit heures du matin.

Cet hôtel qui occupe un tres-grand espace, conserve encore quelques marques de son ancien état. La vieille porte qui servoit autrefois de principale entrée, est accompagnée de deux tours rondes, entre lesquelles est la chapelle, sur l'ouverture du passage, que l'on a reservée jusqu'ici, dans laquelle il est resté quelques vieilles peintures à fresque de *Messer Nicolo* Florentin, qui étoit un de ces fameux maîtres que le roi François I. fit venir exprès d'Italie, pour les embellissemens de Fontainebleau, où il faisoit travailler avec une extrême application.

François de ROHAN, *Prince de* SOUBISE qui a aquis cet hôtel en 1697, y a fait des augmentations & des embellissemens extraordinaires, qui n'ont pû être poussez à l'état où ils sont à present, qu'après de grands travaux & qu'avec des dépenses tres-considerables. On a commencé cet ouvrage vers l'année 1706, sous la conduite de le MAIRE. L'ancienne porte dont on a parlé, a été fermée, & une autre a été ouverte fort proche vis-à-vis de la rue de *Brac*, afin de laisser le passage libre à une rue qui perce au travers de cet hôtel, pour aller dans la *vieille rue du Temple*. Il est vrai que depuis quelques années, les carosses ni les grosses voitures n'y passent plus; mais on n'a pû absolument interdire le passage aux gens de pié; ce qui n'est pas une médiocre servitude, pour une maison de cette conséquence.

La nouvelle & principale entrée de cet hôtel, est à present du côté de la rue de *Paradis*, que l'on a établie dans un enfoncement de forme circulaire, pour donner plus de majesté & un accès plus facile. Cette grande porte est decorée de chaque côté, de deux groupes de colonnes Corinthiennes, avec leurs couronnemens en ressault, sur lesquelles on a placé les figures d'Hercule & de Pallas, d'une bonne execution, de l'ouvrage de COUSTOU le jeune & de BOURDY, tous deux de l'Académie & excellens dans leur art. Le milieu en Attique, est occupé par les armes du Prince de Soubise.

On a encore mis des trophées de diverses sortes d'armes sur les côtez, pour servir d'accompagnemens à tout cet ouvrage, qui est d'une grande apparence.

La cour qui occupe un terrein spacieux, est terminée par un grande façade d'architecture plaquée sur le vieux bâtiment, pour en cacher la difformité. Elle est formée à rez-de-chauffée, par une décoration de huit colonnes couplées d'ordre composite, entre lesquelles sont trois ouvertures ceintrées, qui conduisent dans le vestibule au bas du grand escalier. Le même nombre de colonnes, mais d'ordre Corinthien, forme un second ordre sur le premier: le tout terminé par un grand fronton, dans le tympan duquel sont les armes de Soubise, executées par LORRAIN, sculpteur habile; on a placé deux figures à demi couchées sur le fronton, & des groupes de genies sur les encoignures, qui font un fort bel effet. Pour accompagner ce morceau d'architecture, ou pour le racorder avec le peristyle qui enferme toute la cour, on a encore ajoûté de chaque côté des groupes de colomnes du même ordre avec leurs entablemens, sur lesquels on a placé les figures des quatre saisons, avec les attributs qui les distin-

DE LA VILLE DE PARIS. 89
guent, d'une proportion un peu plus grande que nature.

On doit remarquer que dans cet édifice, l'ordre composite est dessous l'ordre Corinthien, ce qui n'est pas à la verité selon les regles ordinaires de l'architecture correcte; mais d'ailleurs ce qu'on ne peut condamner absolument, puisqu'il s'en trouve des exemples dans les édifices de consequence, même dans quelques antiques, pour plusieurs bonnes raisons, que les auteurs ont rapportées dans leurs traitez.

Cette cour est grande & d'une forme reguliere, & il n'y en a aucune dans cette Ville qui lui soit comparable pour son étendue & pour sa décoration. Elle est embellie d'un peristyle soûtenu de colonnes couplées, d'ordre composite, avec des pilastres qui y répondent, pour former un coridor, à la faveur duquel on va à couvert tout autour; mais qui se trouve trop étroit. Il regne sur l'entablement continu une balustrade, avec des piédestaux sur les colonnes, & toutes ces choses ensemble fournissent des objets d'une tres-grande apparence, où il paroît que la regularité n'a pas été tout-à-fait negligée, comme on le remarque dans plusieurs nouveaux édifices, que l'on abandonne tous les jours à des maçons ignorans & fans goût, qui prennent hardiment la qualité d'architectes.

L'escalier principal est grand & éclairé, & le vestibule au travers duquel on doit passer pour y arriver, est ouvert de tous côtez, par des arcades fermées de portes de fer, travaillées & dorées avec soin. Les appartemens sont grands, & ont toutes les commoditez qui peuvent y convenir. Celui du Duc & de la *Duchesse de Rohan*, contigu au grand escalier, est distribué en plusieurs pieces de parade & de commodité, & termine par une galerie sur le jardin. Cet appartement est doré & meublé magnifiquement. Il a été rétabli, comme on le voit à present, en l'année 1706, sous la conduite de *Germain de* BOFFRAND.

Environ dans le même tems, *le Prince Armand Gaston, Cardinal de* ROHAN, nommé dans la promotion de l'année 1712, qui étoit déja *Evêque & Prince de Strasbourg*, & membre de l'Academie Françoise, a fait élever un grand hôtel dans une partie du terrein de la maison dont on vient de parler, lequel a sa principale entrée du côté de la *vieille rue du Temple*. Cet édifice construit avec bien du soin, est décoré sur le jardin, d'un ordre dorique à rez-de chauffée felon les regles, avec un corps avancé dans le milieu, formé de quatre colonnes. L'ordre Ionique regne au-deffus & un Attique au troifiéme, terminé par un fronton accompagné de trophées. Tous les ornemens, ainfi que les armes dans le tympan, ont été travaillés avec affez de propreté. L'édifice du côté de la cour eft plus fimple & moins decoré; l'ordonnance qui y regne a cependant quelque beauté dans fa maniere; mais les faces des bâtimens à droite & à gauche de cette cour, qui fe trouve d'ailleurs affez ferrée, n'ont nulle convenance avec tout le refte. Le veftibule, pour arriver au principal efcalier, eft avantageufement percé par plufieurs ouvertures d'entrée & de dégagemens, qui fourniffent toutes les commoditez neceffaires aux appartemens d'en bas, lefquels font exhauffez & fort embellis.

Le principal efcalier n'eft pas ce qui eft le plus eftimé dans cet hôtel, parce qu'il eft d'une forme étrange, peu commode & médiocrement éclairé, & qu'il y manque bien des chofes pour en faire une piece comme elle devroit être, quoiqu'il ait eté refait plus d'une fois.

L'entrée principale, ou la grande porte de cet hôtel, pouvoit être d'une plus belle forme, & marquer plus qu'elle ne fait, pour une maison de cette consequence.

A l'égard des appartemens du premier étage, on leur a donné de la commodité autant qu'il a été possible, & les décorations en sont d'un assez bon choix. On y voit des meubles en broderie sur des fonds de velours, où l'or & l'argent n'ont pas été assez ménagez.

La fameuse bibliotheque des illustres de THOU, autrefois une des plus renommées du roiaume, laquelle a été long-tems entre les mains du Président de *Menars*, occupe à présent les principales pieces des appartemens du rez-de-chaussée. Le *Cardinal* de ROHAN l'a aquise en 1706, & ne néglige rien pour l'enrichir de tout ce qu'il y a de plus rare & de plus singulier.

A l'extremité de la rue de Paradis, assez proche de la principale entrée de l'hôtel de Soubise, on a construit une nouvelle fontaine dans un enfoncement en coquille, sur laquelle on a gravé ces vers.

UT DARET HUNC POPULO FONTEM
   CERTABAT UTERQUE.

SUBISIUS POSUIT MOENIA PRÆTOR
AQUAS.

Dans la même rue de Paradis, le *Marquis* de CANILLAC a fait réparer une maison en l'année 1707, fur les deſſeins de *Germain* de BOFFRAND, architecte habile & experimenté. Elle a deux appartemens au premier étage, qui ſe communiquent par une galerie, au milieu de laquelle eſt un ſalon circulaire ſoutenu par une trompe, ou tour ronde ingenieuſement pratiquée ſur la cour, pour donner plus de largeur au ſalon & à la galerie. Les appartemens de cette maiſon ſont decorez d'ornemens fort recherchez, & d'une tres-belle invention.

LE COUVENT DES PERES DE LA MERCY, eſt fort proche de l'hôtel de Soubiſe. L'Egliſe de ces Peres qui eſt du deſſein de COTTART, a un portail dont les colonnes ſont ovales ou applaties, l'architecte les aiant reduites à cette forme bizarre & preſque ſans exemple, moins par caprice, que dans la vûe de ménager de bien peu le terrain qui eſt aſſez ſerré à cet endroit. L'interieur de cette Egliſe n'a rien de particulier. L'autel principal a deux belles figures de *François* ANGUIERE, Sculpteur habile & estimé, qui representent saint Pierre Nolasque & saint Remond, patrons & instituteurs de ces Peres.

L'Institut de ces Peres, est d'aller en Barbarie racheter les Captifs chrétiens, comme font d'ordinaire les Mathurins. Ou voit dans leur Eglise le tombeau du *Maréchal* de *Themines*, & celui de l'ancienne famille de *Braque*, à qui ils doivent une partie de leur fondation ; cette Eglise aiant été édifiée sur leur chapelle, laquelle se trouvoit alors proche des murailles de la Ville. Ce fut à la sollicitation de la reine *Marie* de *Medicis*, que ces Religieux furent établis à cet endroit en 1613, dont l'origine vient de Grenade. Ils ont seulement dix-sept maisons dans le roiaume.

Dans la RUE DU GRAND CHANTIER, dont on a déja parlé, on remarquera encore une maison qui fait le coin de la *rue des quatre Fils*, le devant de laquelle est orné d'architecture, avec des refans, & des vases sur l'entablement, qui font ensemble une décoration agréable. Elle est de *François* MANSART, dont les ouvrages se distinguent des autres. Cette bélle maison après avoir appartenu à plusieurs maîtres tres-riches, comme à *Guenegaud* & à *Reik Penautier*, Receveur general du Clergé de France & des Etats du Languedoc, est tombée depuis à *Jean* ROMANET Fermier general & Receveur des Finances de la generalité d'Auvergne, qui en l'année 1704 y a fait faire dans les dedans des embellissemens extraordinaires. La disposition & la distribution des appartemens ont été entierement changées, & rendues incomparablement plus commodes & plus agréables.

Un peu plus avant, *François* le JUGE, aussi Fermier general des cinq grosses Fermes du Roi, mort depuis quelques années, en a fait bâtir une de fond en comble, où la plus grosse depense n'a pas été épargnée. Elle est decorée du côté de la cour & du côté du jardin de plusieurs bas reliefs de COYZEVOX. Les dedans sont embellis de deux grands plafonds peints par la FOSSE, & le jardin a dans le fond une fontaine, où l'on a placé une belle statue de FLAMAN, Sculpteur de l'Academie : en un mot, cette maison montre par bien des endroits, que rien n'a été épargné pour y donner tout ce qui marque la richesse & la fortune du maître à qui elle a appartenu. Elle a été bâtie sous la conduite de DECOTTE, architecte de l'Académie, qui a élevé depuis quelques années des bâtimens dans lesquels on a fait de la dépense. Cette maison est à présent occupée par *Jean-Marie* de VOIGNY, Receveur des Finances de la generalité de Rouen, qui l'a achetée des heritiers de le *Juge*.

Sur la même ligne quelque pas au-delà, est la maison de N... AMELOT de CHAILLOU, élevée sur les desseins de BULET. Elle est grande, & a été bâtie avec bien du soin. L'escalier est sur tout remarquable ; mais comme le plan sur lequel cette maison se trouve, n'a pas été avantageux, on n'a pû éviter quelques défauts, qui sont réparez, ou du moins cachez par les ménagemens ingenieux de l'architecte.

A l'extremité de cette rue, on découvre la grande tour quarrée du Temple, qui la termine fort agréablement, en formant un point de vûe qui fait un bel effet. Cette grosse tour, accompagnée de quatre autres rondes, qui paroissent toutes ensemble de fort loin, a longtems servi d'Arcenal, avant que celui qui est proche des Célestins, sur le bord de la riviere, fût bâti.

LES

DE LA VILLE DE PARIS.

Les Enfans rouges occupent la derniere maison de cette rue. C'est un hôpital destiné pour les orphelins originaires de Paris, fondé en 1554 par *Marguérite* reine de Navarre, sœur du roi François I. On l'a réuni depuis quelques années à l'hôpital general, de même que plusieurs autres petits hôpitaux de la Ville.

Jean MEGRET, Président à mortier au Parlement, mort en 1556, est enterré dans l'Eglise de cet hôpital. C'étoit un magistrat élevé aux dignités par son seul merite, & qui étoit en grande reputation dans son tems.

LA VIEILLE RUE
DU TEMPLE.

CEtte rue commence à la rue saint Antoine. La premiere chose qui y paroît, est un grand hôtel bâti simplement, lequel a été longtems occupé par *Claude le Pelletier*, ci-devant *Ministre d'Etat*, *Controlleur general des Finances*, & *Prevôt* des *Marchands*. *Antoine Coiffier de Rusé*, Maréchal *Deffiat*, qui fut Surintendant des Finances sous le Roi Louis XIII. l'a fait élever.

Tome II.   E

On découvre ensuite

LA MAISON D'AMELOT DE BISEUL.

CEtte maison est remplie de tant de belles choses, que les curieux doivent se donner le loisir d'examiner soigneusement tout ce qu'elle contient.

La porte d'abord donne une idée avantageuse pour tout le reste. Elle est ornée sous le ceintre de deux renommées assises, faites par RENAUDIN, avec de tres-beaux bas-reliefs sur les batans de la menuiserie, qui représentent des vertus. On a placé sur cette même porte, du côté de la cour, un grand tableau de sculpture, qui fait voir Remus & Romulus alaitez par la Louve, du même sculpteur. Toutes les faces du côté de cette premiere cour sont chargées de cadrans à soleil, de l'invention du P. *Sebastien* TRUCHET Carme. Delà on traverse par un passage orné de colonnes pour aller dans la seconde cour, qui est beaucoup plus grande. Les faces des bâtimens qui y regnent, sont ornées d'architecture. Ensuite on doit entrer dans l'escalier, dont le plafond est ouvert en lanterne, avec une balustrade dorée. Le milieu est occupé par un grand morceau de peinture de POERSON, qui represente l'Aurore, autour duquel on a disposé quantité d'ornemens en sculpture. On entre ensuite dans la grande sale ouverte des deux côtez, dont les tremeaux sont couverts de tableaux qui representent des troupeaux cachez sous des rochers, lesquels sont d'un nommé BOURSON, fort habile pour ces pieces. Ce qui merite d'être consideré avec plus d'attention dans cette sale, c'est le plafond, dans le milieu duquel est un grand ouvrage de peinture de d'ORIGNY, qui étoit un excellent maître avec une gorge en maniere de frise, chargée d'ornemens de stuc sur un fond d'or, où sont des vases dans le goût de l'antique, ornez de triomphes, accompagnez de sphinx, de braziers & de masques; en un mot, de toute sorte de grotesques d'une invention tres-ingenieuse. Une grande corniche enrichie de quantité de sculptures, regne sous la gorge dont on vient de parler. La cheminée se trouve à une extremité; la déesse Pallas en sculpture, y paroît assise sur un grand trophée d'armes. Ensuite on passe dans une chambre toute garnie de glaces & de meubles en broderie, sur un velours couleur de rose, delà dans la chambre de parade, dont le plafond & les ornemens sont encore plus riches que tout ce que l'on a déja vû. Il y a sur les portes des bas-reliefs de SA-RAZIN, qui fut bien aise d'exposer de ses ouvrages dans un lieu, où il y avoit tant de belles choses. Les meubles sont de velours, brodez d'or & d'argent; & la piece de tapisserie du fond de l'alcove, est estimée un fort grand prix. Le parquet de l'estrade est de marqueterie, où les armes du Maître du logis sont au milieu de divers enroullemens. A main gauche est la chapelle, qui est petite à la verité; mais en recompense décorée, tout autant que le lieu l'a pû permettre, des choses qui y pouvoient convenir. Les tableaux qui y sont, ont été peints par la FOSSE.

A main droite on entre dans le cabinet, la derniere piece de ce riche appartement, mais la plus belle & la plus magnifique. Il est revêtu d'un lambris parfaitement bien doré, sur les panneaux duquel sont peints des vases, des pentes & des festons de fleurs & de fruits d'après nature, avec des oiseaux & des insectes de toute espece, qui volent autour, le tout de la main de VANBOUCLE, un des plus habiles peintres qui ait paru pour cette espece d'ouvrage. Dans le plafond on a représenté un sujet de la fable, peint par d'ORIGNY, aussi-bien que le Dieu du sommeil, qui est dans l'alcove.

Toutes les chambres dont on vient de parler, donnent sur une cour, dont l'enfoncement est orné d'architecture & de figures, avec des perspectives peintes à fresque dans des ouvertures feintes. De l'autre côté, sur la rue, est l'appartement double, joint à celui-ci par une piece de communication. On y trouve d'abord une chambre à l'Italienne, dont le plafond est ouvert en dôme de figure octogone, avec une balustrade tres-bien dorée. On ne peut rien voir de plus richement décoré que cette piece. La dorure & la peinture y brillent de tous côtez, sur une menuiserie en lambris, enrichie de mille ornemens differens. La cheminée a sur le devant un bas-relief bronzé, d'un travail extrémement fini, qui représente Jason, faisant un sacrifice sur le bord de la mer, pour obtenir un heureux retour dans sa patrie; après avoir enlevé la toison d'or. De cette chambre on se rend dans la galerie, dont les côtez sont ornez de pilastres Corinthiens, entre lesquels on a placé des tableaux, qui

E iij

représentent la fable de Psiché, peints par CORNEILLE, aussi-bien que le plafond. Les ornemens des volets de cette galerie sont d'outremer, sur des fonds blancs, peints par du HAMEL, presque le seul qui ait jamais travaillé de cette maniere, & duquel il n'y a point d'ouvrages, si ce n'est à Fontainebleau dans l'appartement de la Reine. A l'extrémité de cette galerie, on a pratiqué une bibliotheque, embellie d'ornemens qui conviennent parfaitement à la disposition du lieu, où tout est peint & doré avec un soin & avec une dépense extrême. Enfin rien ne manque à cette belle maison, tout y est d'une propreté & d'une magnificence surprenante; & il ne s'y trouve aucun endroit qui ne merite d'être soigneusement consideré. Les choses ausquelles on prend moins garde ailleurs, ont ici leur beauté particuliere, comme les appuis des fenêtres qui sont de bois de cedre, rapportez d'ébene & d'yvoire. Les serrures des portes sont d'un acier poli & travaillé aussi délicatement que si c'étoit de l'argent; sans parler des meubles, comme des tables & des miroirs, qui sont enrichis d'écaille de tortue & d'yvoire, garnis de moulures de cuivre doré d'or moulu, cizelez tres-délicatement,

& mille autres choses de la sorte.

On ne verra point dans un autre lieu des ornemens deſſinez avec plus de correction, & finis avec plus de ſoin. Enfin, ceux qui auront examiné toutes ces beautez, conviendront qu'il est difficile d'aſſembler plus de belles choses dans un ſi petit eſpace ; & que celui qui en a pris le ſoin, n'a pu les mettre dans l'état où elles ſont, ſans avoir fait une dépenſe tres-conſiderable, & ſans une connoiſſance parfaite de tout ce qu'il y a de plus curieux & de plus parfait. Cette belle maiſon eſt du deſſein de COTTARD. Mais depuis la mort du Preſident AMELOT de Biſeuil, qui l'a fait conſtruire, & qui recevoit ſi civilement les curieux qui l'alloient voir, ceux à qui elle est tombée en partage n'en permettent plus l'entrée à perſonne, ſans qu'on puiſſe en ſavoir la raiſon.

Vis-à-vis eſt l'HÔTEL D'O., qui appartenoit autrefois à *François* D'O Maître de la Garde-robe du roi Henri III. & ſon favori : il étoit premier Gentilhomme de ſa Chambre, Chevalier de ſes ordres, Surintendant des Finances, Gouverneur de Paris, & de l'Ile de France. Les auteurs ne parlent pas avantageuſement de sa conduite, ils disent qu'il étoit entierement perdu par le luxe, & qu'il obligeoit à toute heure le Roi de faire de nouveaux édits burseaux & d'aller au Parlement, le forcer par sa presence à les vérifier. Il mourut au mois d'Octobre 1594, sans enfans. *Mezeray*, parle de lui en ces termes: *François d'O, Surintendant des Finances, acheva de vivre dans son hôtel à Paris, aiant l'ame & le corps également gatez de toute sorte de vilainies.* Après sa mort son hôtel fut converti en un monastere de Religieuses de l'ordre de saint Augustin, qui desservoient l'hôpital de *sainte Anastaise*, vulgairement nommé l'hôpital de SAINT GERVAIS, parce qu'il avoit été fondé dans le voisinage de cette Eglise Paroissiale, par Guerin Maçon & par son fils en l'année 1171; mais dans la suite le Cardinal Pierre de Gondy Evêque de Paris, le transfera à cet endroit pour plus grande commodité.

Dans une rue à main gauche on trouvera LES BLANCMANTEAUX, qui est un ancien monastere de l'ordre de saint Benoist, dont l'Eglise a été rebâtie & changée de lieu ces dernieres années. La nouvelle Eglise est ornée en dedans de pilaſtres Corinthiens, & d'une grande corniche qui regne tout autour. L'interieur du côté de l'entrée eſt terminé par une tribune ſoûtenue de quatre colonnes torſes de menuiſerie, qui étoient autrefois à l'autel de l'ancienne Egliſe, elles ſont ici diſpoſées de ſorte, qu'elles font un corps d'architecture aſſez beau, mais la baluſtrade qu'elles ſoutiennent eſt trop petite pour le reſte, c'eſt un défaut qui ſaute aux yeux. Le ſurnom de l'Egliſe de *Nôtre-Dame des Blancmanteaux*, vient des premiers Religieux de ce lieu, qui portoient autrefois des manteaux blancs, leſquels n'y étoient plus dès l'année 1256. *Saint Louis* mit des *Guillemins* à leur place, tirez des Machabées de Montrouge, qui y ont demeuré juſqu'en 1618. Ces Religieux cederent leur place aux Moines de la Congregation de ſaint Maur, qui y ſont à preſent.

On a placé dans cette Egliſe un tombeau remarquable de *Jean* le CAMUS, Lieutenant Civil au Châtelet, mort le 28 de Juillet 1710, âgé de 73 ans, dont l'ouvrage a de la beauté par la correction que l'on y remarque; il eſt tout de marbre & d'une grande apparence.

Il y a quelques maiſons dans la rue de

E v

la Perle, qui méritent bien d'être vûes ; entre autres celle de défunt VAN-HOL-LES, grand Audiencier de France.

LA RUE BARBETTE vient aussi terminer à la vieille rue du Temple. Il y a des maisons assez logeables.

C'est dans cette rue où étoit autrefois l'hôtel de la reine Isabelle de Baviere, femme de Charles VI. dans le voisinage duquel arriva en 1407 le meurtre insigne de *Louis* Duc d'Orléans, frere du Roi, commis par le Duc de Bourgogne, comme on l'a déja dit. Ce qui fut cause de de la haine & de la division de ces deux puissantes maisons ; d'où vinrent ensuite les troubles épouvantables dont la France fut cruellement desolée pendant plusieurs années, qui ne finirent que vers la fin du regne de Charles VII.

On lit ces vers de SANTEUL sur une fontaine de la vieille rue du Temple, laquelle se trouve au coin de la rue de Poitou.

HIC NYMPHÆ AGRESTES EFFUN-
DITE CIVIBUS URNAS :

URBANAS PRÆTOR VOS DEDIT
ESSE DEAS.

1675.

Un peu plus avant & de l'autre côté de la rue, on distinguera la porte d'une maison qui a été occupée par *Charles* DU TILLET de la *Bussiere*, de l'ancienne & illustre famille des DU TILLET, si connue dans le Parlement & dans la république des lettres. Elle est nouvellement rebâtie, ornée d'un balcon au-dessus & d'une grande fenêtre couronnée d'un fronton. Toutes ces choses sont d'un dessein passable & d'une invention assez gracieuse.

Dans ce même quartier, est un Couvent de Capucins, où les curieux ne remarqueront rien que de simple, selon l'usage de ces bons Peres, fondé en 1623. par les soins du P. *Athanase* de MOLE' Capucin, frere de l'illustre premier President de ce nom. Ces Peres ont fait rebatir leur Eglise depuis quelques années, & l'ont rendue beaucoup plus commode qu'elle n'étoit auparavant.

E vj

La maison de *Pierre* GRUYN, Garde du Tréſor roial eſt fort proche. Elle a des appartemens fort décorez qui marquent la richeſſe & le goût de celui qui en a fait la dépenſe.

De la vieille rue du Temple, on peut ſe rendre dans la rue ſaint Louis, en paſſant par la petite rue de TORIGNY. On y remarquera une magnifique maiſon, bâtie par AUBERT, riche partiſan, qui avoit amaſſé des biens tres conſiderables dans les gabelles; ce qui fut cauſe que le peuple juſtement animé contre cette ſorte de gens, appella cette maiſon l'*Hôtel Sallé*. Le *Maréchal* de VILLEROY y a demeuré pendant pluſieurs années. La ſtructure en eſt belle & aſſez bien entendue, & il paroît que rien n'a été épargné pour donner de la beauté & de la propreté à cette maiſon. L'eſcalier eſt grand; mais les apartemens n'ont pas toutes les commoditez que l'on pourroit demander dans un bâtiment d'un ſi grand exterieur.

LA RUE DES FRANCS BOURGEOIS qui eſt aſſez proche, n'a aucune maiſon extraordinaire, ſi ce n'eſt celle que *Michault* de MONTARAN, Tréſorier des

Etats de Bretagne, a fait élever en l'année 1709, à laquelle on a travaillé avec beaucoup d'empressement & de soin, sur les desseins de *Germain* de BOFFRAND, architecte tres-renommé. C'étoit autrefois l'hôtel de LIVRY.

LA RUE SAINT LOUIS.

LA principale chose qui se découvre à l'extremité de cette rue du côté du nouveau Cours, ou du Boulevart, est le COUVENT DES RELIGIEUSES DU CALVAIRE, fondé en 1636 par le P. *Joseph le Clerc*, Capucin, qui étoit en tres-grand crédit auprès du Cardinal de Richelieu, comme on l'a dit en parlant des Capucins de la rue saint Honoré. L'Eglise de ces Religieuses est assez propre. Aux côtez du grand Autel il y a deux chapelles ornées de colonnes Corinthiennes, de marbre de la Sainte Baume, qui sont assez belles. Le cœur du P. *Joseph*, leur bienfaiteur, est dans la même Eglise, comme il l'avoit desiré avant sa mort, arrivée en 1638.

La rue saint Louis est une des plus belles de tout Paris par sa longueur & par sa largeur, dont la plûpart des maisons sont grandes & bien bâties.

Mais une des plus considerables & des plus apparentes, est l'*hôtel* de Boucherat, où a demeuré le Chancelier de même nom, qui l'avoit fait considerablement réparer, quelques années avant sa mort, & qui l'a rendu capable de loger un tres grand seigneur. Les appartemens sont spacieux & en grand nombre, où toutes les commoditez que l'on pouvoit desirer, y ont été ménagées. Le jardin tourné du côté du nouveau cours, a beaucoup d'étenduë; on peut même ajoûter qu'il y en a peu de plus grands à Paris, si on en excepte cependant ceux des moines ou des communautez regulieres, qui sont bien aises d'avoir des campagnes dans leurs clôtures, pour dissiper leurs chagrins.

Les Religieuses Benedictines de l'Adoration perpetuelle du Saint-Sacrement, établies dans cette rue en 1684, sont assez proches. Elles occupent un grand hôtel, qui appartenoit autrefois au fameux Vicomte de *Turenne*, dans lequel il y a un morceau d'architecture de l'invention *des Argues*, digne d'admiration; mais que l'on ne peut voir à présent, parce qu'il est dans la clôture du Couvent.

Plusieurs autres grandes maisons se trouvent encore dans la même suite, jusques à la place roiale, qui sont la plûpart d'une agréable symetrie, & d'une assez belle apparence.

On a bâti dans cette rue une fontaine en maniere de piédestal, sur le devant de laquelle sont representez deux Tritons en sculpture.

On lit au bas ces vers de SANTEUL:

FOELIX SORTE TUA NAÏAS AMABI-
LIS,

DIGNUM, QUO FLUERES, NACTA
SITUM LOCI,

CUI TOT SPLENDIDA TECTA
FLUCTU LAMBERE CONTIGIT.

TE TRITON GEMINUS PERSONAT, ÆMULA

CONCHA TE CELEBRAT NOMINE RE-
GIAM.

HAC TU SORTE SUPERBA
LABI NON ERIS IMMEMOR.

Avant que de sortir du quartier du marais du Temple, il est bon de savoir que toutes les maisons qui y sont à présent, excepté le Temple, avec un fort petit nombre d'autres édifices, sont des ouvrages du siecle passé. Le terrein qu'elles occupent, étoit autrefois de grands marécages causez par les débordemens de la riviere, qui s'étendoient jusques dans cet endroit. A présent c'est un beau quartier rempli de quantité de maisons, occupées par un grand nombre de personnes de considération.

Le *roi* HENRY IV. avoit formé le dessein en l'année 1608, de faire une grande & magnifique place, dans des terres labourables, qui se trouvoient alors à l'extremité de la rue saint Louis, & aux environs du Temple. On devoit la nommer la *Place de France*, à laquelle plusieurs rues, sous le nom des principales Provinces du roiaume auroient terminé ; mais ce beau projet n'eut point d'execution, à cause de la mort tragique de ce grand Prince arrivée deux ans après, lorsqu'on s'y attendoit le moins. Cependant en l'année 1626, quelques-unes de ces rues qui avoient déja été dressées, furent remplies de maisons, ausquelles on donna le nom de rue de *Bourgogne*, d'*Orleans*, de *Berry*, de *Poitou*, de *Touraine*, de *Limoges*, d'*Angoumois*, de la *Marche*, de *Saintonge*, de *Beaujolois*, de *Beauce*, &c. qu'elles portent encore à present, dans lesquelles il n'y a aucune maison remarquable.

A l'extrémité de la rue saint Louis, qui a été fort alongée du côté du Temple dans ces dernieres années, on lit ces vers sur une nouvelle fontaine.

FAUSTA PARISIACAM, LODOICO REGE PER URBEM,

PAX UT FUNDET OPES, FONS ITA FUNDIT AQUAS.

Après avoir observé les principales choses dans les divers quartiers que l'on a parcouru; on doit aller voir LA RUE SAINT ANTOINE, une des plus longues & des plus belles de la Ville.

Cette rue a été destinée depuis plusieurs années à des pompes & à des fêtes extraordinaires.

Ce fut par cette rue que la reine *Marie-Therese d'Autriche* fit sa premiere entrée en 1660, & où se fit sa superbe marche du Carousel de l'année 1662, pour l'heureuse naissance de Monseigneur le Dauphin fils unique du roi Louis XIV.

Flavio Chigi, Legat, Neveu du Pape *Alexandre* VII. qui vint à Paris pour faire satisfaction au Roi, au sujet de l'affaire des Corses, auquel on fit une reception magnifique le 29 d'Aout 1664, y passa pour se rendre à l'Eglise de Nôtre-Dame.

Dans les siecles passez elle servoit aux même choses. Les Rois y faisoient leurs courses de bagues, leurs joutes & leurs tournois, qui ont cessé en France depuis le malheur arrivé au Roi *Henri* II. en l'année 1559.

Les Ambassadeurs extraordinaires passent encore à present par la même rue, le jour de leur premiere entrée de cérémonie; & les carosses du Roi, avec les personnes qui doivent les recevoir, les vont prendre dans une maison proche du Couvent des Piquepuces, située à l'extremité du faubourg saint Antoine.

Pour examiner cette longue rue de suite avec les choses les moins éloignées,

& qui ne demandent pas un fort long détour, on peut commencer par la *Place de Greve*, une des plus considerables & des plus renommées de toute la Ville.

LA GREVE.

Cette place étoit autrefois un terrain vague, sur lequel la riviere dans ses débordemens fort grands & fort frequens dans les siecles passez, jettoit quantité de sable & de gravier ; c'est delà, sans doute, qu'elle a reçu son nom. Mais depuis que le pavé de Paris a été fort rehaussé, & que plusieurs quais ont été construits pour contenir la riviere dans son lit naturel, ces inondations n'ont plus incommodé comme elles faisoient autrefois.

On lit dans plusieurs bons auteurs sous l'année 1196, que les débordemens de la riviere de Seine furent si excessifs & si effroiables, que Paris & l'Isle de France craignirent un second déluge universel ; cependant quoique le débordement de cette année-là soit le plus grand dont l'histoire fasse mention, néanmoins on en trouve encore un autre tres-extraordinaire, arrivé plusieurs siecles auparavant, dont *saint Gregoire de Tours* parle en ces propres termes, *Lib. VI. cap. XV. Tantam inundationem Sequanâ Matronaque circa Parisios intulerunt, ut inter civitatem & basilicam sancti Laurentii naufragia sape contigerint.* Ce qui doit faire croire que le terrain depuis la riviere jusqu'aux environs de l'Eglise de saint Laurent, étoit fort bas dans ce tems-là, & qu'il a été beaucoup relevé depuis.

Selon les recherches curieuses & savantes de *Simon-Thomas* GUEULLETTE, Conseiller du Roi & Substitut du Procureur du Roi au Châtelet, il est marqué que la riviere de Seine si sujette depuis quelques siecles aux débordemens, ne sortoit point de ses bornes naturelles du tems de l'Empereur Julien ; tant qu'il fut Gouverneur des Gaules, & qui fit une assez longue residence à Paris, où même il fit construire un Palais dont on voit encore aujourd'hui des restes magnifiques dans la rue de la Harpe. La riviere de Seine se montra toûjours égale, & rarement arrivoit-il qu'elle fût plus basse dans un tems que dans un autre. Le premier débordement considerable arriva en l'année 583, le 8 du regne de Childebert roi d'Austrasie & de Bourgogne ; & depuis ce débordement ce savant auteur en compte quarante extraordinaires jufqu'à nos jours, fur lefquels il fait des remarques tres curieufes qui lui ont coûté fans doute une profonde lecture dans nôtre hiftoire ; fes obfervations finiffent en 1711, c'eft-à-dire au dernier débordement arrivé de nos jours & qui n'a pas caufé des dommages extraordinaires.

Plufieurs favans fe font imaginez que depuis quelques fiecles les rivieres avoient moins d'eau ; mais cette opinion n'eft pas bien établie, parce qu'il y a de la peine à fe perfuader que les fources foient moins abondantes qu'elles n'étoient autrefois, d'ailleurs on peut raifonnablement croire que fi les débordemens de la Seine ne font pas de fi grands defordres à préfent dans la Ville de Paris, on le doit attribuer aux quais folides, conftruits de tems en tems, qui la retiennent dans fon cours naturel, pour lefquels on a fait des dépenfes tres confiderables : il faut encore remarquer que le rehauffement du pavé qui augmente toutes les fois que l'on repave les rues, à caufe du fable qu'il faut apporter, ne contribue pas peu à empêcher les épanchemens extraordinaires. Les vieilles maifons perfuadent encore de cette verité, quand on confidere qu'elles font la plûpart atterrées & plus basses de quelques piés, que le niveau des rues; ce qui oblige tous les jours à les rebâtir, ou du moins à y faire des réparations, qui incommodent fort la bourse des particuliers.

La Greve est la seule place où se donnent les spectacles publics de réjouissance; où l'on fait des feux de joie la veille de la fête de saint Jean-Baptiste, ce qui se pratiquoit autrefois avec bien plus de solemnité, puisque toute la cour y assistoit, & que le roi François I. allumoit le feu aux ceremonies; c'est aussi dans le même lieu que l'on tire un feu d'artifice, & que la Ville donne un festin public aux personnes de distinction qui assistent à cette ceremonie, particulierement lorsque la France a remporté quelque avantage sur les ennemis.

C'est aussi dans le même lieu, où se font les executions de Justice; ce qui attire souvent des concours prodigieux, comme on l'a vû en plusieurs occasions.

Tom. II. Pag 119

L'HOTEL DE VILLE.

L'HOTEL DE VILLE.

CEt édifice public occupe la principale face de la *Greve*.

C'est un bâtiment de grande aparence, orné d'une architecture qui se sent encore beaucoup du Gothique, quoiqu'il soit revêtu de colonnes Corinthiennes élevées sur des piédestaux & sur des empâtemens, lesquelles soûtiennent des corniches en ressault, avec une balustrade qui regne sur l'entablement. Il s'éleve un grand Attique au milieu, chargé de diverses sculptures dessinées sans goût & sans regularité, & executées tres-grossierement.

Sous le regne de FRANÇOIS I. la premiere pierre de cet édifice que l'on peut dire d'une architecture barbaresque fut posée, sur laquelle cette inscription étoit gravée.

Jacta fuerunt hæc fundamenta A. D. 1533. die 13. mensis Julii sub FRANCISCO *I. Francorum rege christianissimo, &* PETRO *Viole, ejusdem regis consiliario, ac mercato-*

rum hujusce civitatis Parisianæ præ-fecto, ædilibus, consulibus, ac sca-binis, Gervasio Larcher, Jacobo Boursier, Claudio Daniel, & Joanne Bartholomæo.

L'ouvrage fut continué sous *Henri* II. son successeur. On se servit d'un Italien nommé *Dominique Cortone*, qui, quoiqu'Italien, n'étoit pas fort entendu dans les proportions de la bonne architecture. Il est vrai que de son tems on n'avoit pas encore étudié soigneusement la sage & merveilleuse maniere des Grecs & des Romains, comme les grands maîtres ont fait heureusement depuis, lesquels sont enfin parvenus à remettre cette belle & utile science dans la perfection & dans les regles, où elle se trouvoit sous le regne d'Alexandre, & sous celui d'Auguste.

L'Hôtel de Ville étoit autrefois dans l'Isle du Palais, sur le bord de la riviere, & dans un quartier si serré de tous côtez qu'il n'avoit aucun accès facile. On voit encore sur pié des restes de cet ancien édifice, dans la rue d'enfer, assez proche de l'Eglise de Nôtre-Dame, qui marquent guent que c'étoit peu de chose : ce qui obligea de changer de lieu, & de choisir un endroit qui fût plus convenable, & qui eût des accès plus commodes.

Cependant on condamne fort le prevôt de Marchands, qui étoit en charge lorsque l'édifice de l'Hôtel de Ville fut entrepris, lequel pour se venger, ou pour faire de la peine au Curé de saint Jean, avec qui il avoit un démêlé, fit placer ce bâtiment comme il est, afin de cacher le portail de l'Eglise, qui auroit cependant produit un tres-bel effet, s'il avoit occupé une face entiere de la Greve, comme le premier dessein en avoit été arrêté. Cette disposition se seroit trouvée d'autant plus avantageuse, qu'elle auroit rendu la place plus grande qu'elle n'est, au moins d'un tiers.

L'ouvrage de l'Hôtel de Ville a demeuré imparfait pendant plusieurs années, & ne fut achevé qu'en 1605, lorsque *François* MIRON Lieutenant Civil au Châtelet, occupoit la charge de Prevôt des Marchands.

Cet illustre Magistrat dont on ne peut se dispenser de faire ici l'éloge, après un des plus sinceres historiens de nos jours, n'a presque point eu de pareil dans l'ardeur & dans l'application infatigable de procurer à la Ville de Paris sa partie, les commoditez & tous les ornemens qui pouvoient y convenir.

Paris doit ce témoignage à la gloire de *François* Miron, ce sont les propres termes de *Mezeray*, qui dit que *dans la charge de Lieutenant Civil & dans celle de Prevôt des Marchands, il ne s'étoit point encore vû de Magistrat qui eût établi une plus exacte police, dans les marchez & sur les ports, qui eût embrassé si courageusement les interêts du peuple, & qui eût apporté plus de soin & de ménage à faire revenir les biens & les droits de la Ville, à aquitter ses dettes, & même à faire* exactement *payer les rentes dues aux particuliers, à l'entretenir dans la splendeur & dans l'abondance, où doit être la capitale du roiaume, la décorer de divers ornemens, & à l'enrichir de toutes les commoditez publiques.* Plusieurs rues élargies, plusieurs pavées de nouveau & accommodées en pente pour écouler les eaux, huit ou neuf places ou carrefours ornez de fontaines jaillissantes, la riviere bordée de quais & de ports, avec des abreuvoirs & des petits ponts sur les ruisseaux & les égouts; une nouvelle porte bâtie à la Tournelle, celle du Temple refaite & rouverte, après avoir été bouchée quarante ans: tous ces travaux feront des marques particulieres qui publieront à la posterité la gloire de ce grand homme. Mais il n'y en a point de plus belle que la face de l'Hôtel de Ville, qui sembloit être demeurée imparfaite depuis soixante & douze ans, pour donner lieu à ce Magistrat, de signaler son zele & d'exercer sa generosité, en emploiant tous les grands revenus de sa charge à mettre cet édifice dans l'état où il est aujourd'hui.

André du CHESNE, savant historien remarque à ce sujet que *François Miron* fit plus d'embellissemens dans la Ville de Paris sa patrie, en deux ans, que ses prédécesseurs n'en avoient fait pendant deux siecles; mais par malheur le bel exemple de ce grand Magistrat n'a point été imité depuis, & le même auteur ajoûte que l'on ne doit pas esperer qu'un Prevôt des Marchands emploie seulement une petite partie de ses grands revenus pour les embellissemens de la Ville.

Le Président LAMBERT de THORIGNY, élû Prevôt des Marchands dans le mois d'Aoust de la presente année 1724, tres connu pour sa grande probité & pour son desinteressement, fait esperer que les choses changeront & qu'il suivra l'exemple de *François Miron*,

& de quelques autres illustres ses predecesseurs.

Sur la porte de l'Hôtel de Ville on a placé la statue équestre du roi Henri IV. à demibosse en couleur de bronze, sur un fond de marbre noir, de l'ouvrage de *Pierre* BIARD, éleve du fameux *Michel Ange*, qui a voulu imiter le cheval de Marc-Aurele, du Capitole à Rome.

Il faut lire cette inscription gravée au-dessus de la porte, en tres-grands caracteres dorez, sur un fond de marbre de Dinan.

SUB LUDOVICO MAGNO FOELICITAS URBIS.

La cour de l'Hôtel de Ville est petite, entourée de bâtimens, soutenus sur des arcades dont l'ordonnance est d'un dessein peu agréable & d'une maçonnerie fort lourde.

Sous l'arc du fond on a placé une statue de bronze du Roi Louis XIV. habillé comme les heros de la superbe antiquité, de l'ouvrage de COYZEVOX. Elle est élevée sur un piédestal de marbre blanc, dont les faces sont chargées de bas reliefs qui representent divers sujets à la gloire de S. M. avec les inscriptions que voici.

LUDOVICO MAGNO
VICTORI PERPETUO,
SEMPER PACIFICO
ECCLESIÆ ET REGUM DIGNITATIS
ASSERTORI,
PRÆFECTUS ET ÆDILES
ÆTERNUM HOC FIDEI,
OBSEQUENTIÆ, PIETATIS
ET MEMORIS ANIMI
MONIMENTUM POSUERUNT

ANNO R. S. H.

M. DC. LXXXIX.

Au sujet du festin donné au Roi à cause de sa guerison, on mit cette seconde inscription sur une face du piédestal de cette figure.

LUDOVICO MAGNO
QUOD SOLUTIS IN ÆDE
DEIPARÆ PRO RESTITUTA
SALUTE VOTIS,
IN BASILICA PARISIENSI,

PRÆFECTO ET ÆDILIBUS
MINISTRANTIBUS, PUBLICE
EPULARI VOLUIT,
30 JAN. 1687,
ET PRÆFECTUS ET ÆDILES
ÆTERNUM HOC SUÆ
ET PUB. FELICITATIS
MONUMENTUM CONDENDUM
CURAVERUNT.

L'arc fous lequel cette figure eft placée, eft orné d'incruftations, où de placages de marbre & de deux colonnes Ioniques de même, dont les chapiteaux, les foubaffemens, & quelques autres fculptures font de métail doré.

Il y avoit auparavant une autre figure de marbre de la même hauteur, de l'ouvrage de GUERIN, qui a été donnée au Préfident de Fourcy, alors Prevôt des Marchands, qui l'a fait tranfporter à fa maifon de campagne.

On lit plufieurs infcriptions gravées en lettres d'or fur une frife de marbre qui regne autour de la cour, lefquelles marquent par année les principaux évenemens du regne de Louis XIV.

1660.

Entrevûe de Louis XIV. *& de* Philippe IV. *Roi d'Espagne dans l'Isle des Faisans, où la paix fut jurée entre les deux Rois. Le mariage du Roi avec Marie Therese d'Autriche Infante d'Espagne. Entrée solemnelle de leurs Majestez dans la ville de Paris, au milieu des acclamations du peuple.*

1661.

Naissance de Monseigneur le Dauphin à Fontainebleau le premier Novembre.

1662.

Le roi d'Espagne desavoue l'action de son Ambassadeur en Angleterre.

1663.

Reddition de Marçal. Renouvellement d'alliance avec les Suisses.

1664.

Le Legat vient faire satisfaction au Roi de l'attentat commis sur son Ambassadeur dans Rome.

1665.

Victoire remportée sur les Corsaires de Thunis & d'Alger, sur les côtes d'Afrique.

1666.

Le secours accordé aux Hollandois contre l'Angleterre.

1667.

Le Roi porte les armes en Flandres pour la défense des droits de la Reine, & prend plusieurs Villes.

1668.

Conquête de toute la Franche-Comté en dix jours au milieu de l'hiver.

1669.

Depuis la paix d'Aix-la-Chapelle, le Roi emploie ses forces de mer contre les Turcs.

1670.

Prise de Pont-à-Mousson & d'autres places. Toute la Lorraine soumise à l'obéissance du Roi.

1671.

Le Roi visite & fait fortifier toutes les places qu'il a conquises en Flandres.

1672.

Le Roi justement irrité contre les Hollandois, entre dans leur payis & s'en rend maître.

1673.

Le Roi assiege Mastrik & l'emporte en treize jours. Les flottes de France & d'Angleterre défont celle de Hollande.

1674.

Seconde conquête de la Franche-Comté. Victoires sur les Imperiaux, les Espagnols & les Hollandois à Senef.

DE LA VILLE DE PARIS, 131

1675.

L'Armée Imperiale chassée d'Alsace, & forcée de repasser le Rhein.

1676.

Levée du siege de Mastrik par le Prince d'Orange. Les Flottes d'Espagne & de Hollande brûlées dans le port de Palerme.

1677.

Prise de Valenciennes & de Cambray. Bataille de Mont-Cassel, suivie de la réduction de Saint Omer.

1678.

Prise de Gand & d'Ipre par le Roi en personne. Prise de Paicerda en Catalogne.

F vj

1679.

Le Roi fait restituer à ses Alliez les Villes qui leur avoient été prises. Paix generale.

1680.

Mariage de Monseigneur le Dauphin, avec la princesse Anne-Marie-Christine-Victoire de Baviere.

1681.

En un même jour Strasbourg & Casal reçoivent les troupes & la protection du Roi.

1682.

Naissance de Monseigneur le Duc de Bourgogne. Alger foudroyé par les vaisseaux du Roi.

1683.

Les Algeriens forcez à rendre tous les Esclaves François. Prise de Courtray & de Dixmude.

1684.

Le Roi accorde la paix aux Algeriens. Punit les Genois. Prend Luxembourg. Force les Ennemis d'accepter une treve de vingt ans, & remet à la priere des Espagnols trois millions cinq cens mille livres de contribution.

1685.

Edit de Nantes revoqué, & l'heresie entierement éteinte en France par le zele & la piété du Roi. Soumission de Genes par son Doge envoié en France.

1686.

Ambassade du Roi de Siam avec des magnifiques presens. Missionnaires envoiez en divers endroits du monde. Etablissement Roial pour 300. Demoiselles à Saint Cyr.

1687.

Vœux de toute le France pour la santé du Roi. Cet hôtel honoré de sa presence. Il y fut servi par le Prevôt des Marchands, Echevins, Conseillers & Quarteniers.

1688.

Papachin Vice-amiral d'Espagne forcé de saluer le pavillon de France à quinze lieues d'Alicante. Philisbourg pris par l'armée du Roi commandée par Monseigneur.

1689.

Protection donnée au roi, à la reine d'Angleterre & au prince de Galles, contre leurs Sujets rebelles.

Toutes ces inscriptions sont d'*André* FELIBIEN, dont les ouvrages ont une grande approbation parmi les personnes d'une érudition polie.

Les chambres d'en haut sont garnies de tableaux qui représentent les Prevôts des Marchands & les Echevins, qui ont été en charge depuis plusieurs années. Il y en a quelques-uns de *François* PORBUS, Peintre habile, qui vivoit au commencement du siecle passé, & qui réussissoit tres-bien en portraits.

Aux extrémitez de la grande sale, sur les cheminées qui la terminent, il y a deux portraits du Roi en habit de son sacre, avec son sceptre & sa main de Justice. Les autres tableaux représentent differens sujets; mais le plus apparent est celui du magnifique festin que l'Hôtel de Ville donna à S. M. & à toute la Cour, le 30. de Janvier 1687, peint par l'ARGILLIERE. On voit dans la même sale des ouvrages de BEAUBRUN, de MIGNARD & de DE TROY, qui sont estimez. C'est dans ce lieu où l'on s'assemble pour l'élection du Prevôt des Marchands & des Echevins. Les fenêtres de cette sale étant sur la place de Greve, lorsqu'il y a quelque réjouissance publique, ou quelque grand spectacle, les personnes de consideration y sont placées & quelquefois regalées magnifiquement, aux dépens de la Ville.

La menuiserie de la chambre à côté de la grande sale, dont on vient de parler, où les douze mois de l'année sont representez, est de *Jean* GOUGEON ; ce qui fait qu'on demande à la voir par curiosité.

L'HÔPITAL DU SAINT ESPRIT se trouve à côté de l'hôtel de Ville. Il a été fondé en l'anée 1326. des charitez de diverses personnes pieuses pour des pauvres enfans abandonnez, que l'on habilla de bleu. Il fut établi dans une vieille maison ruinée, qui se nommoit auparavant l'hôtel Dauphin, dont une partie fut prise dans la suite pour l'emplacement de la maison de Ville. L'Eglise du SAINT ESPRIT qui est fort proche, étoit selon quelque apparence, la chapelle de cet ancien hôtel, laquelle on fit rebâtir depuis, où il y a un grand concours de devotion tous les Lundis de l'année.

Le 17. de Mars 1673. le Roi donna un arrest pour rendre l'entrée de la Gréve plus commode & plus aifée qu'elle n'étoit autrefois : on a percé une route du pont-Nôtre-Dame à cette place le long de la riviere, qui a été revêtue d'un tres-beau quay de pierre de taille, où l'on a fait un trottoire de fix piés de large, prefque tout porté fur une vouffure d'une hardieffe tout-à-fait furprenante ; ce qui élargit le quay de quelques piés fans retreffir le lit de la riviere.

La route du quay Pelletier eft de quatre toifes de largeur, fans comprendre le trottoire qui eft de fix piés. BULET qui a eu la direction de ce bel édifice, trouva le moien par la grande experience qu'il a dans la coupe des pierres, de mettre cet ouvrage en l'air, qui doit être confideré comme un des plus ingenieux & des plus hardis qui ait été executé dans ce genre. Le Journal des favans en a parlé en 1676, comme d'une entreprife tout-à-fait extraordinaire.

C'eft fous la prevôté de *Claude* PELLETIER, ci-devant Controlleur general des Finances, que ce grand ouvrage a été entrepris; & tout ce qui a été exécuté sous son administration, a été autant pour la commodité, que pour la magnificence de la Ville: aussi le peuple pour lui marquer sa reconnoissance, l'a nommé le QUAY PELLETIER, quoique par modestie ce rare Magistrat n'ait jamais voulu souffrir que son nom parût sur les ouvrages construits par ses ordres.

A l'entrée de ce quay, du côté du pont Nôtre-Dame, on trouve cette inscription sur un quadre de marbre noir, au-dessus duquel est le portrait du Roi en bas-reliefs, dans un grand médaillon de pierre.

LUDOVICI MAGNI
AUSPICIIS
RIPAM HANC
FOEDAM NUPER ET INVIAM
NUNC PUBLICUM ITER
ET ORNAMENTUM URBIS,
FIERI C C.
PRÆF. ET ÆDIL.
ANNO M. DC. LXXV.

En sortant de la Greve pour entrer dans la rue saint-Antoine, on passe proche de L'EGLISE DE SAINT-JEAN, érigée en paroisse dès l'année 1212; mais bâtie, comme on la voit, sous le regne de *Charles le Bel* en 1326, pour servir de secours à l'église de saint-Gervais, de laquelle elle a longtems dépendu autrefois.

Ce qui merite d'y être vû, c'est la voute qui soutient les orgues, qui est d'un trait tout-à-fait hardi, admiré de tous les architectes, à cause de son étendue & de sa grande portée.

Les dedans de cette église ont été reparez en 1724. on a reblanchi par tout & fait un nouvel autel orné de colonnes de marbre & de divers accompagnemens qui font un fort bel effet.

Les personnes dignes de mémoire enterrées dans cette église sont, *Alain* VEAU, dont les curieux ne seront pas fâchez de lire l'épitaphe, qu'ils trouveront extraordinaire, sans doute, la coutume n'étant pas fort établie en France & surtout à Paris, de dire du bien des gens de finances, parce qu'ils ne font que du mal au public, lequel souffre toujours avec douleur les violences & les extorsions qu'ils exercent dans les postes; où l'aveugle fortune les éleve. Cette rare épitaphe est proche du crucifix de cette église.

ARRESTE ICY PASSANT.

Cy repose ALAIN VEAU, *celui auquel l'integrité & fidelité au maniement des Finances sous les rois François I. Henri II. François II. & Charles IX. a pour une heureuse récompense acquis sans envie, ce beau titre de Tresorier sans reproche; il deceda le 1. de Juin 1575.*

Passans priez Dieu pour luy.

Marville, dans ses *mélanges historiques*, pag. 255. vol. 2. dit qu'il n'est guére resté de Financiers d'une si bonne race, & que peu de ces Messieurs vont à saint-Jean prendre des cendres d'*Alain Veau*.

Un autre Auteur tres-grave, prétend que le terme de Financier & celui d'honnête homme ne se voient jamais ensemble, & qu'ils sont bien surpris quand ils se peuvent rencontrer, à moins que le Financier ne quitte son métier & ne fasse restitution de ce qu'il a volé au public; ce qui n'arrive pas ordinairement & dont on a un bel exemple dans l'homme de bien dont on vient de rapporter l'épitaphe.

Simon VOUET, né à Paris, Peintre habile, mort en 1641. âgé de cinquante neuf ans. On lui est obligé d'avoir apporté en France de la correction dans le dessein; & de l'avoir enseignée aux plus habiles de la même profession qui ont paru depuis lui. Il est vrai cependant que sa maniere de peindre n'étoit pas fort agréable, & que l'on y pouvoit trouver bien des choses à redire; ce qui a fait, que ceux de ses éleves qui l'ont le moins suivi, sont parvenus à une plus grande perfection, en retenant cependant quelques parties en quoi il excelloit. Aucun Peintre François n'avoit fait avant lui, un plus grand nombre d'ouvrages, & il est peu d'endroits à Paris où il ne s'en trouve. On voit un de ses plus beaux tableaux à une chapelle de saint-Pierre de Rome; ce qui lui a fait bien de l'honneur, parce que l'on n'expose rien dans ce somptueux édifice, qui ne soit d'une rare & singuliere beauté. Les principaux éleves qu'il a faits, font *Remy Vibert*, *Charles* le *Brun*, premier Peintre du Roi ; *Pierre Mignard*, *Charles Pœrson* ; *Michel Corneille*, *Euſtache* le *Sueur*, né à Paris, tres-excellent Peintre ; *Alphonſe* du *Frenoy*, auſſi né à Paris, qui a fait un traité de peinture en vers latins, traduit en François, & depuis quelque tems en Italien, à cauſe de ſa beauté. *Perelle* l'aîné avoit appris à deſſiner ſous lui, de même que quelques autres, dont la reputation n'a pas tant éclaté.

Michel-Antoine BAUDRAND, Prieur de Rouvres & de Neu-marché, né à Paris, auteur du grand Dictionnaire géographique, eſt mort le 29 d'Avril 1700, âgé de ſoixante & ſix ans & huit mois. Il avoit fait divers voiages pour s'inſtruire de la ſituation des payis, afin de ne rien donner au public dont il ne fût bien certain. Sa carte d'Italie eſt particulierement eſtimée. Il avoit étudié la réthorique ſous le P. Briet Jeſuite qui lui avoit inſpiré de l'inclination pour la geographie. Il a legué par ſon teſtament ſes Livres & ſes papiers aux religieux Benedictins de l'Abbéie de ſaint Germain des Prez, parce qu'il les connoiſſoit tres-appliquez aux bonnes études & capables de profiter de ſes recherches

DE LA VILLE DE PARIS. 143
& de ses travaux, plus que d'autres personnes entre les mains de qui ils pouvoient tomber sans aucune utilité pour le public.

L'EGLISE
DE S. GERVAIS.

Cette Eglise est un peu plus avant. Elle est une des plus anciennes Paroisses de Paris, comme on le voit dans l'histoire de saint-Germain Evêque de cette même Ville, qui vivoit en 578, en faveur duquel il s'y fit un insigne miracle, au rapport de *Fortunatus*, Evêque de Poitiers. Le corps de l'édifice est assez bien bâti dans la maniere Gothique, dont les voûtes sont tout-à-fait élevées, avec des bas-côtez & des chapelles tout autour: mais l'interieur en est obscur & tres-mal-propre. Les vitres peintes en aprêt & les ouvertures étroites & mal proportionnées, en sont la principale cause; de même que le peu de soin qu'on a de tenir les dedans propres & de les blanchir, comme on le pratique tous les ans en Italie, en Flandres & en d'autres endroits, où l'exactitude sur cet article est infiniment plus grande qu'en

France. Ces vitres sont cependant estimées ; elles sont de *Jean* COUSIN, qui excelloit dans ce genre d'ouvrage, dont on est sagement revenu à present, à cause de l'obscurité que les couleurs produisent. Elles ont été faites vers l'année 1586.

Cependant tous ces défauts sont avantageusement reparez par le magnifique & superbe portail de cette Eglise, lequel doit être consideré comme le plus beau morceau d'architecture qu'il y ait à present en Europe, où la regularité simple & majestueuse de l'admirable antiquité se fait encore sentir.

Il est composé des trois ordres Grecs l'un sur l'autre, c'est-à-dire du Dorique, de l'Ionique & du Corinthien, dont les proportions sont si regulieres, qu'au sentiment du cavalier *Bernin*, tout reservé qu'il étoit, on n'a rien de plus corect ni de plus parfait dans les ouvrages modernes les plus renommez. Les Colonnes Doriques sont engagées d'un tiers, dans le vif du bâtiment, & lices & unies jusqu'à la troisiéme partie de leur fust. Le reste est canelé de canelures à côtes, & celles des autres ordres sont isolées & hors d'œuvre, sans être chargées d'autres ornemens que de ceux qui leur sont

propres

Le Portail de St. Gervais.

DE LA VILLE DE PARIS. 145
propres. Tous ces trois ordres, dont les deux premiers sont de huit colonnes chacun, & le dernier de quatre seulement, font ensemble une fabrique de vingt-six toises de hauteur, qui offre à la vûe un tres grand objet ; mais la place ou plûtôt l'espace qui se trouve devant ce magnifique portail est si serré & si irregulier, que l'on ne voit que tres-imparfaitement ce bel ouvrage. La seule chose à laquelle on pourroit trouver à redire, c'est que les Sculptures n'en sont pas d'une bonne main ; mais ce défaut est bien reparé par la singuliere beauté de tout le reste de l'édifice.

On attribue toute la gloire de ce magnifique ouvrage à *Jacques* de BROSSE, tres-excellent architecte le même qui a donné les desseins du Palais de Luxembourg, de l'aqueduc d'Arcueil, & du temple de Charenton, construit en 1624, & entierement détruit dans le mois de Novembre de l'année 1685, dont *Sebastien* le *Clerc* a gravé trois belles estampes pour en conserver le dessein & la disposition, à la place duquel on a édifié un couvent de Religieuses Benedictines, sous le titre de l'adoration perpetuelle du saint Sacrement.

N. de *Fourci* & de *Donon*, Surintendans des bâtimens, étoient alors Marguilliets d'honneur de cette Eglise, & ce fut par leurs soins qu'on entreprit l'ouvrage de ce portail en 1616, où le roi *Louis* XIII. mit la premiere pierre avec cérémonie. En fort peu de tems cet édifice fut achevé & conduit à l'état de perfection où il se voit à present.

Il y a des peintures dans cette Eglise qui méritent d'être considerées attentivement.

La nef est ornée de six grands tableaux, le premier desquels à main droite est de Bourdon, & les deux qui suivent sont de Le Sueur. Celui de ces deux tableaux dans lequel on voit saint Gervais & saint Protais devant le Juge, est entierement de la main de ce dernier, l'autre n'a été fait que sur son esquisse. Les trois autres placez vis-à-vis, sont de Champagne, qui y travailloit en 1655; & l'on peut ajoûter que toutes ces grandes pieces sont considerables par la composition & par toutes les parties qui entrent dans les peintures les plus excellentes. On a fait de tres-riches tapisseries sur ces originaux, qui sont exposées les jours de grandes fêtes, & des estampes gravées par de bons maîtres.

Dans une chapelle qui est sous la

troisée à main gauche, on doit voir encore quelques piéces du même LE SUEUR, un des plus grands Peintres qui ait paru en France, duquel on aura occasion de parler ailleurs plus amplement. Les grisailles des vitres qui representent le martyre de saint-Gervais, & le tableau de l'Autel de figure ronde, qui fait voir N. S. porté au tombeau par les disciples en presence des Maries pleurantes, sont du même maître; mais cette chapelle est rarement ouverte, celui à qui elle appartient ne la fait pas voir agréablement, n'en permettant l'entrée qu'avec des façons affectées qui ne plaisent pas aux curieux.

Sur la porte du chœur de cette même Eglise on distingue le grand Crucifix accompagné de la sainte Vierge & de saint Jean; il est de SARAZIN, & la Vierge de BUIRET, tous deux Sculpteurs habiles. La grille de fer qui sert de fermeture, est d'un travail assez bien imaginé, qui a coûté une somme considerable.

Dans la chapelle de FOURCY, on estime un *Ecce homo*, que l'on croit être de *Germain* PILON.

Ceux qui aiment les ouvrages Gothiques, auront quelque satisfaction de voir

G ij

une couronne de pierre d'une hardiesse surprenante suspendue à la voute de la chapelle de la Vierge, derriere le chœur, dont le travail est d'une extrême délicatesse. Cette piece a passé autrefois pour un chef-d'œuvre de l'art.

Les personnes les plus renommées enterrées dans saint-Gervais, sont:

Mathieu de LONGUE-JOUE, sieur d'*Yverni*, Evêque de Soissons & garde des Sceaux. Il étoit estimé à cause de sa probité singuliere. Sa mort est arrivée le 8 de Septembre 1558.

Philippe de CHAMPAGNE, Peintre fameux, né à Bruxelle, lequel vint s'établir à Paris, où il est mort le 12 d'Aoust de l'année 1674, âgé de 72 ans. C'est du même maître que sont les grands tableaux dont on vient de parler. Il a fait beaucoup d'ouvrage à Vincennes, au Louvre & ailleurs, & tout ce que l'on voit de ce peintre est fort estimé des habiles connoisseurs.

Charles du *Fresne*, sieur du CANGE, né à Amiens, un des plus savans hommes de ces derniers siecles. Les ouvrages qu'il a mis au jour marquent une tres-profonde science. On estime sur tout son Glossaire latin en trois volumes *in folio*, & des notes remplies d'érudition, qu'il a faites sur quantité de vieux auteurs François, lesquels il a éclaircis & traduits d'une maniere merveilleuse. On loue aussi beaucoup son histoire Bizantine, dont le double commentaire est rempli d'un grand nombre de recherches savantes & curieuses, la plûpart tirées des manuscrits & des médailles du cabinet du Roi, sur lesquelles on l'a vû pendant plusieurs années travailler avec une tres-grande application.

Voici l'épitaphe que l'on a gravée sur son tombeau attachée à un pilier, entre deux chapelles, assez proche de la sacristie.

SISTE VIATOR

Et bene precare extincto heu! ibique sepulto
Clarissimo Viro
CAROLO DU FRESNE *Domino*
DU CANGE,
Nobili apud Ambianos stirpe oriundo, Franciæ Quæstorum in Ambianensi Præfectura,
Quem si noveris, virum noveris.
Candidis moribus, ingenio suavi;

judicio sagaci & exquisito;
capaci animo,
Et summa eruditione repleto;
qui
Eximia & minimè fucata erga
Deum religione ac pietate,
Blanda erga suos charitate,
Constanti erga amicos fide
& obsequio,
Facili ac liberali erga litteratos
doctrinæ communicatione,
Omnium sibi amorem demeruit,
Et magnam sibi paravit tum virtutis
tum scientiæ existimationem.
Quantum illi litteræ debeant abundè
testantur libri complures
In publicum commodum ab eo editi
& evulgati,
Rei antiquariæ scientia haud
vulgari respersi.
NATUS XV. KAL. JAN. ANN.
MDCX.
OBIIT X. KAL. NOVEMB. ANN.
MDDLXXXVIII.

TOMBEAU DU CHANCELIER LE TELLIER.

Inibi jacet
PHILIPPUS DU FRESNE,
CAROLI
Filius & quant: vita defunctus
22 JUN. ANN. 1692.
Ibidem CATHARINA DU BOS
ejusdem CAROLI DU FRESNE
charissima conjux consepulta est
19 JUL. ANN. 1694.

A côté du Chœur dans une chapelle à main droite, on remarquera le tombeau de *Michel* le TELLIER, Chancelier de France; ce magistrat est representé à demi-couché sur un grand marbre noir en maniere de *Sarcofage*, ou forme de tombeau, sous un arc assez élevé, porté sur deux jambages & couronné d'un fronton, sur lequel on a placé deux vertus. On a encore mis deux autres vertus pour accompagner cet ouvrage qui sont beaucoup mieux placées que les autres, parce qu'elles sont plus à la portée de la vûe & dans des attitudes plus naturelles que les autres. MAZELINE & *Simon* URIRELLE, Sculpteurs de l'Academie, ont conduit cet ouvrage, qui est tout de marbre orné de feuillages, de festons &

pentes de bronze doré, qui font une assez belle décoration.

L'inscription qui suit est gravée sur le devant du tombeau.

A LA GLOIRE DE DIEU, & à la Memoire éternelle DE MICHEL LE TELLIER, Chancelier de France, illustre par sa fidelité inviolable envrs son Prince, & par sa conduite toûjours sage, toûjours heureuse. Il fut nommé par le roi LOUIS XIII. pour remplir la charge de Secretaire d'Etat de la guerre, & en commença les fonctions la premiere année de la regence D'ANNE D'AUTRICHE. Durant des tems si difficiles, il n'eut d'autre interêt que son devoir, & fut regardé de tous le partis comme le plus habile & le plus zelé défenseur de l'autorité roiale. LOUIS LE GRAND aiant resolu de gouverner toutes choses par lui même, le choisit pour être un des principaux Ministres de ses volontez, & se servit de lui pour rétablir l'ordre de son état, & la discipline dans ses armées. Il l'éleva depuis à la dignité de Chancelier. Dans cette longue suite d'honneurs, il signala sa pieté envers Dieu, sa passion pour la gloire de son Roi, & son amour pour le bien de l'Etat. Il fit également admirer en lui le grand sens, l'équité, la modestie. Enfin à l'âge de LXXXIII ans le 30 Octobre M. DC. LXXXV. huit jours après qu'il eut scellé la revocation de l'édit de Nantes, content d'avoir vû consommer ce grand ouvrage, & tout plein de pensées de l'éternité, il expira dans les bras de sa famille, pleuré des peuples, & regretté de LOUIS LE GRAND.

Charles-Maurice le TELLIER, fils du Chancelier dont on vient de parler, a été mis dans le même tombeau. Il étoit Archevêque de Reims, premier Duc & Pair de France, Proviseur de Sorbonne, Maître de la chapelle du Roi, & pourvû de plusieurs riches Abbéies. Par son testament fait quelques semaines avant sa mort, arrivée le 22 de Février 1710, dans la soixante & huitiéme année de son âge, il a laissé sa nombreuse bibliotheque à sainte Geneviéve du Mont.

Le *Chancelier Louis* BOUCHERAT, a fait construire une chapelle du côté de la sacristie, dans laquelle il a choisi sa sepulture ; mais comme elle n'a pas été achevée, rien n'y paroît de particulier. Ce magistrat est mort âgé de 84 ans, dans le mois de Septembre de l'année 1699.

Pierre du RIER, historiographe de France, né à Paris, a traduit en François un grand nombre d'auteurs, mais d'une maniere peu exacte. Il est mort le 7 de Decembre 1658, âgé de 53 ans.

Marin le Roi de GOMBERVILLE, né à Paris, a été un des premiers qui furent choisis pour former l'Academie Françoise : ses principaux ouvrages sont des Romans, le théatre de la vie humaine & quelques poësies chrétiennes & spirituelles, qui ont été estimées, avec une histoire des Amazones. Il est mort en 1675, dans un âge avancé.

Abraham Nicolas AMELOT de la HOUSSAYE, est mort le 8 de Decembre de l'année 1706, âgé de 63 ans ou environ. On doit dire de la maniere que meurent la plûpart des savans vertueux, c'est-à-dire dans une extrême indigence, desquels on pourroit faire une histoire tres curieuse; qui ne feroit honneur ni à nôtre siecle ni à la nation Françoise & sans les secours genereux d'un abbé distingué par son mérite, son savoir & sa qualité, il seroit tombé dans la plus grande misere, & generalement denué de tout. Il étoit excellent critique, & tous ses ouvrages sont fort recherchez, dont voici les principaux. *L'histoire du gouvernement de Venise*; une *traduction* du *Concile de Trente*, de *Fra-Paolo*; une autre du *Traité des benefices*, du même auteur; *l'homme de cour* de *Balthazar Gratian*, Jesuite Espagnol, où il paroît plusieurs maximes politiques; *des Notes excellentes sur Corneille Tacite & sur Tibere* en particulier; *les lettres du Cardinal d'Ossat*, la *Morale* de *Tacite*, le *Prince de Machiavel*, un *Traité de la flaterie*, *recueil de Traitez de paix*, & d'autres ouvrages, dans lesquels il paroît beaucoup de lecture & de bon sens. Il a été enterré dans le cémetiere.

Claude LE PELLETIER, *Chevalier Conseiller d'Etat ordinaire, Président honoraire du Parlement, Ministre d'Etat,* ci-devant Prevôt des Marchands, Contrôleur general des Finances & Surintendant des Postes, est mort le 10 d'Aoust 1711. On devoit faire une épitaphe à ce grand homme, pour faire sentir à la posterité les obligations que la Ville de Paris, sa patrie, lui a de l'avoir décorée de tant de beaux & magnifiques édifices.

Philippe COLLOT, né à Paris, fameux Operateur pour la pierre, est inhumé dans la même Eglise. Germain Collot, dont il descendoit, qui vivoit sous Louis XI. étoit déja en grande estime pour cette operation, qui s'est continuée dans sa posterité jusqu'aujourd'hui & chez tous les éleves qu'il a formé.

La cronique de Louis XI. vers l'année 1474, raporte que ce fut sous son regne que l'on fit pour la premiere fois l'operation de la pierre, sur un insigne voleur, condamné à mort, originaire du village de Meudon ; elle réussit heureusement, ce qui sauva la vie au criminel qui en fut guéri & même qui reçût une bonne gratification en argent de Louis XI. Prince peu liberal de son naturel, comme l'histoire le dépeint.

Dans la même Eglise est aussi inhumé *Paul* SCARON poëte fameux, né à Paris, duquel on a beaucoup de pieces en prose

& en vers, ramassées en plusieurs volumes, dans lesquelles il paroît une grande liberté d'esprit & d'imagination. Il étoit aimé des personnes de distinction & de tous les beaux esprits de son tems, avec lesquels il etoit en commerce de lettres. Les plus illustres de la Cour se faisoient plaisir de lui rendre visite pour jouir de ses conversations spirituelles & enjouées. Il est mort en 1660, le premier d'Octobre, âgé de 59 ans.

On lit au bas de son portrait qui se voit à la tête du recueil de ses ouvrages, ces vers qui marquent son caractere.

Ille ego sum vates rabido data præda doloris
 Qui supero sanos, lusibus atque jocis,
Zenonis soboles. Vultu mala ferre serena
 Et potuit cynici libera turba sophi.
Qui medios inter potuit lusisse dolores,
 Me præter toto nullus in orbe fuit.

Egid. Menagius.

Le lecteur curieux trouvera bon sans doute, que l'on raporte ici l'épitaphe de sa veuve, sous le nom de *Françoise d'Aubigné Marquise* de MAINTENON, décedée dans l'abbéie roiale de Saint-Cyr, située dans le parc de Versailles que le roi

Louis XIV. a fondée par les sollicitations de cette illustre Dame, pour l'éducation de deux cens cinquante jeunes Demoiselles, comme on le lit dans le testament de S. M. dont les familles ne sont pas en état de procurer un entretien convenable à leur naissance. Cette épitaphe est au milieu du chœur de l'Eglise de cette Abbéie, gravée sur une simple tombe de marbre noir, dont voici la copie exacte.

CY GIST

Tres = haute & tres - puissante Dame
Madame FRANÇOISE D'AUBIGNE'
Marquise de MAINTENON,
femme illustre, femme vraiement
Chrétienne.
Cette femme forte que le sage chercha
vainement dans son siecle,
Et qu'il nous eût proposé pour modele
S'il eût vécu dans le nôtre.
Sa naissance fut tres - noble,
On loua de bonne heure son esprit,
& plus encore sa vertu.
La sagesse, la douceur, la modestie,

Formoient son caractere, qui ne se dementit jamais,
Toujours égale dans les differentes situations de sa vie.
Mêmes principes, mêmes regles, mêmes vertus.
Fidele dans les exercices de piété,
Tranquile au milieu des agitations de la Cour,
Simple dans la grandeur,
Pauvre dans le centre des richesses,
Humble au comble des honneurs,
Réverée de LOUIS LE GRAND,
Environnée de sa gloire,
Authorisée par sa plus intime confiance,
Dépositaire de ses graces,
Qui n'a jamais fait d'usage de son pouvoir que par sa bonté,
Une autre Esther dans la faveur,
Une seconde Judith dans la retraite & l'oraison:
La mere des pauvres,
L'aZile toûjours sur des malheureux.
Une vie si illustre a été terminée par une

mort sainte & précieuse devant Dieu.
Son corps est resté dans cette sainte maison
Dont elle avoit procuré l'établissement,
Et elle a laissé à l'univers l'exemple
de ses vertus.
Décédée le 15 d'Avril 1719,
née le 28 de Novembre 1635.

Il n'est pas inutile de dire que la Cure de saint Jean & celle ci, sont à la nomination de l'Abbé du Bec.

LE CEMETIERE SAINT JEAN, qui est assez proche de l'Eglise de saint Gervais, est un des plus grands marchez de la Ville, principalement pour les fruits & les legumes. C'est dans le même lieu, où étoit autrefois l'*hôtel de Craon*, qui voulut faire assassiner le Connétable *Olivier* de *Clisson*, sous le regne de *Charles* VI. en l'année 1392. Pour punition de cet attentat, sa maison fut démolie & entierement détruite; & la place qu'elle occupoit fut donnée à l'Eglise de saint Jean, pour en faire un cémetiere, qui depuis a été converti en marché public.

Dans la rue BOURTIBOURG, qui vient terminer au cémetiere de *saint Jean*, on ne doit pas négliger d'aller voir un cabinet tres-curieux & des plus remarquables en son genre, qu'il y ait à present dans cette Ville.

Estienne François GEOFFROY, Médecin habile, & *Claude-Joseph* GEOFFROY son frere, Apoticaire des plus renommez, tous deux de l'Academie roiale des sciences, travaillent depuis plusieurs années à former une collection de raretez les plus considerables qui concernent leur profession. On trouve dans leur cabinet, non seulement un amas choisi de toutes les drogues simples qui s'emploient dans la médecine, mais encore un recueil des plus complets de curiositez naturelles, comme des fossiles tres-rares, des sels naturels de differentes especes, des gommes, des mineraux, des vegetaux, des congelations extraordinaires, des plantes seches, des animaux monstrueux conservez dans l'esprit de vin, & generalement tout ce qui regarde leur étude. On y verra aussi un tres-beau laboratoire ingenieusement disposé, de maniere que toutes les commoditez s'y trouvent à la main, dans lequel on fait chaque année un cours de Chimie, & une tres-grande quantité de préparations, autant utiles que curieuses.

En reprenant la route de la *rue saint Antoine*, on passe à l'extrémité de la RUE DE JOUY, dans laquelle il y a deux belles maisons à examiner.

L'HÔTEL D'AUMONT, ouvrage du vieux MANSART, dont l'architecture est estimée. On y a fait depuis quelques années des augmentations considerables, qui ont beaucoup contribué à le rendre plus magnifique. Il y a entre autres choses dans cet hôtel, un excellent plafond peint par le BRUN, où l'apotheose de Romulus est representée, qui est une piece admirable. Avant la mort du Duc d'Aumont arrivée en l'année 1704, il y avoit des meubles précieux & des curiositez de consequence, comme des bronzes, des médailles, des pierres gravées, sans parler des tableaux rares, des cabinets portatifs d'un travail extraordinaire, & mille autres raretez, qui faisoient juger du parfait discernement de celui qui les avoit choisies. Mais toutes ces belles choses ont été vendues dans un inventaire public, qui a duré plusieurs mois. Le jardin dressé d'une maniere agréable, est orné de vases de marbre dans le goût de l'antique, chargez de bas reliefs & de sculptures. Il y a aussi une Venus d'An-

guier à demi couchée, & une figure antique assez bien conservée. Le bâtiment du côté du jardin, est d'une riche ordonnance, & fournit plusieurs croisées de face ; ce qui forme une tres-grande décoration.

Tout proche est la maison de *Henri* de FOURCY, Conseiller d'Etat, dont la structure est Gothique, mais cependant accommodée en dedans de telle maniere à la mode, que toutes les commoditez que l'on peut desirer s'y trouvent à present. Le jardin est assez grand & donne beaucoup d'air à cette maison.

L'HÔTEL DE BEAUVAIS se distingue d'abord dans la rue saint Antoine. Il a été bâti pour *Pierre* de BEAUVAIS, Conseiller ordinaire du Roi en ses Conseils, & pour *Catherine Henriette Bellier* sa femme, premiere femme de chambre de la reine *Anne d'Autriche*. L'exterieur de cet hôtel est à l'Italienne. La porte est ornée de refands, disposée dans un renfoncement en demi cercle, dont le haut termine en coquille. Toute la façade est des mieux decorée, avec des fenêtres en balcons, couronnées de frontons & accompagnées de divers ornemens d'une assez belle invention. L'escalier est soutenu de colonnes; & les faces du côté de la cour sont fort enrichies d'architectures. Les appartemens n'ont cependant rien d'extraordinaire, particulierement ceux qui donnent sur le derriere, parce que les vûes en sont trop bornées. LE PAUTRE, de l'Academie d'architecture, mort depuis quelques années, a conduit cet ouvrage. On a de lui plusieurs volumes remplis de plans & d'élevations pour des bâtimens. Dans le mois de Juillet de l'année 1704, les dedans de cette maison ont été entierement détruits pour les mettre à la mode moderne, qui est incomparablement plus commode & plus agréable, que celle que l'on suivoit autrefois; & il est bon d'ajoûter à cet égard seulement, que les architectes François surpassent de bien loin sur cet article, ceux qui les ont precedés, & les Italiens même; ce qui est d'une conséquence infinie pour l'utilité & pour l'agrément que l'on en reçoit.

En l'année 1706, cette belle maison, toûjours occupée par des personnes de distinction, a passé à Jean ORRY, *Secretaire du Roi & Président à Mortier au Parlement de Metz*, qui y a fait faire des réparations & des ajustemens considerables, peu de tems après l'avoir aqui-

DE LA VILLE DE PARIS. 165
se, ainsi qu'à plusieurs terres dont il a été en possession ; entre autres le Comté de *Vignory*, & de la *Chapelle* proche de *Nogent* sur Seine, où il a fait construire un magnifique château de fond en comble, sous la conduite de *Jacques* de la *Joue*, Entrepreneur de bâtimens ; ce qui l'a engagé à faire plus de deux cens mille écus de dépense.

Lorsqu'il y a eu quelque grand spectacle à voir autrefois dans la rue saint Antoine, cette maison a servi à placer les personnes roiales.

Au fameux carousel du 5 de Juin 1662, pour la naissance de Monseigneur le Dauphin, un grand nombre de Princes & de Princesses du premier rang, eurent des places aux balcons, pour voir passer ce magnifique cortege qui venoit de la place roiale, où il s'étoit assemblé, pour aller dans la place qui est devant le Palais des Tuilleries, dans laquelle les joutes, les comparses, & les courses de bagues se firent, comme on le voit dans les belles estampes d'un grand volume imprimé exprès.

Un peu plus avant, mais de l'autre côté de la rue, est L'EGLISE DU PETIT SAINT ANTOINE, qui est obscure &

tres-mal-propre ; & qui par la manière dont elle est construite, fait assez connoître qu'elle a servi autrefois à un hôpital ; mais à present elle est occupée par une Communauté de Chanoines reguliers de l'ordre de saint Augustin, qui servoient eux-mêmes les malades, lorsqu'il y en avoit, dont le chef d'ordre, ou la principale maison, est en Dauphiné, assez proche de la ville de Vienne. Cet hôpital étoit destiné pour une espece de maladie épidemique, nommée le *mal* de *saint Antoine*, laquelle a duré en France l'espace de quatre ou cinq siecles, mais qui a cessé comme plusieurs autres incommoditez populaires ; entre autres, *les Ardens, la Ladrerie, le Fic saint Fiacre, le mal de saint Marcou & de saint Main*, & plusieurs autres, lesquelles ne sont plus connues, que par la lecture des vieux auteurs. *Le feu de saint Antoine* étoit en si grande horreur, que par imprécation, l'on ne disoit autre chose, *que le feu de saint Antoine t'arde*, comme le dernier malheur que l'on pouvoit souhaiter à ses ennemis. La Confrerie de saint Claude est établie depuis fort longtems dans cette Eglise ; mais elle est bien déchûe de la réputation où elle étoit auparavant, principalement sous le regne de *Charles* VI. qui s'y enrôla en grande ceremonie avec les principaux Seigneurs de sa cour.

Cette Eglise dans laquelle on a fait quelques réparations en 1712, souffrit un tres-grand dommage en 1705. Le feu prit dans une maison voisine occupée par un artificier, dont tout le voisinage reçut des pertes considerables. On se servit pour appaiser cet incendie, des pompes qu'un Comedien mit en usage, dont il avoit pris le modele en Hollande & en Allemagne, en faveur desquelles on avoit fait une loterie qui produisit d'assez bonnes sommes; ces pompes eurent un succès assez heureux dans cette premiere occasion, mais elles n'ont pas trop bien réussi depuis.

Vis-à-vis, presque au coin de la RUE DE FOURCY, ouverte depuis quelques années, pour donner un accès facile au Pont Marie & à l'Isle Nôtre Dame, on distinguera une grande maison bâtie en 1706, decorée par dehors de plusieurs balcons d'une tres-belle apparence, avec des sculptures & divers ornemens executez avec bien de la propreté. Elle appartient à *Hainault* CANTORBRE, ci-devant Fermier general.

Fort proche & à côté on a détruit une maison d'une fort ancienne structure, laquelle, selon quelques-uns, avoit appartenu à *Bertrand* du GUECLIN, Connétable de France, mort en l'année 1380, âgé de 66 ans. Le roi Charles V. à qui il avoit rendu de tres-importans services, voulut qu'il fut enterré à saint Denys, la sepulture ordinaire des Rois, & ordonna que les Princes du sang, & tout ce que la Cour avoit d'illustre, assistassent à ses funerailles. On prononça une oraison funebre en son honneur, ce qui n'avoit point encore été pratiqué jusqu'alors dans de semblables occasions : mais cette maison d'un dessein fort grossier a été mise à la mode en 1719.

L'HÔTEL DE SAINT POL se trouve à main gauche à l'extrémité d'une petite rue. Cet hôtel a toûjours appartenu à des personnes d'une tres-haute distinction ; aux Ducs d'*Alençon*, au Connétable de *Saint Pol*, selon le Pere *Daniel*, dans son histoire de France *t.* 2. p. 1238, qui eut la tête tranchée sous le regne de Louis XI. parce qu'il s'étoit mêlé trop avant dans les intrigues de ce Prince politique tres-jaloux de son autorité ; *Louis Bouthillier*, Comte de *Chavigny*, Secretaire

cretaire d'Etat, fous Louis XIII. & le *Duc de la Force*, l'ont poffedé fucceffivement; enfin en l'année 1715, ce grand hôtel a été aquis par les freres *Paris*, originaires de Moirans en Dauphiné, qui fe diftinguent par les grands emplois qu'ils occupent & par les belles terres qu'ils poffedent. Ces quatre freres d'une tres-rare concorde & bien affociez, ont fait felon un auteur moderne une fortune confiderable *dans les vivres des armées du Roi & dans les finances*. Rien ne manque dans cet hôtel: meubles, tableaux des maîtres en réputation, entre lefquels on en verra plufieurs excellens de des *Defportes* qui font d'une beauté parfaite. Ils ont auffi une bibliotheque compofée d'un nombre confiderable de bons livres.

Une partie de l'hôtel de Saint Pol a été vendue à *Jacques* POULTIER, mort Intendant des Finances en 1711, homme riche & renommé parmi les gens d'affaires, qui a fait de la dépenfe pour embellir la portion qu'il avoit achetée. Il s'étoit fervi de *Bulet* & de *Gabriel*, deux architectes en réputation, lefquels ont emploié toute leur induftrie pour rendre cette maifon digne du maître à qui elle appartenoit.

Tome II. H

Description

LA MAISON PROFESSE
DES JESUITES.

L'Eglise de ces Peres dediée sous le titre de saint Louis, roi de France, est bâtie à la moderne, avec un grand dôme à pans, élevé au milieu de la croisée, le premier construit à Paris de cette grandeur & de cette forme.

Toute l'architecture observée dans cet édifice, est Corinthienne. Le portail, ou le frontispice est exposé à un point de vûe avantageux, dans l'endroit le plus large de la rue saint Antoine, & vis-à-vis de la rue de la Couture de sainte Catherine. Le frontispice de cette Eglise est orné de trois ordres l'un sur l'autre, de deux Corinthiens & d'un troisiéme composite, dont les colonnes sont engagées dans le massif, environ de la quatriéme partie de leur diametre, ce qui fait en tout une fabrique d'environ vingt-deux toises de hauteur, sans comprendre encore un grand perron de plusieurs degrez à la maniere d'Italie, sur lequel il est élevé. Toutes les parties de cet édifice sont si chargées d'ornemens grossierement imaginez & tres-mal executez, que la

DE LA VILLE DE PARIS. 171
confusion qu'ils produisent choque infiniment les délicats en architecture.

Le *Roi* LOUIS XIII. accompagné de *François de Gondy*, Archevêque de Paris, mit la premiere pierre de cet édifice, sur laquelle cette inscription étoit gravée.

D. O. M.

S. LUDOVICO

QUI TOTUM ORBEM

IN TEMPLUM DEI,

ARMIS, ANIMISQUE DESTINAVIT,

LUDOVICUS XIII.

HOC TEMPLUM EREXIT;

UT QUEM GALLIA COLUIT

UT REGEM, AMAVIT UT PATREM,

HIC VENERETUR UT COELITEM,

ANNO M. DC. XXVII.

Dans la frise du premier ordre, on voit par cette autre inscription, sur un

H ij

quarreau de marbre noir, que le Cardinal de *Richelieu* a donné particulierement de quoi élever ce frontispice.

S. LUDOVICO REGI.
LUDOVICUS XIII. REX
BASILICAM: ARMAND. CARD.
DUX DE RICHELIEU
BASILICÆ FRONTEM P.
1634.

Cet édifice ne fut entierement terminé qu'en l'année 1641, & le roi *Louis* XIII. voulut assister à la premiere ouverture qui se fit le 9 de May de la même année, avec bien de l'appareil & de la magnificence.

Les dedans sont plus supportables que les dehors, quoique d'ailleurs, entre plusieurs défauts considerables, on trouve que le dôme & la nef ne se répondent pas regulierement. Une galerie voûtée regne sur toutes les chapelles, de même qu'une balustrade de fer sur la grande corniche, à la faveur desquelles on peut aller tout autour de l'Eglise, sans interruption.

Le grand Autel est disposé sur un plan courbe, il a trois corps en saillie, un à chaque extrémité, & un autre plus grand & plus avancé au milieu, qui sont ornez de colonnes Corinthiennes de marbre de Dinan, dont les chapitaux & les soubassemens sont de bronze doré d'or moulu. Un grand Attique revêtu de quatre colonnes du même ordre, s'éleve sur le corps du milieu, surmonté d'une maniere d'amortissement, au plus haut duquel est un crucifix, la sainte Vierge & saint Jean qui l'accompagnent, & la Madelene aux piés. Il y a encore quatre autres figures, deux entre les colonnes des corps des extrémitez, savoir saint Charlemagne & saint Louis, & deux dans des niches sur les portes qui conduisent à la sacristie, qui sont saint Ignace & saint François Xavier Apôtre des Indes: mais toutes ces figures, ainsi que quantité d'ornemens sans choix, indifferemment distribuez par tout, ne paroissent pas d'un beau dessein ni d'une execution correcte.

A dire le vrai, cet Autel & tous ses accompagnemens ne sont pas d'une invention fort heureuse. Il est si bas & si enfoncé, qu'on a de la peine à discerner le Prêtre quand il fait l'office divin; & l'édifice de cette Eglise a été si mal percé, que la lumiere n'y est point du tout avantageuse: Cependant les jours de grandes fêtes, ce défaut est moins remarquable, à cause de quantité de cierges, de lampes & de bougies qu'on y allume. Le tabernacle est d'argent chargé de plusieurs feuillages & de moulures de vermeil doré, mais avec cela d'un dessein confus & mal entendu. Il est cependant tres-certain qu'il n'est point d'autel dans le roiaume, qui soit plus richement décoré, & où il y ait une plus grande quantité de reliquaires, de vases, de candelabres, de chandeliers, de girandoles, de lampes & d'autres choses semblables inconnues à nos ancêtres, qui aimoient fort la simplicité dans la maison de Dieu, & que les nouveaux ordres ont inventées, pour exciter la devotion refroidie des derniers siecles. Toutes ces pieces sont d'argent, ou de vermeil doré ; il y en a même quelques-unes d'or, dont la plus remarquable est un grand soleil enrichi de quantité de diamans & de grosses perles, d'un prix tres-considerable, donné par des personnes de piété. Les ornemens sont aussi tres-riches. Ces Peres en ont un entre plusieurs autres, sur lequel l'adoration des Mages est representée, dont la broderie est toute rehaussée de perles, un autre d'orfévrerie & plusieurs d'ouvrages précieux, où l'or & l'argent n'ont pas été épaignez. Enfin rien ne manque à la magnificence de cet Autel, joint à cela que ces Peres ont des Sacriſtains ingenieux & habiles, qui inventent continuellement des modes nouvelles pour le décorer.

Toutes les chapelles de cette Egliſe ſont ornées de corps d'architecture Corinthienne à colonnes de marbre, mais d'un deſſein ſec & commun, auſſi-bien que les tableaux des Saints qui y ſont reverez, avec cela elles ſont tres-mal éclairées, & ſans ornemens.

Cependant quoique toutes ces choſes ſoient peu remarquables, les curieux en diſtingueront d'autres dignes de leur attention.

A côté du grand Autel ſous un des arcs, eſt le cœur du roi Louis XIII. ſoûtenu en l'air d'une maniere ingenieuſe par deux anges d'argent, de grandeur preſque naturelle avec une couronne & d'autres accompagnemens de vermeil doré. La draperie des anges, le cœur qu'ils ſoûtiennent entre leurs mains, & les armes de France entourées de guirlandes ſur le bandeau de l'arc, ſont de même. Quatre bas reliefs de marbre ſur les jambages de l'arc, deux de chaque côté, repreſentent les vertus cardinales dans des ovales d'un parfaitement beau travail, entre lesquels on lit les inscriptions qui suivent, gravées sur des manieres de voiles aussi de marbre, que des genies semblent exposer.

AUGUSTISSIMUM
LUDOVICI XIII.
JUSTI REGIS,
BASILICÆ HUJUS
FUNDATORIS
MAGNIFICI
COR,
ANGELORUM HIC
IN MANIBUS,
IN COELO
IN MANU DEI.

Vis-à vis est cette seconde inscription, qui fait voir que ce monument a été érigé par les soins de la reine Anne d'Autriche, son épouse.

SERENISSIMA
ANNA AUSTRIACA
LUDOVICI XIV.

REGIS MATER
ET REGINA REGENS
PRÆDILECTI
CONJUGIS SUI
AMORIS HOC
MONUMENTUM P.
ANNO SALUTIS
M. DC. XLIII.

Jacques SARAZIN, excellent Sculpteur, a donné tous les desseins de ce riche monument, dont la dépense a été grande, comme il est aisé de se l'imaginer.

Le cœur du roi LOUIS XIV. qui avoit une affection toute particuliere pour la compagnie de Jesus, a été déposé dans cette Eglise peu de jours après sa mort arrivée à Versailles, Dimanche 1 de Septembre 1715, à huit heures & un quart du matin.

Du même côté sous le dôme, on distinguera la chapelle, dans laquelle on a placé un autre monument magnifique, pour conserver la mémoire de *Henry de Bourbon* prince de CONDE'. Jean PERRAULT President à la chambre des comptes, qui avoit été son intendant, l'a fait construire à la gloire de ce Prince, au service duquel il avoit amassé de tres-grands biens. Le cœur de ce Prince y est conservé, de même que celui de *Louis de Bourbon* son fils, mort à Fontainebleau le 11 de Decembre 1686, âgé de 65 ans, trois mois & trois jours. Ce riche monument est orné de quatre vertus de bronze, de grandeur naturelle, assises sur des piedestaux, autour desquelles on a disposé les symboles qui les distinguent ; mais ce qui l'enrichit encore, sont plusieurs bas reliefs de bronze qui representent des triomphes tirez de l'histoire de l'ancien Testament, attachez sur un appui de marbre noir en maniere de balustrade qui entoure cette chapelle. De chaque côté de l'ouverture qui sert d'entrée, on a placé des génies, un desquels tient un bouclier où sont les armes de *Bourbon*, avec leurs marques honorifiques; l'autre une table de bronze, sur laquelle on lit cette inscription :

HENRICO BORBONIO
CONDÆO
PRIMO REGII SANGUINIS
PRINCIPI,
CUJUS COR HIC CONDITUM,

DE LA VILLE DE PARIS. 173
JOANNES PERRAULT
IN SUPREMA
REGIARUM RATIONUM CURIA
PRÆSES,
PRINGIPI
OLIM A SECRETIS,
QUÆRENS DE PUBLICA PRIVATAQUE
JACTURA PARCIUS DOLERE,
POSUIT
ANNO M. DC. LXIII.

Toutes ces figures ont été jettées en fonte par le nommé *Perlan*, experimenté dans sa profession : mais elles ont été dessinées & modelées par *Jacques* SARAZIN, Sculpteur d'un heureux genie, dont les ouvrages ont une correction & des beautez qui ne se trouvent guéres dans les modernes les plus estimez.

Au lieu du tableau on a mis dans la même chapelle un grand crucifix de bronze, & saint Ignace à genoux sur un fond de marbre noir. Ces figures sont à demi-relief & assez correctement dessinées. Deux anges de bronze sont assis sur le fronton qui couronne tout cet ouvrage ; ils tiennent le nom de *Jesus*, enfermé dans un soleil, dont les rayons sont dorez d'or bruni. Toutes ces pieces, de même que deux vases posez sur les acroteres des côtez, ont été fondues par le nommé du *Val*.

En l'année 1711, on a incrusté de diverses sortes de marbres, l'arc qui perce sous le gros jambage du dôme, pour communiquer à une chapelle collaterale.

Dans un grand cartouche de figure ovale, sur un marbre noir legerement bombé, on a gravé cette inscription.

ÆTERNÆ MEMORIÆ

PRINCIPUM CONDÆORUM,

LUDOVICI ET HENRICI JULII
primorum è regia stirpe principum,
Et
LUDOVICI *ducis* BORBONII
Eorum corda hic sita sunt.
LUDOVICUS HENRICUS
Ducis BORBONII *filius,*
Patri, avo, proavo,
Juxta cor HENRICI *atavi*
Monumentum hoc posuit,

Sibique ac posteris
paravit.
Avitæ in P P. *Societatis Jesu*
Benevolentiæ
Hæres,
ANNO DOMINI MDCCX.

VIVANT CORDA EORUM
IN SÆCULUM SÆCULI.
P. xx.

VAN-CLEVE, Sculpteur des plus distinguez de l'académie, a executé tous les ornemens qui sont d'une invention ingénieuse. La principale figure au milieu de l'arc de face & tous ses accompagnemens, sont de bronze doré tres-richement.

Sous le milieu de cette Eglise jusqu'au sanctuaire, il y a une cave voûtée, destinée pour la sépulture des Peres de cette maison, où il y a quelques tombeaux de distinction ; entre autres celui de *Louis* de BOURGOGNE, Chevalier, Seigneur de Mautour en Brie, qui fut Colonel du Regiment d'Armand de Bourbon prince de Conty, & qui mourut à Paris en 1656.

Il faut aussi remarquer les orgues qui sont d'un excellente bonté, & la chaire du prédicateur, qui est d'un ouvrage de fer travaillé avec bien de la patience & de l'industrie.

Les quatre tableaux dans les bras de la croisée, dont les bordures sont de marbre noir, sont de *Simon* VOUET.

Il est bon de savoir, que le dessein general de l'édifice de cette Eglise fut d'abord donné par *Martel* ANGE, simple frere de la Compagnie, fort entendu dans la bonne architecture, qui s'étoit proposé pour modele le magnifique édifice du *Jesu* à Rome, un des plus beaux de toute l'Italie, bâti par le fameux *Vignole*; mais par une conduite dont les suites n'eurent pas un heureux succès, on abandonna cette entreprise au caprice de *François* DERRAND, Jesuite Lorrain, qui crut que sa qualité de Pere le rendoit plus habile que le frere *Martel Ange*, lequel cependant en savoit infiniment plus que lui. Quelques années après on édifia l'Eglise du Noviciat, au faubourg saint Germain, où ce frere habile aiant obtenu du General la permission d'executer tout ce qu'il trouveroit à propos, sans être controlé de personne, éleva un morceau d'architecture admiré de tous les bons connoisseurs. Ce qui fit encore mieux remarquer l'incapacité du P. Derrand, fut l'embarras & la confusion extrême où il se trouva, quand les quatre arcs doubleaux qui devoient porter le dôme, furent à leur hauteur, les entrepreneurs n'oserent pas le voûter de pierre, comme il avoit été résolu : il falut se contenter d'une maçonnerie des plus legeres, avec des courbes de charpente, simplement recouvertes de plâtre, au lieu d'une voute solide, selon le premier dessein.

L'histoire de la fondation de cette maison professe, porte que le Cardinal de *Bourbon*, oncle du roi *Henry* IV. fut le premier qui l'établit en 1588. Il acheta l'hôtel Damville, situé à cet endroit, la somme de treize mille livres, que ses receveurs de l'Abbéie de saint-Germain lui avancerent ; & ces Peres n'ouvrirent leur chapelle que quelques années après. Jusqu'au regne de *Louis* XIII. ils n'avoient encore qu'une maison étroite & incommode, mais ce monarque leur procura plusieurs avantages, & fit beaucoup de dépense en leur consideration.

L'interieur de la maison n'a pas beaucoup d'étendue, & le terrain qu'elle occupe est assez serré. Les nouveaux appartemens ont été élevez par les soins du P. de la *Chaise*, dont il étoit Confesseur, en faveur duquel le roi *Louis* XIV. a fait de grandes gratifications à cette maison.

Dans une des sales il y a plusieurs bons tableaux. Quatre grands remplissent le côté droit, qui sont d'*André Del* SARTE, peintre fameux de Florence, mort en 1530, qui étoit venu en France travailler pour le roi François I. Le tableau du fond est de *Quintin* MESIUS, d'Anvers, qui avoit été Maréchal avant que d'être peintre, sur le tombeau duquel on marqua pour cette raison.

CONNUBIALIS AMOR DE MULCIBRE
FECIT APELLEM.

Il est mort en 1529. On conserve encore dans le même lieu, un *adieu de saint Pierre* & *de saint Paul*, de *Dominique* PASSIGNAN, Peintre de Florence, qui vivoit sous le Pontificat d'Urbain VIII.

Dans une grande sale interieure il s'en trouvera encore plusieurs des meilleurs maîtres ; entre autres, un *Ecce Homo*, du *Guide*, estimé comme le plus beau de ses ouvrages, & une *sainte Praxede*, qui lave les éponges, dont elle s'est servie pour essuier le sang des martyrs. Son attitude est merveilleuse, & cette piece peut passer pour un chef-d'œuvre de l'art.

La bibliotheque de cette maison est avantageusement placée. Elle a un plafond orné de peintures à fresque, d'un Italien nommé *Guerardini*, qui a fait aussi celui du grand escalier de la même maniere, où il a representé l'apotheose de saint Louis, auquel cette maison est dediée.

Les livres au nombre de vingt à vingt-deux mille volumes, sont parfaitement bien conditionnez & d'un choix excellent, entre lesquels plusieurs viennent du Cardinal de *Bourbon*, qu'il leur laissa par son testament. Les curieux estiment entre autres singularitez un Martyrologe formé d'un recueil presque infini d'estampes qui representent les Saints de l'année, avec les principaux événemens de leur vie, entre lesquelles il y en a bon nombre des plus grands maîtres.

Gilles MENAGE, tres-renommé parmi les gens de lettres de toutes les nations de l'Europe, a donné ses livres pour augmenter cette bibliotheque.

Daniel HUET Evêque d'Avranche, Soûprécepteur de Monseigneur le Dauphin, Prélat d'une tres-profonde doctrine, auteur de quantité d'ouvrages tres-estimez, entre autres *Demonstratio Evangelica, in fol.* imprimé en 1679. que les étrangers lisent avec grande attention, a aussi laissé sa bibliotheque à cette maison. Il est mort dans le mois de Janvier 1721, fort avancé en âge & dans une haute réputation chez tous les savans de l'Europe.

On conserve de tres belles suites de médailles dans cette bibliotheque, augmentées de celle du P. de la *Chaise*, Confesseur du Roi qui les connoissoit parfaitement. Le P. *Chamillart* travaille à une collection qui devient considerable de jour en jour, par la grande connoissance qu'il a dans la belle antiquité, & par les frequentes aquisitions qu'il fait de tous côtez avec bien du soin.

LA COMPAGNIE DE JESUS a fait depuis son établissement tant de bruit dans le monde, qu'on ne sauroit se dispenser de rapporter ici l'histoire abregée de son progrès, comme elle est marquée dans un auteur moderne, des plus savans & des plus approuvez.

Louis-Ellies du PIN né à Paris, auteur d'un tres grand nombre d'excellens ouvrages, rapporte l'établissement de la *Compagnie de Jesus*, dans son histoire du seiziéme siecle, sous l'année 1545.

Il dit que cette compagnie n'étoit composée dans son commencement que de 80 *Jesuites*. Deux ans après, elle avoit déja dix maisons; mais en l'année 1549, elle en possedoit 22 & 2 provinces, une en Espagne & l'autre en Portugal. A la mort de *saint Ignace*, arrivée en 1556, c'est-à-dire 13 ans après l'institution de la compagnie, elle pouvoit déja compter 12 grandes Provinces. *Pierre Ribadeneira* rapporte qu'en 1608, *la Compagnie de Jesus* occupoit 29 provinces, avec 2 vice-provinces, 21 maisons de probation & 93 residences, dans lesquelles il se trouvoit 10581 Jesuites. Enfin dans un catalogue imprimé à Rome en l'année 1679, on voit que cette compagnie possedoit alors *35 provinces, 2 vice-provinces, 33 maisons professes, 578 colleges, 48 maisons de probations, 88 seminaires, 160 missions*, & en tout 17655 *Jesuites*, entre lesquels il y avoit 7877 dans l'ordre de prêtrise, ce qui a sans doute & beaucoup augmenté depuis.

Plusieurs illustres ont paru dans cette maison, particulierement dans la chaire, dont l'exacte recherche meneroit trop loin. On se contentera seulement de nommer ceux qui se sont distinguez, &

qui ont été les plus suivis dans ces dernieres années.

Le P. *Claude-François* MENETRIER mort en 1705, le 21 de Janvier, lequel avec sa maniere de prêcher qui étoit goûtée, possedoit encore plusieurs belles connoissances. Il a donné quantité de volumes sur la science obscure du blazon, qu'il a réduite sous des principes infiniment plus clairs & plus methodiques, que tous les auteurs qui en ont écrit avant lui. Il réussissoit dans les devises, & étoit toûjours consulté pour les fêtes de réjouissance publique, les feux d'artifice & les pompes funebres. L'histoire du Roi par les médailles qu'il a mis au jour, a été plusieurs fois imprimée, ainsi que l'histoire de Lyon sa patrie.

Le P. *Gabriel* DANIEL, s'est fait connoître par le *Voyage du monde de des Cartes*, qu'on a traduit en diverses langues. Plusieurs ouvrages contre les Novateurs, lui ont procuré la réputation d'un Theologien clair & solide ; mais le travail qui l'a le plus occupé, c'est son *Histoire de France* en 3. vol. *in fol.* à laquelle il a employé plus de 20 années de travail. Elle a paru en 1713. pour la premiere fois, & a été imprimée depuis en Holande & à Paris en 1722. On a encore du même auteur des traitez savans sur divers sujets qui ont été traduits en latin par le P. de *Juvenci* pour la satisfaction de ceux qui n'entendent pas nôtre langue. On a du même auteur un petit ouvrage imprimé en 1715. sous le titre, *Lettre à une Dame de qualité, où l'on examine jusqu'à quel point il est permis aux dames de raisonner sur les matieres de religion.* Le même auteur a donné l'*histoire de la milice Françoise, avec les changemens qui s'y sont faits depuis l'établissement de la monarchie dans les Gaules, jusqu'à la fin du regne de Louis* XIV.

Le P. TOURNEMINE a travaillé pendant plusieurs années avec un tres-grand succès au Journal de Trevoux, & a enrichi la republique des lettres de plusieurs ouvrages de conséquence.

Entre les Prédicateurs les plus renommez de cette Compagnie, on doit compter le P. *Girou*, dont les sermons étoient fort goûtez. le P. *Cheminais* & plusieurs autres.

Le P. *Louis* BOURDALOUE, né à Bourges d'une des plus honorables familles de la Ville. Il est mort Mardi 13 de Mai 1704, dans la soixante & douziéme année de son âge. Ses sermons ont été imprimez en 8. *vol. in* 12. dont la lecture peut consoler en quelque maniere de la perte d'un si grand Prédicateur, ils font juger de son heureux genie & de sa profonde & vive éloquence, qui entraînoit le cœur de tous ses auditeurs.

Le P. GAILLARD, duquel on peut dire qu'il est peu de Prédicateurs, que la Cour ait goûté plus volontiers. Il a prêché treize Carêmes & plusieurs Avents devant le Roi ; & pour marque de la distinction que l'on a fait de son éloquence, il fut choisi pour faire l'oraison funebre de *Louis Dauphin*, qu'il a prononcée le 10 de Mai 1712, dans l'Eglise de Nôtre-Dame, en presence des personnes les plus distinguées de la Cour, du Parlement & de tous les corps superieurs de la Ville, avec un tres grand aplaudissement.

Le P. DE LA RUE, né à Paris, tres-versé dans la belle & savante litterature, duquel on a un grand nombre d'excellens ouvrages qui marquent sa rare érudition. Il est estimé avec justice pour le plus profond & le plus éloquent Prédicateur que l'on connoisse à present. Sa pieté & son merite distingué l'avoient fait choisir pour Confesseur de *Marie-Adelaïde de Savoye*. Il a fait l'oraison funebre de *Louis Dauphin*, & de cette Princesse son épouse, dans la Sainte Chapelle de cette Ville, le 24 de Mai 1712, & quelques jours après dans la Cathedrale de Rouen, avec l'admiration de tous les auditeurs.

Le P. DE LA FERTE', d'une famille illustre, est aussi estimé tres-grand Prédicateur.

Les Rois depuis *Henri* III. ont toûjours choisi des confesseurs dans la Compagnie de *Jesus*, tirez particulierement de cette maison, persuadez de la pureté & de la saine doctrine de ces Peres.

Le P. *Claude* MATHIEU a été le premier.

Le P. *Edmond* AUGER lui a succedé.

Le P. *Pierre* COTTON, Confesseur des rois *Henri* IV. & *Louis* XIII. est mort le 19 de Mars 1626, jour de saint Joseph, dans la reputation d'un tres zelé Prédicateur, & des plus habiles dans les controverses, ce qui le rendoit redoutable aux heretiques de son tems. De *Thou* rapporte dans son histoire plusieurs particularitez tres curieuses de la vie de ce Pere qu'il ne seroit pas permis de rapporter ici.

Le P. *Jean* ARNOUX, fut nommé après lui.

Le P. SEGUIRAN,

DESCRIPTION

Le P. Souffren,
Le P. *Charles* Maillart,
Le P. *Jacques* Gourdon,
Le P. *Nicolas* Caussin.

Le P. *Jacques* Sirmond, un des plus savans hommes de la société, est mort en 1651, âgé de 94 ans.

Le P. *Jacques* Dinet,
Le P. Annat,
Le P. Ferrier,

Le P. *François* de la Chaise, mort vers le commencement de l'année 1709, âge de 85 ans.

Le P. le Tellier a été nommé à sa place dans le mois de Février de la même année. Il étoit Provincial & fort distingué dans sa Compagnie par sa science.

Le P. de Linieres, à present Confesseur de S. M.

Dans la place vis-à-vis du portail des Jesuites on a construit une fontaine en 1707, en maniere de tour à pans d'un dessein fort simple, dont les faces sont ornées de diverses sculptures. Elle a de la hauteur, afin que l'eau puisse avoir assez de refoullement pour quelques quartiers éloignez, sur tout pour le faubourg saint Antoine, qui en a un tres-grand besoin, ainsi que plusieurs autres quartiers de la Ville

Ville. L'eau de cette fontaine vient d'une nouvelle pompe construite dans la même année, proche du pont Nôtre-Dame.

On lit autour les inscriptions que voici,

PRÆTOR ET ÆDILES FONTEM HUNC POSUERE, BEATI
SCEPTRUM SI LODOIX, DUM FLUET UNDA, REGAT.

ANTE HABUIT RAROS, HABET URBS NUNC MILLE CANALES
DITIOR, HOS SUMPTUS OPPIDA LONGA BIBANT.

EBIBE QUEM FUNDIT PURUM CATHARINA LIQUOREM,
FONTEM AT VIRGINEUM, NON NISI PURUS, ADI.

NAYAS EXESIS MALE TUTA RECESSERAT ANTRIS,
SED NOTAM SEQUITUR, VIX REPATA, VIAM.

CIVIBUS HINC UT VOLVAT OPES, NOVA MUNERA LARGAS
NYMPHA, SUPERNE FONS DESINIT IN FLUVIUM.

LA RUE DE LA COUTURE,

ou Culture

SAINTE CATHERINE.

Cette rue termine à la place de laquelle on vient de parler, & a pris son nom de plusieurs terres cultivées enfermées de hayes, qui appartenoient à l'Eglise de sainte Catherine.

L'Eglise dont elle reçoit son nom, a été bâtie en 1234, sous le regne de *saint Louis* aux dépens des francs Archers de sa garde, en memoire d'une grande victoire qu'ils avoient remportée au pont de Bouvines.

Pendant plus de quatre cens ans, cette maison a été occupée par des Religieux de l'ordre du *Val des Ecoliers*, dont il y a peu de maisons en France, cet ordre étant tombé en décadence dans ces derniers siecles. A present ce sont des Chanoines reguliers de la Congregation de sainte Geneviéve.

Il y a quelques tombeaux considerables dans cette Eglise ; entre autres celui du Chancelier *Pierre d'Orgemont*, qui vivoit sous *Charles* V. duquel il est fort parlé dans l'histoire de ce regne.

Celui du Chancelier *René* de BIRA-GUES, originaire de Milan, quoi qu'en dise un auteur moderne, il est enterré auprès de sa femme. Il avoit une grande réputation d'équité & de moderation sous les regnes de *Charles* IX. & de *Henri* III. & l'on disoit ordinairement de lui, qu'il étoit *Cardinal sans titre, Prétre sans benefice, & Chancelier sans sceaux*: & d'autres ajoûtoient, *Juge sans jurisdiction, & Magistrat sans autorité*. Il est mort le 23 de Decembre de l'année 1583, âgé de 74 ans. Ses funerailles furent magnifiques. Le Parlement & toutes les Compagnies souveraines s'y trouverent. Le roi *Henri* III. en habit de penitent, accompagné de tous les Seigneurs de la Cour, vêtus de blanc, qui étoit leur habit de ceremonie, y voulut assister à cause que ce magistrat étoit le premier decedé de la fameuse Confrerie des Pénitens, ou des *Blancs-Batus*, nouvellement établie. Son tombeau est dans une chapelle en entrant à main droite, où les curieux vont voir les ouvrages de *Germain* PILON, qui n'a rien fait de plus beau que ce monument; mais depuis quelques années, on a ôté la plûpart des ornemens de bronze qui y étoient, dont on s'est

I ij

servi pour le tabernacle du grand Autel de cette Eglise : cependant ce qui reste fait encore juger, que ce sculpteur habile entendoit le dessein. Ce monument a été fait aux dépens du Chancelier de *Chiverny*.

Dans la même Eglise, est le tombeau de *Jacques de Ligneris*, Président au Parlement de Paris, que le roi François I. estimoit. Il fut un des Ambassadeurs que le roi *Henri* II. envoia au Concile de Trente, où il soutint avec beaucoup de generosité & de force les libertez de l'Eglise Gallicane, ausquelles la Cour de Rome vouloit & a toûjours voulu donner jusqu'à present de cruelles atteintes. Il fut récompensé à son retour de la charge de Président à Mortier ; mais il n'en jouit que deux ans, & mourut le 11 d'Août 1556.

L'entrée de l'Eglise est ornée de pilastres, disposez en demi-cercle, entre lesquels il y a des statues & des bas-reliefs au-dessus ; de l'ouvrage de *Martin* des JARDINS, qui font un assez bon effet ; de même que le portique du milieu, soutenu de deux colonnes de la même ordonnance. Quoique dans cet édifice, les regles de l'art ne soient pas gardées, ni selon l'usage ordinaire, qui défend de mettre des trigliphes avec des colonnes Corinthiennes, le P. de CREIL Chanoine regulier de la même Congregation, qui en a donné le dessein, n'a cependant rien fait ici, dont il n'ait eu l'autorité dans le *parallele de l'architecture ancienne avec la moderne, de Chambray*, qui conseille de se servir de cette sorte de composition, pour des temples dédiez aux Vierges genereuses qui ont répandu leur sang pour JESUS-CHRIST, comme sainte Catherine Patrone titulaire de cette Eglise. Ainsi cette composition merite d'être d'autant plus consideré, qu'elle n'a pas beaucoup de pareilles ailleurs ; & que le *Cavalier Bernin* ne put s'empêcher de l'approuver. La premiere entrée sur la rue est ornée de quatre colonnes Corinthiennes ovales ou applaties, qui ne produisent pas un effet agréable.

On a oublié de dire qu'il y a dans cette Eglise un excellent tableau de *Champagne*, qui merite d'être vû par les connoisseurs.

Plus avant dans la même rue on distinguera l'HÔTEL DE CARNAVALET, dont la porte est de *Jean* GOUGEON. Elle est ornée de refands vermiculez, avec deux bas-reliefs sur le bandeau arazé de l'arc,

& un écusson en cartouche découpé, au milieu duquel il y a des armes. Cet ouvrage, quoique peu considerable en apparence, a été si fort admiré de quelques curieux de réputation, & de plusieurs savans en architecture, que *François* MANSART ayant été emploié pour achever la façade de cet hôtel, ne voulut point absolument toucher à ce qui avoit été commencé par cet habile maître. Il se contenta seulement d'accommoder le premier étage tel qu'on le voit, d'une maniere digne de lui, qui n'a été cependant achevé que depuis peu d'années. Le bâtiment du côté de la cour est embelli sur les tremeaux, de grandes figures à demi-relief, qui sont correctement dessinées, de même que les masques qui sont sur les claveaux au milieu de chaque croisée, de l'ouvrage du même *Gougeon*, qui passent pour tout ce qu'il a de plus beau dans ce genre. On excepte cependant les figures d'un des côtez, qui sont par rapport au reste d'un profil grossier & très-imparfait. Cette maison doit être consideréecomme le chef-d'œuvre des trois plus grands architectes que la France ait eu ; savoir, *Jean* GOUGEON, *Jacques Androuet* du CERCEAU, & *François* MANSART, qui a travaillé aux appartemens qui donnent sur la rue, dont l'exterieur est d'une décoration qui se distingue tres-aisément. Cet hôtel appartient à present à *Paul Estienne* Brunet de *Rancy*, fort employé dans les Finances, lequel y a fait achever bien des choses restées imparfaites ; & comme il a aquis des richesses immenses, & qu'il a quelque affection pour les belles choses, il n'a rien épargné en meubles & en d'autres choses de consequence, pour embellir les ouvrages qui avoient été commencez, avant qu'il en fût en possession. Il a emploié des maîtres habiles pour décorer des sales basses de peintures nouvelles, qui font honneur à ceux de qui elles sont.

Tout proche on appercevra l'Hôtel de Lamoignon, occupé par *Chrétien* de Lamoignon Président à Mortier. C'étoit autrefois l'*hôtel d'Angoulême*, auquel on a fait quelques embellissemens, particulierement dans le jardin, en 1718. On y a construit une nouvelle porte qui pouvoit être d'un dessein mieux imaginé.

Cette maison conserve encore à present la nombreuse & riche bibliotheque de l'illustre *Guillaume* de Lamoignon, premier Président du Parlement, tres-zelé Protecteur des gens de lettres. Feu le *Président de Lamoignon*, son fils, l'a beaucoup augmentée, fous la direction du favant *Adrien* BAILLET, célebre par les nombreux ouvrages qu'il a publiez, & par la grande connoissance qu'il avoit des bons livres pour quelques études que ce pût être.

A l'extrémité de la rue de la Couture fainte Catherine, dont on vient de parler: On peut aller voir la maifon bâtie fur les deffeins de DE LISLE, architecte renommé de l'Academie, qui a emploié toute fa fcience pour y donner de l'agrément & de la commodité. Il y a eu autrefois cinq ftatues dans le fond du jardin d'une excellente beauté. Elles étoient de la propre main d'*Anguier*, copiées fur les plus belles antiques de Rome ; à favoir le *Laocoon*, l'*Hercule*, la *Flore*, *Junon* & *Jupiter*, qui avoient été faites pour *Nicolas* FOUQUET, Surintendant des Finances, lequel les avoit longtems confervées dans fa maifon de faint Mandé, proche de Vincennes, avec huit autres de la même main, que l'on voit à prefent dans la belle maifon de Choify, à trois lieues de Paris, fituée fur le bord de la Seine, qui a appartenu à la Marquife de Louvois, morte en l'année 1715, & à prefent à la Princeffe de Conti Douairiere, fille du Roi Louis XIV.

La maison de *Michel le Pelletier* de Souzi, Conseiller d'Etat & au Conseil roial des Finances, Directeur general des fortifications de France, est presque vis-à-vis ; elle est de *Pierre* Bulet, architecte, qui y a fait paroître beaucoup de propreté. Cette maison doit être regardée comme une des plus considerables de tout ce quartier, quoique d'ailleurs la structure en paroisse simple & dénuée d'ornemens ; ce qui la distingue fort aux yeux des connoisseurs, qui font consister une partie de la beauté des édifices dans la simplicité, & avec de tres-justes raisons, puisque la plûpart des ouvrages sont gâtez, par la trop grande quantité de compositions chimeriques, qui les offusquent & les défigurent presque toûjours. Les appartemens sont meublez proprement ; & l'orangerie de cette maison, du même architecte, est un ouvrage qui a de l'apparence.

Fort proche est l'Eglise des Filles Bleues, qui est peinte & assez jolie. Ces Religieuses suivent la regle de saint Augustin, & vivent dans une tres-profonde retraite, puisqu'il ne leur est permis de voir leurs plus proches parens, qu'une fois l'année seulement.

I v

Après ce petit détour, on doit revenir dans la rue saint Antoine, pour voir
les choses qui se trouvent dans le reste.

L'Hôtel de Sully a autrefois appartenu à un nommé *Galet* riche partisan
de profession. Il avoit fait édifier cet hôtel de son gain, mais la fortune lui aiant
tourné le dos & réduit à l'extrémité, il
le joua temerairement, dit-on, d'un
coup de dez, & le perdit. Il tomba ensuite dans une extrême misere comme il
le meritoit bien. Le bâtiment est orné de
bossages & de moulures. La porte est accompagnée de deux colonnes Doriques,
avec une terrasse qui regne dessus. La
cour n'est pas fort grande ; cependant,
à prendre toutes ces choses ensemble,
cette maison peut passer pour avoir quelque beauté.

Un peu plus avant, on trouve une
rue de médiocre largeur, qui conduit
à la place roiale, dont on va parler.

Elle se nomme la RUE ROIALE.

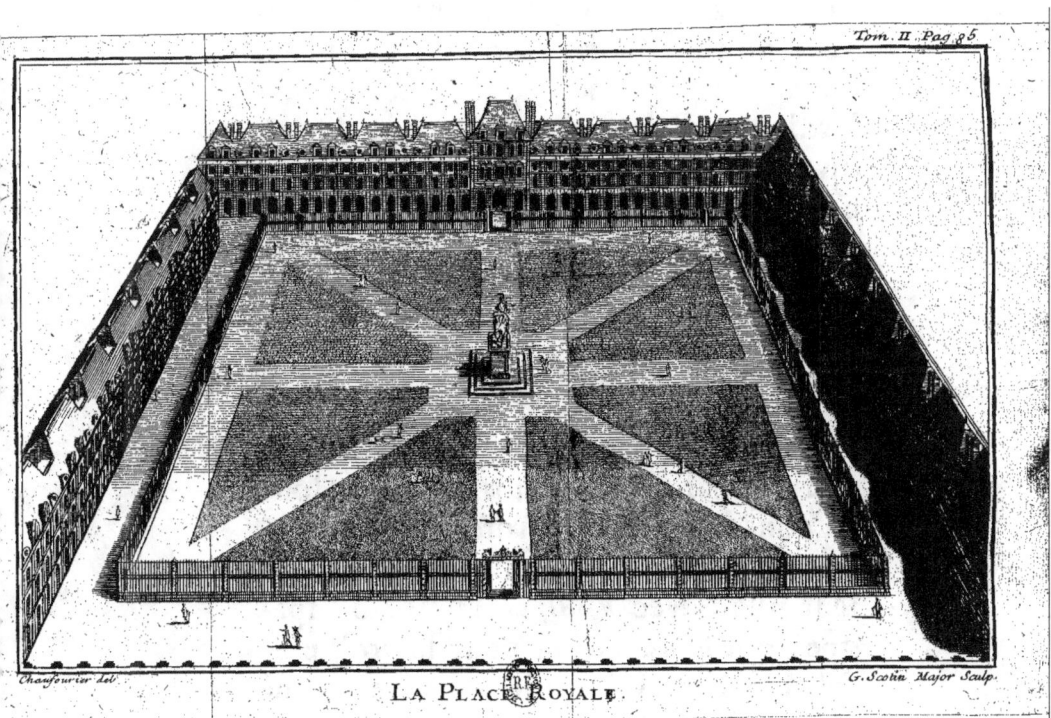

La Place Royale.

LA PLACE ROIALE.

Cette place fut bâtie en 1604, sous le regne de *Henry* IV. aux dépens de plusieurs particuliers. Les maisons qui sont autour, sont d'une symetrie égale mais assez grossiere, & n'ont été achevées qu'en l'année 1630. Cette place occupe le même lieu, qui avoit servi de jardin au Palais des Tournelles, situé du côté du rempart, où *François* I. & quelques Rois ses predecesseurs avoient tenu leur Cour. La reine *Catherine* de *Medicis* abandonna ce Palais, & ne voulut plus l'occuper, à cause du funeste accident arrivé au roi *Henri* II. son époux, blessé à mort le 10 de Juin de l'année 1559, par le Comte de Montgomery, dans le malheureux tournoi qui se donna dans la rue saint Antoine, à l'occasion du mariage d'Isabelle de France, leur fille, avec *Philippe* II. roi d'Espagne, qui se remarioit pour la troisiéme fois; plusieurs historiens ont remarqué que cet accident fut un funeste presage pour le mariage de cette Princesse, qui mourut empoisonnée à la fleur de son âge, quoiqu'elle fut grosse, par la jalousie faussement conçue de son crue.

époux, qui avoit déja fait mourir *Dom Carlos* son fils unique, sur des soupçons aussi mal-fondez. Ce Palais commencé par le roi Charles V. fut vendu en l'année 1565, à plusieurs particuliers, qui y éleverent les maisons que l'on voit à present; & la rue qui regne du côté du rempart, en a encore retenu le nom, de *la rue des Tournelles*.

Un bel esprit fit ce vers sur la mort tragique du roi Henri II.

Quem mors non rapuit, Martis imago rapit.

La Place roiale est parfaitement quarrée, composée de trente-six pavillons, neuf à chaque face, élevez d'une même ordonnance, dont la maçonnerie est de brique, avec des cordons ou des chaînes de pierre de taille. Il regne par tout à rez-de-chaussée une suite d'arcades fort basses, en maniere de coridor, à la faveur duquel on peut aller commodement à couvert tout autour de la place.

Dans l'espace qui est au milieu, on a laissé un grand préau enfermé dans une palissade de fer, pour laquelle chaque pavillon a contribué la somme de mille livres ; ce que l'on peut s'imaginer aisément, considerant la quantité de fer qu'il a fallu employer à cet ouvrage : mais cette dépense, quoique considerable, a été absolument superflue, parce qu'une place ne doit jamais être embarrassée ni retrécie, au contraire elle doit avoir des accès libres & commodes.

La statue équestre du roi *Louis* XIII, posée le 13 de Septembre 1639, est placée au milieu de cet espace ; elle est élevée sur un grand piedestal de marbre blanc, aux faces duquel on a gravé ces Inscriptions.

Sur le devant qui regarde la rue saint Antoine, celle-ci se presente la premiere.

POUR LA GLORIEUSE
ET IMMORTELLE MEMOIRE
DU
TRES GRAND ET TRES-INVINCIBLE
LOUIS LE JUSTE
XIII. DU NOM, ROI DE FRANCE
ET DE NAVARRE.
ARMAND CARDINAL DE RICHELIEU, SON PRINCIPAL MINIS-

DESCRIPTION
‑RE DANS TOUS SES ILLUSTRES
ET GENEREUX DESSEINS :

COMBLE' D'HONNEURS ET DE BIEN-
FAITS PAR UN SI BON MAITRE
ET UN SI GENEREUX MONARQUE,
LUI A FAIT ELEVER CETTE STATUE:

POUR UNE MARQUE ETERNELLE DE
SON ZELE, DE SA FIDELITE', ET
DE SA RECONNOISSANCE.
1639.

Sur la face du côté des Minimes.

LUDOVICO XIII. CHRISTIANIS-
SIMO GALLIÆ ET NAVARRÆ REGI,

JUSTO, PIO, FOELICI, VICTORI,
TRIOMPHATORI,
SEMPER AUGUSTO,

ARMANDUS CARDINALIS
DUX RICHELIUS
PRÆCIPUORUM REGNI ONERUM
ADJUTOR
ET ADMINISTER,

DE LA VILLE DE PARIS. 207
DOMINO OPTIME MERITO, PRIN-
CIPIQUE MUNIFICENTISSIMO,
FIDEI SUÆ, DEVOTIONIS,
ET OB INNUMERA BENEFICIA, IM-
MENSOSQUE HONORES
SIBI COLLATOS,
PERENNE GRATI ANIMI MONIMEN-
TUM, HANC STATUAM EQUESTREM
PONENDAM CURAVIT.
ANNO DOM. 1639.

A main droite.

POUR LOUIS LE JUSTE

SONNET.

Que ne peut la Vertu, que ne peut
le courage ?
J'ai dompté pour jamais l'heresie en son
fort,
Du Tage imperieux j'ai fait trembler le
bord,
Et du Rhin jusqu'à l'Ebre accrû mon
heritage.

J'ai sauvé par mon bras l'Europe d'escla-
vage

*Et si tant de travaux n'eussent hâté
 mon sort,*
*J'eusse attaqué l'Asie, & d'un pieux
 effort,*
*J'eusse du saint tombeau vangé le long
 servage.*

*ARMAND, le grand Armand, l'ame
 de mes exploits,*
*Porta de toutes parts mes armes & mes
 loix,*
*Et donna tout l'éclat aux rayons de ma
 gloire.*

Enfin, il m'éleva ce pompeux monument,
*Où pour rendre à son nom, memoire
 pour memoire;*
*Je veux qu'avec le mien, il vive in-
 cessamment.*

Quelques Critiques ont judicieusement remarqué, que l'Auteur de ce Sonnet pouvoit être plus moderé dans les éloges fastueux qu'il donne au Cardinal de Richelieu.

Ce Sonnet qui a été gravé longtems après la mort du Cardinal de *Richelieu*, est de *Jean* DESMARETS, né à Paris, de l'Académie Françoise, Auteur du poëme de Clovis, de la Comédie des Visionnaires, du Roman d'Ariane, du livre intitulé les délices de l'Esprit, & de plusieurs autres ouvrages qui ont eu des approbateurs pendant la vie de l'Auteur, mais qui sont fort déchus depuis.

De l'autre côté à gauche.

Quod bellator hydros pacem spirare, rebelles,
Deplumes trepidare aquilas, mitescere pardos,
Et depressa jugo submittere colla leones,
Despectat LODOICUS, equo sublimis aheno,
Non digiti, non artifices fecere camini,
Sed virtus & plena Deo fortuna peregit.
ARMANDUS vindex fidei pacisque sequester,
Augustum curavit opus ; populisque verendam
Regali voluit statuam consurgere Circo,
Ut post civilis depulsa pericula belli,
Et circum domitos armis felicibus hostes,
Æternum domina LODOICUS in urbe triumphet.

La figure du Cheval est un des beaux ouvrages que l'on puisse voir. Le fameux *Daniel Ricciarelli*, de la ville de *Volterre* en Toscane, disciple de *Michel Ange*,

Sculpteur fort estimé, l'avoit fait pour le roi Henri II. à la sollicitation de la reine Catherine de Medicis ; mais la mort de cet habile maître, arrivée trop tôt en 1556, fut cause qu'il ne pût achever la figure du Roi, pour lequel on l'avoit destiné. Le cardinal de *Richelieu* fit poser le Cheval plusieurs années après, & y fit ajuster la figure du roi *Louis* XIII. par BIARD, qui n'est pas d'une beauté du premier ordre. En effet, les connoisseurs critiques ont remarqué que pour faire un monument parfait, il falloit donner au roi *Henri* IV. le cheval du roi *Louis* XIII. parce que ces deux pieces sont excellentes en leur genre.

Les plus considerables maisons de la place roiale, sont,

L'HÔTEL DE RICHELIEU, magnifiquement reparé depuis quelques années. L'HÔTEL DE GUIMENE' & l'HÔTEL DE ROHAN, avec plusieurs autres, où il y a des appartemens & des meubles de conséquence.

Le Baron de BRETEUIL occupe une maison de cette place, située à main droite en entrant par la rue saint-Antoine. Dans une des chambres qui donne sur la cour, on verra un plafond peint par le BRUN, que ce grand maître fit peu d'années après son retour de Rome, c'est-à-dire encore tout rempli des belles & nobles idées qu'il avoit prises sur les merveilleux originaux qui y sont en abondance. Tous les appartemens de cette maison ont leurs ajustemens particuliers. On y verra une cheminée d'un dessein nouvellement inventé, dont on peut tirer quelques commoditez.

De l'autre côté de la place, est L'HÔTEL DE NICOLAI, autrefois *l'hôtel de Chaunes*, dont les appartemens ont de la grandeur & de l'agrément.

Il semble que l'on pourroit donner un grand embellissement à la place roiale, en abattant entierement le pavillon du côté de la rue saint Antoine, & celui qui est opposé, vis-à-vis du couvent des Minimes; les avenues de cette place en seroient bien plus belles & plus commodes; de la rue saint-Antoine on verroit avec plaisir, la statue équestre en son entier, & dans le lointain le portail de l'Eglise des Minimes, qui termineroit le point de vûe, à peu près comme celui des Capucines dans le fond de la place de Louis le Grand. Si l'on ne vouloit pas se résoudre à abbattre ces deux pavillons, on pourroit du moins des trois arcades qui les foûtiennent, n'en faire qu'une feule fort exhauffée, par l'ouverture de laquelle on verroit bien plus commodément la ftatue & le portail des Minimes. D'ailleurs on ne fauroit voir fans quelque forte de peine, une des trois portes fous un de ces pavillons, bouchée, pour faire place à un méchant efcalier, qui défigure entierement cette entrée du côté de la rue roiale, qui fournit le principal accès de la place par la rue de faint Antoine ; mais on a fi peu de foin des embelliffemens publics à Paris, qu'on ne fait aucune difficulté de gâter un point de vûe, ou une place entiere, pour le leger intereft de quelque particulier qui aura du credit auprès de ceux qui doivent veiller aux décorations de la Ville.

DE LA VILLE DE PARIS. 213

LE COUVENT DES MINIMES.

CEs Peres ont été inſtalez à cet endroit dès l'année 1590, par les liberalitez de quelques perſonnes pieuſes qui acheterent une partie des jardins de l'hôtel de Vitri, pour l'emplacement du couvent que l'on voit à preſent, dont l'étendue eſt conſiderable & tres-avantageuſe, & où ces bons Peres trouvent abondamment toutes les commodités qu'ils peuvent deſirer.

Leur Egliſe eſt propre & aſſez claire, quoiqu'elle ſoit d'une ſtructure groſſiere, qui tient encore beaucoup du Gothique.

La premiere pierre y fut poſée ſous la protection de la reine *Marie de Medicis*, ſur laquelle cette inſcription eſt gravée.

MARIA MEDICÆA, *pientiſſima & ſereniſſima Francorum regina*, HENRICI IV. *olim conjux, nunc vidua, & Ludovici XIII. Francorum regis mater: extruendi hujus Templi ergò, quod honori B. Dei genitricis Mariæ votum & dicatum est, ejusdem Virginis natali die, & 6. idus Septemb. 1611. primarium lapidem pro fundamento posuit, christianè prorsus & feliciter.*

Le bâtiment ne fut achevé que quelques années après, & comme cette Eglise fut dediée sous le titre de la naissance de la sainte Vierge, on en fit l'ouverture par une messe solemnelle chantée le jour destiné à cette fête.

Le frontispice de cet édifice eût été un excellent morceau d'architecture, si on l'avoit achevé dans la même intention qu'il a été commencé. Il est de *François* MANSART. Les colonnes du premier ordre sont Doriques, de l'accouplement desquelles cet habile maître ne s'est pas tiré aussi heureusement, qu'il a fait à la porte de l'hôtel de la Vrilliere; à present l'hôtel de Toulouse; en voulant conserver ici le quarré des metopes, il est tombé dans une irregularité, parce que les deux chapiteaux étant trop proches l'un de l'autre, les bases sont embarassées & se mangent de telle sorte, qu'il ne paroît qu'un seul tore pour les deux; ce qui choque fort les curieux, qui regardent les choses de près & avec attention. Ces Peres aiant eu besoin d'une tribune, en ont construit une depuis quelques années sur ce portail, qu'ils ont ornée en dehors de colonnes d'ordre composite, mais qui ne répondent nullement à ce qui a été élevé par *Mansart*.

Le grand Autel de cette Eglise est d'une architecture Corinthienne, dont les colonnes sont de marbre de Dinan, cannelées & d'une execution fort propre, les seules qu'il y ait en France de cette sorte. On voit au milieu une descente de Croix copiée sur un excellent tableau à fresque de *Daniel* de VOLTERE, que ces Peres ont à Rome dans une chapelle à main gauche, de l'Eglise de la Trinité du mont. Les deux figures, la Vierge & saint François de Paul, placées dans les niches des côtez; dont le fond est doré, sont de GUILLIN, sculpteur habile.

Il y a quelques chapelles remarquables dans la même Eglise. A côté du maître Autel est celle sous le titre de saint François de Paule, instituteur de l'ordre des Minimes, qui est assez bien ornée. On y voit quelques peintures de VOUET, entre lesquelles le grand tableau de l'Autel est le plus estimé.

Dans une chapelle de la nef, on distinguera le tombeau de *Diane*, légitimée de France, fille de Henri II. Duchesse d'*Angoulême*, qui fut mariée en premieres nôces à *Horace Farnese* Duc de Castro, & en secondes nôces à *François* de *Montmorency*. Cette Dame s'interessa beaucoup aux malheurs de la France causez par la ligue, & contribua de toutes les forces de son esprit à unir le roi Henri III. avec Henri IV. alors roi de Navarre, ce qui produisit dans la suite d'heureux effets ; elle est morte en réputation d'une grande vertu & de sciences, qu'elle aimoit & qu'elle cultivoit soigneusement, ce qui lui avoit donné des lumieres au-dessus des personnes ordinaires de son sexe.

Cette épitaphe se peut lire sur son tombeau.

DIANE, *legitimée de France, fille & sœur legitimée des rois, Duchesse d'Angoulême, Douairiere de Montmorency, décedée à Paris, le onziéme de Janvier 1619, âgée de 80 ans.*

La chapelle du Duc de la VIEUVILLE est enrichie de quelques tombeaux de marbre, & de tres-belles figures de l'ouvrage de *Gilles* GUERIN, sculpteur né à Paris.

Jean de LAUNOY, Docteur en Theologie

logie de la maison de Navarre, est enterré dans cette Eglise. Il a passé pour un des plus profonds critiques de ces dernier siecles, particulierement dans les antiquitez de l'Eglise, où il a débrouillé beaucoup de choses, dont on n'avoit avant lui que des idées fort confuses & fort obscures. Il a laigué deux cens écus par testament à ces Peres, & la moitié de sa bibliotheque, composée principalement de rituels anciens & curieux, dans lesquels il avoit découvert beaucoup de singularitez fort éloignées des usages qui s'observent à present ; il a publié au moins soixante & dix volumes de sa façon, entre lesquels il y en a qui ont donné lieu à plusieurs écrits contre lui, entre autres celui qui a pour titre, *de commentitio Lazari, Magdalenæ & Marthæ, ac Maximini in Provinciam appulsu*, où il prétend prouver que ces Saintes & ce Saint ne sont jamais venus en Provence.

Voici l'épitaphe que *Clement*, Conseiller de la cour des Aydes, tres versé dans la bonne litterature, a faite pour être mise sur son tombeau, ce qui a été negligé jusqu'ici, tant on a peu de soin en France de conserver la memoire des savans qui font honneur à leur patrie.

Tome II. K

D. O. M.

Hic jacet JOANNES LAUNOIUS,
Constantiensis,
Parisiensis Theologus;
Qui veritatis assertor perpetuus, jurium
Ecclesiæ & Regis acerrimus vindex,
vitam innoxiam exegit.
Opes neglexit, & quantulumcunque ut
relicturus,
Satis habuit.
Multa scripsit nulla spe, nullo timore.
Optimam famam, maximamque venerationem apud probos adeptus est.
Annum septimum & septuagesimum agens
decessit.
Animam Christo consignavit die 10
Martii Anno 1678.

Hoc monimentum amico jucundissimo poni
curavit
NICOLAUS LE CAMUS
In suprema Subsidiorum Curiâ Princeps.

Dans la chapelle de la Vierge & de saint Louis, dite des *Valois* ou d'*Angoulême*, on peut lire cette épitaphe sur une table de bronze.

CY GIT

Tres haute Princesse Madame CHARLOTTE de MONTMOREN-CY, *épouse de tres-haut & tres-puissant Prince Monseigneur* CHARLES de VALOIS, *Duc d'Angoulême, Pair de France, décédée le douze d'Août 1636.*

Dieu mette son Ame en Paradis.

Nicolas le JAY, nommé premier Président du Parlement en 1633, après avoir passé par plusieurs charges importantes, est mort en 1640. On voit son tombeau dans une chapelle de cette Eglise, à côté du grand Autel sur lequel ce magistrat est représenté en marbre.

Abel de SAINTE MARTHE, Doien de la cour des Aides, Garde de la bibliotheque roiale, est mort le 30 d'Octobre 1706, âgé de quatre-vingt-un ans. Quelques ouvrages qu'il a publiez, lui ont procuré de la réputation.

La bibliotheque de cette maison n'est pas des plus considerables par le nombre, puisqu'elle n'est composée que de quinze à seize mille volumes tout au plus. On y trouve des pieces d'optique du P. *Jean-François* NICERON, né à Paris, savant dans cette science, sur laquelle il a laissé un volume estimé. Il est mort le 22 de Septembre 1646, âgé seulement de trente trois ans.

Le P. *Marin* MERSENNE, étoit aussi de la même maison. On voit de lui de tres-beaux ouvrages; entre autres, un volume intitulé l'*Harmonie universelle*, dans lequel il paroît une grande netteté d'esprit, & une memoire prodigieuse. *Gilles Personne de Roberval*, excellent Philosophe du siecle passé, disoit ordinairement du Pere *Mersenne*, qu'il prenoit un plaisir tout particulier à mettre les savans en dispute, pour en tirer un fruit, dont il ne manquoit jamais de profiter avantageusement. Ce savant Religieux fut intime ami du fameux *Descartes*, & tira bien des lumieres de ce grand Philosophe, avec lequel il étoit en commerce continuel de lettres. Le P. *Mersenne* est mort le premier de Septembre 1648, âgé de 60 ans.

Cette Communauté a encore produit d'autres savans.

Le P. *Hilarion* de COSTE, mort en 1662, a mis au jour plusieurs volumes, dont voici les principaux. *Histoire des Princes qui ont porté le titre de Dauphins. Histoire Catholique du seizième siecle, les éloges des Dames illustres, la vie du Docteur Picard*, & celle du *P. Mersenne.* Comme il descendoit d'une sœur de saint François de Paule, il fut inspiré d'entrer dans son ordre, où il a vécu avec bien de la ferveur & de la perseverance.

Le P. GIRY a publié des vies des Saints estimées.

Le P. PLUMIER, mort en l'année 1705, a été un des premiers hommes pour la Botanique. Il avoit fait des voiages de longs cours en differentes parties du monde, particulierement en Amerique, pour découvrir des plantes extraordinaires, dont personne n'avoit encore parlé avant lui. Il a laissé quelques volumes sur cette science, qui font connoître non seulement son profond savoir dans la Botanique, mais encore les fatigues & les peines infinies qu'il a été obligé de supporter, pour courir les vastes regions & les deserts même, afin de s'instruire des choses qu'il expose dans ses ouvrages.

Pour la satisfaction des curieux de l'histoire des origines, on rapportera le premier établissement de l'ordre des Minimes, comme on le trouve dans un au-

K iij

teur des plus estimés & des plus suivis, & consideré de quelques-uns comme le Tacite des derniers siecles.

Philippe de COMINES, de tous les historiens particuliers, qui peut être le plus hardiment cité, raconte ce qui donna occasion à l'établissement des Minimes en France, qui occupent à present 160 Couvents, dont saint *François de Paule*, qui en est l'instituteur, en vit 34 tres-bien fondez avant sa mort, arrivée en 1507.

Cet auteur fidele, dit en propres termes, *que Louis* XI. *qui craignoit extrémement la mort, fit venir* Frere François Martotil *surnommé le saint homme, de la ville de Paule en Calabre, province du roiaume de Naples, patrie de ce bon solitaire, lequel dès l'âge de douze ans s'étoit mis sous un roc, où il étoit demeuré jusqu'à l'âge de quarante-trois ans, que Louis* XI. *l'envoya querir par un sien maître d'hôtel en la Compagnie du Prince de Tarente, fils du roi de Naples; car il ne voulut point partir sans le congé du Pape, ni de son roi, qui étoit sens à cette simple personne. Jamais n'avoit mangé, ni n'a encore depuis qu'il se mit en cette étroite vie, ni chair, ni poisson, ni œufs, ni laitage, ni aucune graisse, & ne pense jamais avoir veu un homme vivant de si sainte vie. Il n'étoit clair ni* lettré, & n'apprit jamais rien, vrai est que sa langue Italienne lui aidoit bien à se faire émerveiller. Ledit Hermite passa par Naples, honoré & visité autant qu'un grand legat Apostolique, tant du Roi que de ses enfans, & parloit avec eux comme un homme nourri en Cour. Delà passa par Rome, & fut visité de tous les Cardinaux, & eut audience avec le Pape par trois fois, seul à seul, & fut assis auprès de lui en belle chaire l'espace de trois ou quatre heures à chacune fois, ce qui étoit grand honneur à un si petit homme, répondant si sagement que chacun s'en ébaïssoit, & lui accorda nôtre saint Pere, faire un ordre appellé les Hermites de saint François. Delà vint devers le Roi, honoré, comme s'il eut été le Pape, se mettant à genoux devant lui, afin qu'il lui plût faire alonger la vie, il répondit ce que sage homme devoit répondre. Je l'ai maintefois oui parler devant le Roi, qui est de present, où étoient tous les grands du roiaume, & encore depuis deux mois, mais sembloit-il qu'il fut inspiré de Dieu ès choses qu'il disoit & remontroit, car autrement n'eut seu parler des choses dont il parloit : il est encore vif, pourquoi se pourroit bien changer ou en mieux ou en pis, & pour ce m'en tay. Aucuns se moquoient de la venue de cet Hermite qu'ils appelloient saint homme, *mais ils n'étoient pas informez des pen-sées de ce sage Roi, ni n'avoient vû les choses qui lui donnoient l'occasion.*

Proche des Minimes, est un hôpital appellé la CHARITÉ DES FEMMES, fondé en 1629, par la reine *Anne d'Autriche*, sous le nom de *la Charité de Nôtre-Dame*. Les Religieuses qui servent les malades, suivent la regle de saint Augustin, & font un quatriéme vœu touchant l'hospitalité. Il y a seulement vingt-huit lits.

DANS LA RUE DES TOURNELLES, à côté de la Place roiale, on remarquera une grande maison, qui a été occupée par *Jule Hardouin Mansart*, Surintendant des bâtimens, dans laquelle l'architecture Françoise, qui étoit du goût de cet Architecte moderne, se distingue fort. Les vûes en sont tournées avantageusement du côté du boulevart; ou du nouveau cours, & les dedans en sont d'une bonne distribution, en quoi il réussissoit quelquefois plus que dans les autres parties de la bonne architecture. Par l'inventaire de Mansart on a vû qu'il avoit amassé quantité de choses de diverses especes, qui avoient du rapport à sa profession & à sa charge, qu'il n'avoit cependant occupée que depuis l'année 1699, jusqu'en 1708, que sa mort arriva assez subitement à Marly.

La rue saint Antoine, de laquelle on s'est détourné pour voir les choses dont on vient de parler, fournira encore de quoi satisfaire.

L'Hôtel de Maienne, qui fait le coin de la rue du *petit Musc*, a été considerablement réparé en 1709, sur les desseins de *Germain* Boffrand, qui y a ménagé avec une tres grande industrie beaucoup de commoditez, qui ont rendu cet hôtel bien plus logeable qu'il n'étoit autrefois, quoiqu'il eut appartenu à des maîtres illustres, qui avoient joué un tres-grand rôle pendant les troubles de la ligue, & dont l'autorité pouvoit être comparée à celle des souverains.

DESCRIPTION

LES FILLES

DE LA VISITATION

DE SAINTE MARIE.

L'Institution de ces Religieuses n'est pas fort ancienne. Elles ont été établies à Paris en 1619, & cette maison est la premiere qu'elles ayent eu en France: mais cet ordre a tellement multiplié depuis, qu'on en compte trois maisons en cette Ville, & plus de cent trente-deux dans le reste du roiaume, tres-richement fondées pour la plûpart.

  Le terrain que ces Religieuses occupent, est fort serré. L'Eglise est petite, mais en recompense décorée d'une architecture assez passable. C'est un dôme raisonnablement élevé, soûtenu en dedans de quatre arcs, entre lesquels il y a des pilastres Corinthiens, avec une grande corniche qui regne tout autour. L'Autel principal est dans un espace particulier, vis-à-vis de la porte, qui ne reçoit d'autre lumiere que d'une ouverture assez mal imaginée, pratiquée au milieu de la voûte. Cet Autel est orné les jours des grandes fêtes de quantité d'argenterie d'un prix fort confiderable, & de paremens rehauffez de groffes perles. Les filles de la Vifitation qui occupent cette maifon, font tres bien accommodées de tout ce qui leur eft neceffaire, & jouiffent de fort grands revenus, quoique leur fondation ne foit pas ancienne, comme on l'a dit. Elles doivent leur premiere inftitution à faint François de Sales, Evêque & Prince de Geneves, qui mourut à Lion, en l'année 1622, dont elles ont quelques reliques, qu'elles gardent avec bien du foin & de la reverence.

On eftime entre autres chofes l'exterieur de cette Eglife, & *François* MANSART, qui en a donné les deffeins, n'a point conduit d'édifice, où il paroiffe plus de regularité & de précifion, ce qui eft caufe que quelques gens de mediocre capacité regardent ce morceau comme un *bijou* d'architecture, s'il eft permis de fe fervir de leurs propres termes; cependant les habiles connoiffeurs en cette belle fcience, dont le nombre n'eft pas fort grand à Paris, trouvent qu'il eft tres-chargé de maçonnerie, fi épais, & les ouvertures fi mal entendues, que les dedans n'ont pas toute la lumiere dont ils auroient befoin naturellement. La porte qui eft fous un grand arc, eft élevée fur un perron de

K vj

douze ou quinze degrez. Elle est ornée de deux colonnes Corinthiennes fuselées, c'est-à-dire renflées vers le milieu de leur fust, dont à la verité on a peu d'exemples, ce qui n'est pas cependant contre les regles de la bonne & correcte architecture, puisque la même chose a été pratiquée par les plus grands maîtres, & que les antiques en fournissent un bon nombre de modeles. VITRUVE même approuve cette maniere, dans son troisiéme livre, chapitre 2. Ainsi on ne doit point condamner une chose autorisée de cette sorte, laquelle d'ailleurs produit un bon effet, lorsqu'elle est disposée avec autant d'art & de sagesse, qu'elle est ici.

André FREMIOT, Archevêque de Bourges, primat d'Aquitaine, est enterré dans l'Eglise de ces Religieuses. Il est mort le 13 de Mai 1641. Il étoit frere de *Jeanne-Françoise Fremiot, Baronne de Chantale*, Fondatrice & premiere superieure de l'ordre de la Visitation de sainte-Marie.

Nicolas FOUCQUET, Surintendant des finances, est aussi enterré dans la même Eglise. Il est mort au mois de Mars de l'année 1680, âgé de 65 ans. Sa disgrace éclatante & une prison de dix neuf ans, n'avoient point diminué la grandeur de son courage, ni altéré la fermeté de son esprit, & l'on n'avoit guéres vû avant lui plus de merite & plus de mauvaise fortune dans la même personne. Il aimoit passionnément les savans & les hommes extraordinaires, qu'il favorisoit de tout son crédit, & qu'il récompensoit toujours avec magnificence. En un mot la France perdit dans la disgrace de ce grand homme un ministre fidele & desinteressé, qui faisoit honneur à sa patrie, par une grandeur sans faste, & par une liberalité qui paroissoit universellement répandue dans tous ses desseins, comme dans toutes ses actions; & les gens de lettre, un Mecene plein de zele & de solide connoissance pour tout ce qu'on lui proposoit de singulier, qu'il ne manquoit jamais de faire valoir par son autorité, & de récompenser de son propre bien.

Dans les deux chapelles des côtez, l'on verra des épitaphes de marbre, ornées de figures de bronze tres-bien dessinées, ces pieces paroissent d'une fort bonne main.

LA BASTILLE.

Et édifice public le plus considerable de la Ville, se trouve à l'extremité de la rue saint-Antoine, dont il interrompt la longueur. Il y a une place au devant assez considerable, qui pouvoit recevoir quelques décorations ; les filles de la Visitation, desquelles on vient de parler, sont fort proches.

La Bastille étoit autrefois une des principales portes de la Ville, qui fut construite & fortifiée, comme on la voit à present vers l'année 1370 sous le regne de Charles V. & fut alors appellée *la Bastille du Chastel de saint-Antoine* pour cette raison. Hugues AUBRIOT, Prevôt de Paris, dont il est fort parlé dans l'histoire du regne de Charles VI. à cause du grand crédit qu'il avoit sur l'esprit du peuple, fit construire cette maniere de Forteresse, comme *Mezeray* le rapporte ; c'étoit lorsque l'artillerie n'étoit pas encore en usage, & qu'on se servoit de ces vieilles machines de guerre nommées *Pierreries, Belliers, Catapultes, Pistons, Ballistes, Viretons, Mangonneaux, Tortues, Feux Gregeois*, & d'autres, dont l'usage a cédé à celui du canon, par l'invention infernale de la poudre, qui n'a pû être conçue que dans le sein d'une furie, pour la destruction du genre humain.

La Bastille est formée de huit tours rondes fort élevées, jointes l'une à l'autre par des massifs de même hauteur & de même épaisseur, dont le dessus est en terrasse, entre lesquelles, il y a une cour qui sert de promenade aux prisonniers les moins reserrez. Cette masse énorme de bâtimens Gothiques enfermée d'un fossé profond, gâte étrangement tout ce quartier, en coupant l'alignement de la rue saint-Antoine, du côté de la Ville & du côté du faubourg. Elle a été construite pour empêcher les incursions des troupes du Duc de Bourgogne, qui venoient ordinairement de ce côté-là, pour piller l'hôtel saint-Paul, la residence des Rois qui régnoient alors, dont l'autorité & la puissance étoient fort médiocres en ces tems-là. Elle sert à présent à renfermer les prisonniers d'Etat, qui sont entretenus aux dépens du Roi. Le Gouverneur de la Bastille est toujours un homme de confiance, qui a plusieurs officiers sous ses ordres & une compagnie de gardes, pour veiller exactement nuit & jour aux avenues, & à tout ce qui se passe dehors & dedans.

Le roi Henri IV. y faisoit garder l'argent de son épargne; & à sa mort, il s'y trouva trente-six millions de reserve, qui furent dissipez peu de tems après, sous la regence de Marie de Medicis.

LE MAGAZIN *de* TITON est sur la premiere porte de la Bastille, qui donne dans la place. Il est rempli de toute sortes d'armes, & l'on y trouve abondamment tout ce que l'on peut desirer sur cet article, dans un arrangement & dans une propreté, qui fait plaisir à ceux qui aiment le métier perilleux de la guerre, & l'attirail qui le suit.

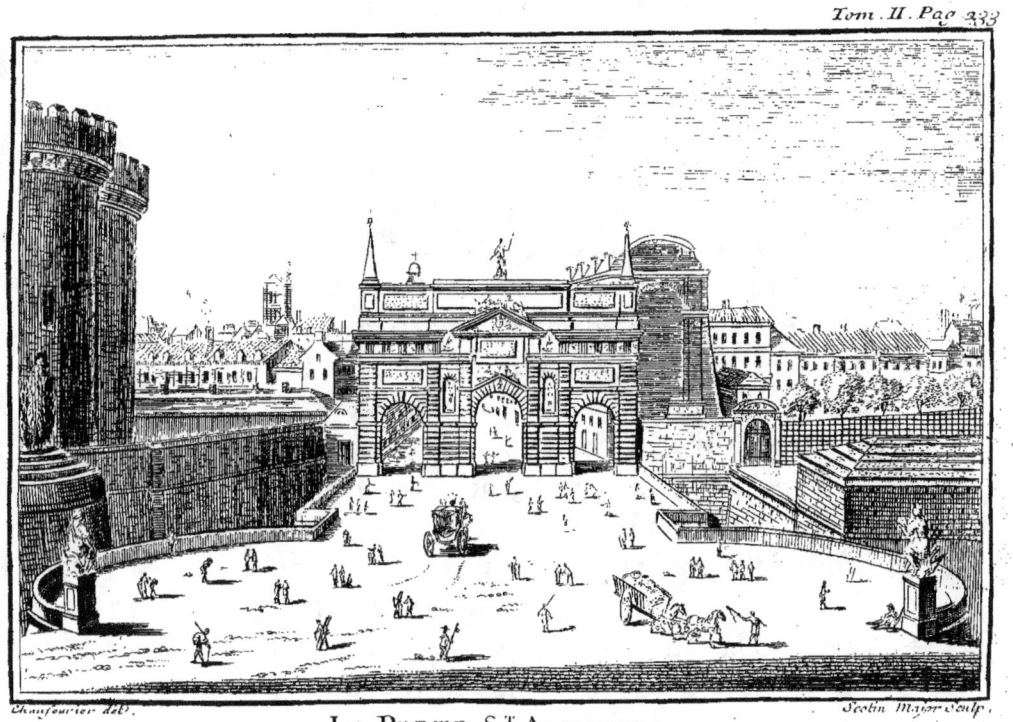

LA PORTE ST ANTOINE.

LA PORTE SAINT-ANTOINE.

Cette porte, qui conduit au fauxbourg du même nom, est à côté de la Bastille. Elle fut bâtie sous le regne de *Henry* II. pour servir d'arc de triomphe à la mémoire de ce Prince.

Depuis quelques années on l'a embellie considerablement, en abbattant une autre vieille porte, qui étoit fort proche. De plus on a accompagné celle-ci de deux autres nouvelles ouvertures, de la même largeur & de la même hauteur, qui rendent l'entrée de la Ville plus facile & plus libre aux carrosses & aux grosses voitures.

François BLONDEL, dont on a déja parlé plusieurs fois, excellent & docte architecte, aiant été chargé en 1671, de donner des desseins pour les embellissemens de la Ville, étant obligé de conserver l'ancien ouvrage de cette porte, s'assujettit à le suivre. Il continua de chaque côté l'ordre Dorique qui étoit observé, en quoi on peut dire qu'il a réussi tres-heureusement, puisqu'il a conservé la regularité de cet ordre, malgré les difficultez qu'il a trouvées dans la disposition des metopes. La largeur de toute la face, des trois ouvertures & des massifs entre deux, est de neuf toises, sur sept à huit de hauteur. On estime dans l'ouvrage de l'ancienne porte, deux fleuves couchez sur une espece de fronton arrazé, qui sont de *Jean* GOUGEON, sculpteur excellent. La plus belle face regarde le faubourg, embellie de refands & d'un grand entablement Dorique qui regne sur toute la largeur, lequel est encore surmonté d'un Attique en maniere de piédestal continu, avec deux obelisques aux extremitez, & la figure du Roi au milieu, de la main de *Gerard* VAN OPSTAT, sculpteur, né à Bruxelles. La statue d'Apollon & celle de la déesse Cerès, couchées sur le fronton, sont aussi du même maître. Il y a avec cela deux autres statues dans des niches, sur les deux piles, entre les trois ouvertures des portes, qui sont d'ANGUIER l'aîné.

On lit sur cette porte les inscriptions suivantes.

PACI

VICTRICIBUS LUDOVICI XIV.

ARMIS.

FELICIBUS ANNÆ CONSILIIS

AUGUSTIS. M. THERESIÆ NUPTIIS,
ASSIDUIS JULII CARDINALIS.
MAZARINI
CURIS
PARTÆ FUNDATÆ ÆTERNUM
FIRMATÆ
PRÆFECTUS URBIS ÆDILESQUE
SACRAVERE
ANNO M. DC. LX.

Autre inscription.

LUDOVICO MAGNO
QUOD URBEM AUXIT, ORNAVIT,
LOCUPLETAVIT
PRÆFECTUS ET ÆDILES P. C.
ANN. R. S. H.
M. DC. LXXII.

Dans les tympans des frontons qui couronnent les ouvertures des portes du côté de la rue saint Antoine, on a mis en relief une copie de la grande médaille que la Ville a fait frapper à la gloire du Roi, où d'un côté il est representé avec cette legende.

LUDOVICUS MAGNUS
Francorum et Navarræ rex
P. P. 1671.

Sur le revers de la même médaille, on a représenté une vertu assise, appuyée sur un bouclier, dans lequel sont les armes de la Ville, avec cette autre legende:

FÆLICITAS PUBLICA.

Et au dessous,

LUTETIA.

Pour rendre l'accès du rempart plus facile aux carosses qui vont au cours, on a été obligé de faire une rampe douce de quarante huit piés de largeur. A l'entrée de cette même rampe à côté de la porte d'un petit jardin dressé assez regulierement, on a placé cette inscription qui a deux faces.

Sur le côté qui regarde le faubourg, on lit:

LUDOVICUS MAGNUS
Promotis imperii finibus

ULTRA RHENUM, ALPES
ET PYRENÆOS,
POMOERIUM HOC MORE PRISCO
PROPAGAVIT.
ANN. R. S. H. M. DC. LXX.

Du côté de la Ville,

LUDOVICUS MAGNUS
ET VINDICATAS CONJUGIS AUGUSTÆ
DOTALES URBES
VALIDA MUNITIONE CINXIT
ET HOC VALLUM CIVIUM DELICIIS
DESTINARI JUSSIT.
ANN. S. R. H. M. DC. LXXI.

Le cours dont on a parlé, qui enferme la moitié de la Ville du côté du septentrion, vient terminer à cet endroit. Il est composé de trois allées formées par quatre rangées d'ormes, dont celles du milieu est de soixante piés de largeur, & les contre-allées sont de dix huit à vingt piés chacune seulement.

Ce nouveau cours qui regne sur le boulevart est de 1200 toises de longueur, depuis la porte saint Antoine, jusqu'à la porte saint Martin, & a été dressé en 1670, par un arrêt du Conseil donné le 7 de Septembre de la même année, & par un autre du 11 de Mars 1671.

On a bâti une porte rustique au milieu du rempart, qui conduit à la campagne de ce côté là. Elle paroît avoir été dédiée sous l'invocation de saint Louis, par l'inscription que voici.

LUDOVICUS MAGNUS
AVO
DIVO LUDOVICO
ANN. R. S. H. M. DC. LXXIV.

Tous ces travaux sont de *François* BLONDEL, & lui-même a composé les inscriptions qui viennent d'être rapportées.

Au-delà de la porte saint Antoine à l'entrée du faubourg, on a fait une large esplanade, à l'extrémité de laquelle sont placées deux grandes statues assises sur des trophées d'armes, qui représentent Hercule & Minerve, élevées sur des piédestaux rustiques. Elles sont de *Thomas* RENAUDIN, sculpteur habile.

Les deux grands bastions & quelques autres ouvrages de fortification, qui se trouvent de chaque côté de cette porte, ont été commencez par les soins de *Jean*, *Cardinal* du BELLAY, Evêque de Paris, Lieutenant general du roiaume, dans le tems que le roi *François* I. étoit occupé aux guerres d'Italie. Sous *Henri* II. son fils, on y travailla avec plus d'application en 1553. On mit la premiere pierre le 11 d'Aoust de la même année, à l'ouvrage qui est du côté de la riviere, & tous ces travaux ne furent terminez qu'en l'année 1559. On prit la dépense sur une taxe qui fut mise sur toutes les maisons de la Ville.

Quelques memoires fideles marquent un dessein proposé sous le regne de *Louis* XIII. dont l'execution eût été d'une grande utilité & d'un grand agrément pour la Ville de Paris.

Le nommé *Villedo*, fameux entrepreneur de bâtimens, avoit envie de tirer un canal de la Seine, depuis la pointe du bastion de l'Arsenal, jusqu'à la porte de la Conference ; mais ce beau projet fut interrompu par *Claude* de BULLION, alors Surintendant des Finances, parce que le P. *Joseph le Clerc*, Capucin, favori du Cardinal de Richelieu, l'avoit proposé, à cause de quelques commoditez que le Couvent des filles du Calvaire dans le Marais, dont il étoit fondateur, en pouvoit recevoir. Ce Ministre, qui n'aimoit pas ce religieux, traversa une chose si utile au public. *Villedo* fit de grandes plaintes au sujet de deux traitez faits avec lui; l'un en 1636, le 29 de Janvier, l'autre le 3 d'Octobre de l'année suivante.

Le faubourg saint Antoine n'étoit point autrefois rempli de maisons comme il est à present. Il est marqué dans la cronique scandaleuse, écrite du regne de Louis XI. par Jean de Troyes, Greffier de l'hôtel de Ville, que ce Prince fit à cet endroit le 20 d'Avril 1474, une revue des habitans de Paris, capables de porter les armes, devant les Ambassadeurs du roi d'Arragon, qui montoit à cent mille hommes, habillez d'écarlate avec des croix blanches. Cette revue se fit depuis la Bastille, jusqu'à une maison nommée la Grange aux Merciers, devant le Roi & toute la cour & un concours extraordinaire, qui fit connoître le peuple nombreux dont Paris étoit rempli dès ce tems-là, dont Louis XI. naturellement défiant & tres soupçonneux eut quelque

sorte

sorte de crainte en voiant une si belle armée, il ne s'avisa plus de faire de pareilles revûes de peur de faire voir à la Ville de Paris de quoi elle étoit capable & quelle force elle pouvoit mettre sur pié.

Ce faubourg consiste à present en plusieurs longues rues, dont la plus belle & la plus reguliere est celle du milieu, les deux qui sont presque paralleles & à peu près de la même longueur, sont *la rue de Charenton* & *la rue de Charonne*, lesquelles conduisent aux villages qui portent les mêmes noms.

La premiere chose qui paroît dans le faubourg saint Antoine, est l'Hôpital des Enfans trouvez, fondé par *Etienne* d'Aligre Chancelier de France, quelques années avant sa mort, arrivée en 1677. *Elisabeth Luillier* son épouse continua cette belle fondation, & a travaillé pendant presque toute sa vie avec un zele infatigable au soulagement des pauvres. Elle a même voulu être enterrée dans une chapelle de cet Hôpital qu'elle a fait construire, qui porte pour titre, *Nôtre-Dame de la Misericorde*. Les filles de la Charité ont soin des enfans qui y sont élevez; & apportent une grande application, pour leur procurer tous les secours necessaires.

L'ABBEI'E ROIALE DE S. ANTOI-
NE DES CHAMPS, se trouve assez avant
dans le faubourg, qui donne, à ce qu'on
prétend, son nom à tout ce grand quartier. On raconte plusieurs histoires assez
singulieres touchant la fondation de cette ancienne maison ; mais comme elles
ont été refutées par des savans, on n'a
pas jugé à propos de les rapporter ici.
Cette maison commença à être bâtie en
1193, & fut achevée sous le regne de
Saint Louis, qui assista à la dédicace de
l'Eglise, avec la reine *Blanche* de Castille sa mere. La regle de Cîteaux y étoit
déja introduite par la sollicitation d'*Odon*
de *Suilly*, Evêque de Paris, & ces Religieuses suivent encore la même regle à
present ; mais avant qu'elle y fût établie,
c'étoit une maison destinée pour des filles
repenties, lesquelles avoient été conver-
ties, ou touchées par les prédications
de *Fouques* Curé de Neuilly en Brie, tres-
grand prédicateur de son tems, qui par
ses exhortations, excita une fameuse
croisade pour la conquête de la Palestine.
L'Eglise n'a rien de curieux. Aux côtez
de l'autel, on voit les tombeaux de deux
Princesses, *Bonne* & *Jeanne de France*,
filles du roi *Charles* V. toutes deux mor-
tes en bas âge.

Cette Abbéie est gouvernée à présent par la *Princesse Marie-Anne, Gabrielle-Eleonore* de *Bourbon* ci-devant Religieuse à Fontevrault.

LA MANUFACTURE DES GLACES.

A L'entrée de la rue qui se trouve au-delà de l'Abbéie de saint Antoine, est la MANUFACTURE DES GLACES DE MIROIRS, établie par les soins de J. B. COLBERT, Ministre & Sécretaire d'Etat, qui travailloit avec une application infatigable à enrichir la France de tout ce qui pouvoit y être avantageux. Avant l'établissement de cette Manufacture, qui se fit en 1666, on faisoit venir les glaces de Venise & de quelques autres endroits; ce qui faisoit sortir hors du roiaume des sommes tres-considerables; mais à present bien du secours des étrangers pour cette sorte d'ouvrages, il est vrai de dire qu'il s'en fait une grande quantité, même pour les payis éloignez. Ce travail a été poussé si loin qu'il est sorti des glaces de cette Manufacture, de cent vingt pouces de hauteur ce qui doit être consideré comme une chose extraordinaire. La fonte se fait à Cherbourg & à saint Gobin; mais elles sont mises dans leur perfection en ce lieu, & plus de quatre cens ouvriers sont occupez à ce travail, qui en fournissent quantité par semaine, dont le débit est considerable, la mode étant introduite à present, d'en faire le principal ornement de tous les appartemens.

Il est tres-juste de remarquer en cet endroit, que c'est en France que l'on a trouvé l'art de jetter le verre, & de le couler comme le métail, pour en faire des glaces d'un plus grand volume que celles que l'on avoit autrefois, qui ne passoient pas cinquante pouces tout au plus. Auparavant les glaces étoient soufflées, comme on le pratique encore à Venise, & par consequent elles ne pouvoient être de la grandeur extraordinaire de celles qui se fabriquent dans cette manufacture; mais quelque soin que l'on ait pris pour conserver le beau & ingenieux secret de couler le verre en France, on n'a pû empêcher qu'il n'ait été porté dans les payis étrangers, où il se pratique à present avec assez de succès, particulierement en Angleterre, en Brandebourg, en Saxe, & encore ailleurs.

L'Arc de Triomphe.

L'ARC DE TRIOMPHE.

PRoche de l'endroit où l'arc de triomphe étoit placé, on avoit dreſſé un trône magnifique à la reine *Marie-Thereſe d'Autriche*, lorſqu'elle fit ſon entrée en cette Ville, le 26 d'Août 1660. Comme cet endroit eſt le plus élevé de tout le quartier & dans une ſituation tres-avantageuſe, on prit la réſolution d'y ériger l'Arc de triomphe, dont la premiere pierre fut poſée le 6 d'Août 1670 ; & quoique cet ouvrage ne fut encore qu'à la hauteur des piédeſtaux des colonnes, on pouvoit juger par la beauté du modele de maçonnerie qui a longtems reſté ſur pié, que ce devoit être un des plus riches morceaux d'architecture qu'il y eût dans toute l'Europe.

Cependant quoiqu'il ne reſte aucuns veſtiges de ce ſuperbe ouvrage, les curieux en architecture ſeront ſans doute bienaiſes d'en trouver ici l'eſtampe & une deſcription abregée.

C'étoit un grand édifice à deux faces, ouvert par trois arcs, entre leſquels étoient placez des corps d'architecture formez chacun de deux colonnes Corinthiennes iſolées, qui toutes enſemble faisoient le nombre de huit à chaque face, sans compter deux autres colonnes sur les épaisseurs des extremitez. Les entablemens en ressault sur les groupes de colonnes, étoient chargez de trophées d'armes, aux côtez desquels des captifs étoient attachez. Le dessus de tout l'ouvrage devoit être en plate forme, au milieu de laquelle s'élevoit un grand amortissement en gorge surmonté d'un piédestal, où la statue du roi Louis XIV. devoit être placée. Tous les divers ornemens de cet édifice, devoient apprendre à la posterité les événemens du regne passé, qui auroient été representez dans des médaillons de figure ovale, placez sur les massifs entre les pilastres qui répondoient aux colonnes.

Cet Arc de triomphe, s'il avoit été achevé, auroit surpassé tous ceux qui se voient à Rome & en d'autres endroits restez sur pié jusqu'à present, dans lesquels on remarque encore l'art & la magnificence des anciens. Celui-ci auroit fait voir plus de regularité & de grandeur, & la solidité auroit répondu à la beauté de tout le reste.

Claude PERRAULT, premier architecte du Roi, qui avoit donné les proportions & toutes les mesures de ce superbe édifice, dit dans la page 44 de *Vitruve*, qu'il a si savamment commenté, que les pierres de l'ouvrage qui avoit été commencé, y sont posées à sec & sans mortier, selon la méthode des anciens.

C'est une chose bien curieuse à savoir, dit-il, les soins qu'on a pris pour tailler, polir & poser ces pierres qui sont tres-dures, & qui aiant dix à douze piés de long, sur trois à quatre de large & deux d'épaisseur, ont une pesanteur qui les a rendu tres-difficiles à remuer ; cependant elles ont été maniées par le moien d'une machine fort commode & fort simple, de la même maniere que l'on auroit manié une pierre de six à sept pouces. Or ce maniement, ajoûte le même auteur, a été nécessaire, parce que pour faire que les joints des assises fussent assez droits, & que les pierres se touchassent également par toutes leurs parties, ou que leur grande longueur ne les mît en danger d'être cassées par l'énorme pesanteur de l'édifice, l'on n'a point trouvé d'expedient plus sûr que de les frotter l'une contre l'autre, jettant de l'eau entre deux ; & c'est une chose remarquable, que ces pierres quoique tres-dures, ont été dressées & polies presque en un moment à cause de la force extraordinaire avec laquelle leur pesanteur a fait, qu'elles ont été frottées : cette force aiant été telle, qu'il n'a pas fallu la dixiéme partie du tems pour les polir, qu'il en eût été besoin pour en polir des petites. Il dit encore, que cette structure est tres-avantageuse pour la durée & la beauté des édifices ; car il est certain que la plûpart des bâtimens construits de grandes pierres périssent à cause du mortier qui tasse & s'affaisse en un endroit plus que dans un autre, qui se change en terre & produit des plantes pariéteres, ce qui fait que les murs changent de leur plomb, & tombent bientôt en ruine ; d'ailleurs c'est une fort grande beauté dans un bâtiment, que de paroître n'être fait que d'une pierre, les joints étant presque imperceptibles à cause de leur petitesse.

Toutes ces précautions avoient été exactement prises pour la construction de l'Arc de triomphe ; & si ce magnifique ouvrage eût été achevé avec le soin & l'exactitude qu'il avoit été commencé, il est à présumer que l'on auroit vû quelque chose de remarquable & tres-digne d'admiration.

Mais ce bel & magnifique ouvrage entrepris avec tant de soin & de précautions, a été détruit jusqu'aux premieres assises en 1716. Les belles pierres dont il étoit construit, ont été emploiées à d'autres ouvrages ; enfin il n'en reste plus rien que les estampes qui en ont été gravées, sur tout celle de *S. le Clerc* tres-excellent Graveur, dans laquelle on a la satisfaction de voir ce superbe monument. L'idée de ce bel édifice, étoit de *J. B. Colbert*, qui n'avoit point d'autres soins que d'immortaliser la gloire de son Maître, par tout ce qui en pouvoit rendre la memoire de longue durée dans les siecles à venir.

LE CHATEAU DE VINCENNES.

Quoiqu'on n'ait pas eu dessein de traiter dans cette Description des belles maisons des environs de Paris, il pourra cependant être permis de dire ici quelque chose de VINCENNES, à cause de la proximité où ce château se trouve, des endroits dont on vient de parler.

Adrien de VALOIS, dans son savant Traité, intitulé *Notitia Galliarum*, page 434. prétend que le nom de Vincennes vient du mot latin corrompu *Vincenna*, parce que ce château est distant de Paris de vingt stades, qui font deux mille deux cens pas ; ce qui doit être entendu pour les tems que la Ville étoit encore enfermée dans l'isle du Palais; de même que l'on compte deux lieues jusqu'à saint Denis, qui se trouveront précisément, si on mesure depuis l'Eglise de Nôtre-Dame, jusqu'à celle de cette fameuse Abbéie, comme nos anciens le mesuroient, & comme les historiens l'entendent sans doute.

RIGORD, historiographe & médecin de *Philippe* Auguste, parle de Vincennes en ces propres termes, qui ne déplairont peut être pas aux Lecteurs.

Philippus Augustus anno M.C.LXXXIII. *Nemus Vicennarum quod toto tempore Prædecessorum suorum fuerat disclusum, & omnibus transeuntibus patens & pervium, muro optimo cinxit. Inclusit maximam multudinem caprarum & damarum & cervorum.*

L'histoire apprend que le roi Louis le Jeune fonda des Moines de l'ordre de Grandmont dans le parc, ausquels le roi Henri III. donna plusieurs siecles après, le College Mignon, situé derriere saint André des arcs, avec une pension de cinq cens écus; il y établit les Minimes qui y sont à present, & y fit bâtir des cellules pour lui & pour ses courtisans, qui y venoient faire des retraites spirituelles pendant les principales fêtes de l'année.

L'étendue du parc étoit autrefois bien plus confiderable qu'elle n'eft aujourd'hui, quoique l'on y compte encore 1400. arpens de terre enfermés de murailles.

Le château de Vincennes fe trouve à l'extrémité d'une longue avenue plantée de quatre rangées d'ormes, qui commence à l'endroit où l'arc de triomphe avoit été placé, pour laquelle on a fait une dépenfe tres-grande, parce qu'il a fallu rendre le terrain égal & combler des creux affez profonds, avec cela élever des murs fort épais & fort haut, pour foûtenir les terres & pour conferver le niveau.

Tout l'ouvrage de ce Château eft fur un plan quarré long, entouré de foffez fecs revêtus par tout & affez profonds. Il eft compofé de plufieurs tours quarrées fort élevées, féparées l'une de l'autre par une affez grande diftance.

Entre ces tours, il y en a une qui fe diftingue par fa hauteur extraordinaire, nommée le *Donjon*, laquelle a fon foffé particulier avec un pont levis. Ces ouvrages avoient été commencez fous *Philippe* Augufte, qui avoit fait enclore le parc, comme *Rigord* le rapporte, pour y mettre quantité de bêtes fauves que *Henri* III. roi d'Angleterre lui avoit envoiées. Ces travaux demeurerent imparfaits jusqu'au regne de *Philippe* de Valois & du roi *Jean* son fils, qui y firent beaucoup travailler; mais ce fut seulement sous *Charles* V. qui y étoit né en 1338, qu'on y mit la derniere main.

Ce sage Roi à qui tous les historiens donnent de grands éloges, à cause de sa moderation envers ses sujets & de sa conduite reglée à l'égard de ses voisins, fonda particulierement l'Eglise qui y est à present, par des Lettres patentes données à Montargis au mois de Novembre 1379, sous le titre de sainte-Chapelle, une des sept qui se trouvent en France sous le même titre & de pareille fondation. Elle est desservie par un Chapitre composé d'une dignité de Tresorier, qui a deux mille cinq cens livres de revenu, d'un office de chantre qui en a quinze cens, & de douze Canonicats, de douze cens livres par égale portion. Six Chapelains ont aussi entrée dans le Chapitre, chacun de six cens livres de revenu. Tous ces beneficiers qui ont leurs logemens dans l'enceinte du château, sont regardés comme commensaux de la maison du Roi, & sont à sa nomination.

L'édifice de cette chapelle est d'une assez belle Gothique, avec quantité de pyramides & d'autres ornemens, fort estimez autrefois. Les curieux admirent les vitres en apprêt, & il est tres-certain qu'il n'y en a guere de pareilles en Italie, ni ailleurs. Elles sont de *Jean* Cousin, de la ville de Sens, Peintre habile, le même qui a fait un excellent tableau du jugement universel, que les curieux vont voir par admiration dans la sacristie des Minimes qui sont dans le parc du même château. Cette piece fait voir un travail extrême, & l'imagination tout-à-fait singuliere que ce Peintre a eu, en représentant une infinité de sujets particuliers dans des attitudes differentes, qui ont cependant toutes quelque beauté dans leur bizarrerie, & dans leur singularité ; ce qui a été cause qu'il a été gravé par un maître habile. *Jean Cousin* vivoit encore en l'année 1589, à la verité dans un âge tres-avancé.

Vers l'année 1660, sous le ministere du cardinal *Mazarin*, on a fait des augmentations tres-considerables dans le château de Vincennes. Le Roi a fait élever sous la conduite de *Louis* le Vau, premier Architecte de S. M. & fort emploié en son tems, les deux grands corps de bâtimens, qui font du côté du parc, dont les faces font ornées d'un ordre Dorique en pilastres. Les dedans ont de la grandeur & de la beauté. Les plafonds peints par Manchole, sont estimez. Il étoit Flaman, sa maniere avoit de la grace & de la beauté ; le long séjour qu'il avoit fait en Italie lui aiant donné le goût de la bonne peinture. Les appartemens de la Reine sont fort ornez de sculptures & de dorures, avec des plafonds peints par de Seve : le même a travaillé à la petite chapelle, où il a representé avec beaucoup d'art la vie de sainte Therese, patrone de cette Princesse.

La grande porte qui conduit dans le parc, passe pour un des plus beaux morceaux d'architecture qu'il y ait dans le roiaume. Elle est disposée en arc de triomphe, orné d'un ordre Dorique formé par six colonnes, engagées dans le vif du bâtiment, espacées deux & une, avec des statues & des bas reliefs antiques de marbre d'une tres bonne maniere. Les regles de l'art y sont observées exactement, & ce morceau fait un effet merveilleux dans la situation où il se trouve, au milieu d'une cour spacieuse, dont les côtez sont bornez par les deux grands corps d'appartemens desquels on a parlé ;

qui se communiquent par des galeries découvertes, soûtenues sur des arcades rustiques; & enfin du côté du bois, par cette porte qui embellit toute cette grande décoration. *Louis* le VAU, dont on a parlé plusieurs fois, a donné les desseins de tous ces ouvrages, & on ne voit guere ailleurs de plus belles choses de lui, quoiqu'il ait élevé quantité de bâtimens de consequence, pendant qu'il a été en reputation.

Plusieurs Rois ont fait leur séjour dans le château de Vincennes, à cause de l'agrément du lieu qui étoit autrefois rempli de grands bois. L'histoire de saint Louis marque que ce roi pieux se déroboit souvent à la foule importune de la Cour, pour vaquer plus tranquillement dans ce lieu aux exercices de piété, & pour jouir des charmes de la retraite & de la solitude, qui sont des biens toujours inconnus aux grands du monde. On a vû jusqu'au regne de *François* I. & long-tems encore après, un gros chêne dans le parc, sous lequel ce saint Roi donnoit des audiences publiques à ceux qui se présentoient pour lui demander justice. L'histoire ajoute de plus, qu'il envoioit des Herauts par la campagne pour avertir ceux qui avoient besoin de son autorité, contre l'oppression des grands qui les maltraitoient ; que là, sur un trône de gazon il les écoutoit patiemment, & rendoit des jugemens qui leur procuroient le repos & les biens qu'on leur vouloit enlever.

Quelques Rois ont fini leurs jours & terminé leur grandeur dans le château de Vincennes. *Louis* X. dit *Hutin*, en l'année 1316. *Philippe* V. dit *le Long*, en 1322. *Charles* IV. dit *le Bel*, en 1328. *Charles* IX. en 1574, le 30 Mai veille de la Pentecôte, âgé seulement de 25 ans, après des symptômes fort extraordinaires ; & *Henry* V. roi d'Angleterre, en 1422. âgé de trente-six ans, dont il en avoit regné neuf. Il avoit épousé Catherine de France, fille du roi *Charles* VI. de laquelle il eut un fils qui porta le nom de son pere. Par ce mariage il prétendoit avoir droit à la Couronne de France à l'exclusion du Dauphin *Charles* VII. qui chassa ensuite les Anglois du roiaume, par la force de ses armes & par le secours de Jeanne Darc, connue dans l'histoire sous le nom de Pucelle d'Orleans, parce qu'elle sauva cette Ville des mains des Anglois, qui l'assiegeoient vigoureusement.

Le *Cardinal Jule Mazarin*, y a aussi

terminé sa vie & sa prodigieuse fortune le 9. de Mars 1661, âgé de cinquante-neuf ans & quelques mois. Son corps a été en dépôt dans la chapelle de ce château, jusqu'en l'année 1684, qu'il fut transporté dans celle du Collège des quatre Nations, qu'il avoit fondé par son testament, comme on le dira dans son lieu.

On pourroit ajoûter au sujet du *cardinal Mazarin*, qu'il n'y a que tres-peu d'exemples dans l'histoire, d'une fortune plus prompte & plus éclatante que la sienne. MM. de *Sainte-Marthe*, dans leur grand & savant ouvrage, sous le titre de *Gallia Christiana*, disent, que cette éminence Italienne a possedé jusqu'à trente benefices des plus riches du roiaume. Il étoit selon eux, Evêque de *Metz*, Abbé de *saint-Arnould*, de *saint-Clement*, & de *saint-Vincent* de la même Ville ; avec cela il occupoit encore *saint-Denys* en France, *Cluny* chef d'ordre, *saint-Victor* de Marseille, *saint-Medard* de Soissons, *saint Pierre* de Corbie, *saint-Lucien* de Beauvais, *saint-Martin* de Laon, & plusieurs autres Abbéies, qui tout ensemble lui produisoient des revenus immenses. Il avoit acquis trois Duchez de consequence, à savoir, *Nevers*, *Mayen-*

nc & *Rhetel*, à qui il fit donner le nom de *Mazarin*. On trouva après sa mort, comme on le lit encore dans l'inventaire de ses biens, vingt millions en argent comptant, soixante & seize marcs d'or, dix-huit diamans des plus gros & des plus parfaits de l'Europe, selon les propres termes de l'inventaire, douze de moindre grosseur, quantité de perles & de pierreries de toutes les especes, plusieurs tentures de riches tapisseries rehaussées d'or, des meubles très precieux en quantité, des tableaux & des statues de bronze & de marbre qu'il avoit fait venir d'Italie, de la vaisselle d'or & d'argent en abondance, sans compter trois Palais magnifiques, qu'il avoit fait construire à Rome sa patrie, & une grande Eglise de fond en comble, parce qu'il y avoit été baptisé, ce qu'il avoit donné pour faire son frere cardinal, & pour marier sept de ses nieces à des personnes du premier rang; enfin ce qu'il avoit depensé pendant la splendeur & le luxe de sa fortune, qui n'a duré que quatorze ans ou environ.

On trouve dans les memoires de *Joly*, Secretaire du cardinal de Retz, que le Cardinal Mazarin laissa deux cens mille écus au Pape, par son testament, &

qu'il offrit à Charles II. roi d'Angleterre, une de ses nieces en mariage avec douze millions de livres pour sa dot ; mais ce Prince l'aiant refusée, elle fut mariée depuis au Duc de Modene, & fut mere de la reine d'Angleterre épouse de Jacques II. & du Duc de Modene, à present régnant ; mais avec tout cela il étoit tres louable, à cause de plusieurs pensions qu'il faisoit à des gens de lettres, qui en ont été exactement payez jusqu'à leur mort.

Sans trop s'éloigner on pourroit aller au *château* de SAINT MAUR DES FOSSEZ, qui appartient au *Duc DE BOURBON*. Ce lieu est des plus remarquables qui se trouvent aux environs de Paris, par sa situation avantageuse & par tous les agrémens que l'on peut desirer. Le corps du bâtiment n'est pas à la verité d'une forme distinguée, quoiqu'il ait été construit dans le tems que l'architecture, en France, étoit parvenue à un haut dégré de perfection ; mais la reine *Catherine* de *Medicis*, qui avoit choisi cet endroit, le fit édifier comme une retraite solitaire, ne se piqua pas d'y faire distinguer de la magnificence & de l'art comme elle avoit fait au palais des Tuilleries, & ailleurs.

La riviere de Marne, entoure la plus grande partie du parc coupé par plusieurs longues allées terminées par des points de vûe qui fournissent de tres-beaux objets. Les appartemens de ce Château ont été fort embellis depuis peu, & ornez avec beaucoup de choix: les meubles répondent à tout le reste; & par tout ce qui se remarque dans ce bel endroit, on doit convenir que ceux qui en ont conduit les travaux, ou qui en ont ue la direction, avoient un discernement tres-juste pour le choix des belles choses.

Dans la même promenade on peut aller voir le *Château de* BERCY.

C'est un bâtiment d'une forme reguliere, heureusement situé, lequel a été élevé sous la conduite de *François* MANSART, dont les vûes merveilleuses s'étendent fort loin de tous côtez sur Paris, sur la riviere & les campagnes des environs, terminées par des côteaux chargez de villages & de maisons de plaisance dans des distances convenables, pour donner une extréme satisfaction. Les appartemens ont de la grandeur, & de la commodité, & sont distribuez avec bien du jugement. Le grand salon au travers duquel on passe pour descendre au jardin, est orné de quelques peintures singulieres, qui representent l'*audience* du *Marquis de Nointel Ambassadeur* de France à la Porte, chez le grand Visir; l'entrée du même *Ambassadeur* dans Jerusalem, où il étoit allé faire un voïage de devotion; & la *ceremonie* du feu sacré, que les Grecs schismatiques font d'une maniere fort tumultueuse dans l'Eglise de saint Sepulcbre de la même Ville. Ces peintures sont en grand volume, & d'autant plus remarquables, qu'elles ont été dessinées sur les lieux, par un peintre François, elles font voir des modes d'habits & des situations d'après nature, dans les lointains, qui donnent quelque plaisir aux curieux.

Les vastes jardins dont cette belle maison est environnée, ont été tres-long-tems negligez, & ce n'est que depuis la mort de N. de *Bercy*, maître des requêtes, arrivée dans le mois d'Octobre 1706, pere de l'Intendant des Finances, que l'on a commencé à y travailler avec bien des soins & de la dépense. On a placé des statues en differents endroits, qui ne sont pas d'une mauvaise main, & dressé quantité d'allées en haut & en bas, qui forment des promenades tres-agréables. On a édifié sur le bord de la riviere une grande terrasse tres-solidement construite, avec d'autres ouvrages qui rendent ce jardin un des plus beaux & des plus magnifiques qu'il y ait dans les environs de Paris, où il s'en trouve cependant une infinité qui surpassent absolument tous ceux que l'on vante ailleurs.

LA MAISON DE CONFLANS, qui est sur la même ligne, mais un peu plus haut, est affectée à l'archevêché de Paris. Le bâtiment est grand, mais fort mal entendu & d'une forme peu agréable, avec des dedans irregulierement distribuez. Elle a appartenu autrefois au cardinal de *Richelieu*, qui y venoit faire des retraites, pour méditer à loisir aux grandes affaires. Le jardin qui fait tout l'agrément de cette maison, a été fort embelli par les soins de *François* de *Harlay* dernier Archevêque de Paris, l'homme de son tems du goût le plus juste & le plus délicat. Il employa le fameux *André* le NOSTRE, pour le redresser, ou plûtôt pour en faire un Jardin tout nouveau, dans lequel il exerça son heureux genie & toute la force de son art ; ce qui a été cause que pendant la beauté de ce Jardin on alloit par curiosité en voir les heureuses distributions & mille belles parties que le tems a un peu endommagées depuis.

Louis Leon Pajot d'Ons-en-Bray, Intendant general des postes, a une maison sur le bord de la riviere, voisine de celle dont on vient de parler, autrefois nommée la *Vigne de Chaunes*, parce qu'elle a longtems appartenu au Duc de ce nom, connu par ses ambassades. Cette maison est avantageusement située & a un jardin dressé sur les desseins du fameux *André le Nostre*, dans lequel on remarque tout ce que l'art peut produire de plus agréable & de plus ingenieux. Le cabinet de curiosités de toutes especes que l'on conserve dans cette maison, est le plus nombreux & le mieux choisi que l'on connoisse à present. On peut dire après la remarque d'un Ecrivain moderne, que *c'est un exemple bien louable dans des personnes favorisées des biens de la fortune, d'employer leurs richesses à amasser des choses rares & singulieres & de les communiquer aux curieux intelligens qui en reçoivent une satisfaction qui leur fait honneur.*

Les quatre *freres* Paris, dont on a déja parlé au sujet de l'hôtel de saint Pol, où ils sont logez, ont fait construire un pavillon dans une partie des Jardins de Bercy. Cet édifice qui n'a que dix toises de face, ne presente à la vûe qu'un étage, quoiqu'il en ait cinq. Il contient par conséquent plus de logement qu'il n'en promet en apparence : il est solidement bâti, pour le garantir des débordemens de la riviere. La distribution en est singuliere : il est terminé par une plate-forme qui fournit une belle vûe, & il n'y paroît aucune cheminée.

Voilà à peu près tout ce qui peut satisfaire la curiosité de ce côté-là.

Avant que de reprendre le chemin du faubourg, on peut aller se promener dans les jardins des PIQUEPUCES, qui sont entre les premieres maisons, où il y a des grottes de rocailles & de coquillages, qui sont fort mal travaillées. Ces Peres ont dans leur refectoire un tableau de le BRUN, & un autre sur le grand Autel de leur Eglise, qui sont estimez. Sur les confessionaux ils ont placé des statues, entre lesquelles il y en a quelques-unes d'après *Germain* PILON excellent sculpteur. Le Couvent des Piquepuces est fort bien bâti, quoiqu'il n'ait été commencé qu'en 1595. *Vincent Masart* ou *Mussart*, né à Paris, en a été le fondateur. Il reforma le *Tiers ordre* de saint François, que l'on nomme ordinairement les Pénitens, qui n'étoit auparavant que pour les seculiers

liers. Il en fit une regle particuliere, & l'établit au village de *Piquepuces*, dont ces Religieux ont reçu le nom, que le peuple leur a donné malgré les soins qu'ils ont pris pour être appellez autrement. On croit cependant que ces Peres avoient déja une maison à Franconville, qui n'est pas éloigné de Paris. Les Capucins & les Jesuites de la rue saint Antoine avoient déja occupé cette maison avant ces Peres, & la quitterent à cause de l'éloignement.

Ils ont une bibliotheque assez nombreuse & assez bien assortie.

On compte qu'il y a déja 63 Couvens de cette nouvelle reforme en France.

Assez proche du *Couvent des Piquepuces*, est une maison destinée pour les Ambassadeurs extraordinaires, lorsqu'ils font leur premiere entrée en cette Ville; ils y reçoivent les complimens de tous les Ministres étrangers qui se trouvent à Paris, & delà ils prennent leur marche au travers de la Ville pour se rendre à l'hôtel des Ambassadeurs extraordinaires, dans la rue de Tournon, proche de Luxembourg, où ils sont traitez magnifiquement pendant trois jours par les Officiers du Roi, & ensuite conduits à l'audience de S. M. Leur entrée solemnelle se fait ordinairement le Dimanche, & le Mardy qui suit ils ont leur audience publique avec toutes les cérémonies ordinaires.

Du même côté en reprenant le chemin de la Ville, on passera devant RAMBOUILLET, dont le jardin étoit fort grand, embelli de plusieurs allées de charmilles & d'un parterre, au milieu duquel il y a un jet d'eau; mais toutes ces choses ne sont pas fort bien entretenues, & la plus grande partie a été entierement détruite en 1720.

LA MAISON DE REUILLY, est dans le voisinage, qui n'a rien d'extraordinaire; cependant le savant *Dom* MABILLON rapporte dans sa *Diplomatique*, que les Rois de la premiere race avoient un Palais à cet endroit; que ce fut là que *Dagobert* répudia *Gomatrude* sa premiere femme, à cause de sa sterilité, & qu'il prit en sa place *Nantilde*, une des suivantes de cette reine : mais il ne reste aucun vestige de ce palais; ce qui fait connoître que les Rois de ces tems-là ne se mettoient pas beaucoup en peine d'élever des bâtimens somptueux, où le luxe & la dépense excessive pussent se faire sentir à la posterité la plus reculée.

De l'autre côté du faubourg, dans la RUE DE MONTREUIL, on trouve la maison bâtie par *Maximilien* TITON, Secretaire du Roi, mort dans le mois de Janvier de l'année 1711, laquelle est richement decorée, en dehors & en dedans. Du côté du jardin elle est embellie d'un portique à six colonnes de cet ordre François nouvellement inventé, qui n'a pas réussi, dont l'entablement est chargé d'une balustrade & de vases d'une forme peu agréable.

Ce qu'il y a de plus remarquable dans cette maison, est le salon ouvert de tous côtez, orné de pilastres de ce même ordre François, feints de marbre de diverses couleurs, avec des figures de grandeur naturelle dans des niches, qui representent les quatre saisons, qui sont de COLIGNON, sculpteur habile, de même que les bas reliefs en couleur de bronze dans des panneaux au-dessus. Toutes les peintures de ce riche salon, sont de la FOSSE, entre lesquelles on estime celle du plafond, qui represente le Soleil levant avec ses attributs. Les chambres du même plain-pié, sont fort ornées. Dans une, on distinguera un plafond de JOUVENET; dans une autre, un de la FOSSE, tous deux d'une beauté particuliere.

M ij

Mais ce qui merite d'être remarqué dans les chambres de cet appartement bas, ce font les magnifiques meubles, dont l'affortiment & la richesse attirent les yeux. On y voit entre autres choses, une tapisserie de hautelice, relevée d'or, d'un dessein singulier, un canapée avec des fauteuils & des tabourets d'un ouvrage à petits points qui represente des fleurs & des fruits dessinez d'après nature, par les plus habiles maîtres, qui font un effet admirable, dans des fonds d'or tres-riches, rapportez sur du velour verd. Le cabinet voisin de cet appartement a un lambris tres-bien doré, sur les panneaux duquel on a placé tous les portraits des personnes de la famille du Marquis de *Louvois*, & le Chancelier le *Tellier*, qui en étoit le chef, dans le plafond, en reconnoissance de la protection que le maître de cette maison en avoit reçu. Il faut aussi considerer la cheminée de la chambre, dont on vient de parler; sur laquelle est un morceau de sculpture richement doré. Un grand placard de glace répond à la riche tapisserie du fond, sur le devant duquel il y a une table de marbre chargée de tres-beaux bronzes. Le Roi à cheval sur un piédestal élevé de quatre piés, est au milieu de la chambre. L'ouvrage est d'acier fondu, terminé avec un tres-grand soin & doré avec dépense.

Les autres pieces de ce plain-pié ont toutes les commoditez qui leur conviennent. Il y a une sale de billard & une petite chapelle, où au lieu de tableau, on a mis une Vierge de marbre en bas-relief, de l'ouvrage de *Germain* PILON. La sale à manger qui répond à celle-ci, est de l'autre côté de la cour. Elle est revêtue d'une menuiserie avec des bustes de marbre sur des scabelons tout autour, & des têtes d'Empereurs en médaillon dans des bordures dorées au dessus. A une des extrémitez il y a une grande table de marbre blanc pour servir de buffet, & une fontaine à côté de la porte, ornée de figures en couleur de bronze, lesquelles jettent de l'eau dans une cuvette de marbre qui se trouve au dessous.

Mais si toutes ces choses ont donné de la satisfaction, les appartemens du premier étage ne fourniront pas moins de quoi occuper tres-agréablement. Ces appartemens regnent sur la cour & sur le jardin, & sont remplis de quantité de tableaux curieux, de bronzes & de meubles tres-propres. On trouve dans la galerie plusieurs bustes de marbre, sur leurs scabelons de même & des figures en couleur de bronze ; entre autres, le Laocoon, dont le pié eſt d'une ſculpture fort bien travaillée. On voit dans le même lieu les globes du P. *Coronelli* Cordelier Venitien, dont la réputation n'eſt pas éteinte à Paris, montez ſur des piés chargez d'ornemens. A l'extrémité de cette galerie, on entre dans une antichambre garnie de quatre grands tableaux de fleurs, peints par *Fontenay* ; & d'autant de canapées de velours verd, rehauſſez d'ouvrages à petits points ſur des fonds d'or. Le plafond eſt auſſi de *Fontenay* pour les fleurs ; & de *Poerſon* pour les ornemens. On paſſe enſuite dans une chambre, dont la cheminée eſt de marbre, avec des glaces & pluſieurs ornemens de bronze doré ; & delà dans un oratoire, où on verra un plafond d'un deſſein de peinture tout-à-fait ingenieux, dans lequel ſont repreſentez les Patriarches, les Evangeliſtes, les Apôtres & les Peres de l'Egliſe, diſpoſez dans des ornemens grotesques d'une invention toute nouvelle. Il faut remarquer encore dans le même lieu, deux grands tableaux des meilleurs maîtres du tems, qui font voir des ſujets de devotion parfaitement bien peints; ſavoir une deſcente de Croix, de *Boulogne* l'aîné ; & une adoration des Mages, de *Colombel*.

Le jardin contribue encore beaucoup à la beauté de cette maison. Le fond est terminé par une grande perspective, peinte par Rousseau, qui fait voir un peristyle Corinthien, au travers duquel se découvre un lointain d'une grande étendue. Ce jardin est tres-spacieux, orné de fontaines, de vases, de statues, de quantité d'orangers, & de tout ce qui peut contribuer à l'embellissement des plus agréables. En un mot, cette maison & ses accompagnemens font voir bien des choses qui ne se rencontrent que tres-rarement ailleurs ; & le maître qui l'a fait construire, a montré non seulement qu'il avoit le discernement délicat, mais aussi l'ame grande, en emploiant noblement les richesses dont la fortune lui avoit fait present avec justice.

Dans la RUE DE CHARONNE, on trouve une maison assez jolie, du dessein de DE L'ILE. C'est un gros pavillon ouvert de tous côtez, au milieu duquel on a pratiqué un vestibule, qui partage l'interieur en quatre parties égales. Les combles en sont chargez de figures & de vases, que l'on découvre de loin.

Dans la même rue, mais un peu plus avant, se trouvent trois couvens de Religieuses, fort proche l'un de l'autre, dont l'établissement qui n'est pas fort ancien, a été fait presque en même tems.

LES FILLES DE LA MADELENE, *Benedictines reformées*, dites de *Trenelles*, d'un lieu assez proche de la ville de Troyes, qu'elles furent obligées d'abandonner à cause des dernieres guerres civiles de l'année 1651; la reine Anne d'Autriche tira de cette Communauté la mere *Marguerite d'Arbouze*, qui étoit une Religieuse de beaucoup d'esprit & d'une sage conduite, pour reformer l'Abbéie roiale du Val-de Grace.

LES FILLES DE NÔTRE-DAME DE BON-SECOURS, *Benedictines* non reformées.

LES FILLES DE LA CROIX de *l'ordre de saint Dominique*; ce dernier monastere a été fondé par *Marguerite* de *Senaux*, connue sous le nom de la mere *Marguerite* de JESUS, comme on l'a dit à l'occasion des filles de saint Thomas dans la rue Vivien. Ces Religieuses occupent un couvent parfaitement bien situé, accompagné d'un jardin fort agréable. Leur Église est petite, mais proprement décorée. Le tableau de l'Autel qui fait voir une descente de Croix, est un excellent morceau de *Jouvenet*, posé en 1706; dans lequel les connoisseurs trouvent des beautez toutes particulieres & une force admirable, qui ne se rencontre que rarement dans les ouvrages modernes.

Dans la même Eglise est le tombeau de *Blaise-François* Comte de PAGAN, mort âgé de soixante & un ans, le dixiéme de Novembre de l'année 1665, à l'avantage duquel il faut dire que peu de gens avant lui avoient aquis une connoissance plus étendue dans l'art de fortifier les places. Les traitez qu'il a laissez sur l'architecture militaire & sur plusieurs parties des mathematiques, font aisément juger que sa science alloit bien loin sur cet article.

CYRANO de BERGERAC est aussi enterré dans la même Eglise. Il est mort en 1655, âgé de trente-cinq ans ; quoiqu'il eut vêcu dans le libertinage pendant ses premieres années, il changea cependant de conduite par les avis & les sollicitations pressantes de la mere *Marguerite* de *Jesus*, dont on vient de parler. Ses principaux ouvrages sont, *le Pedant joué*, *l'histoire comique des états & empire de la Lune*, *l'histoire comique des états & em-*

pire du *Soleil*, & un recueil *d'entretiens pointus*. On a aussi de lui une piece de théatre intitulée *La mort d'Agrippine mere de Germanicus*, qui a eu du succès. Ses ouvrages n'ont paru imprimez qu'en 1656, par les soins d'un de ses amis.

Il se trouve encore quelques autres monasteres de filles dans le même faubourg, peu éloignez des endroits dont on vient de parler.

LES FILLES DE LA RAQUETTE, dirigent un hôpital pour des femmes malades, de la même maniere que les Hospitalieres de la Place roïale, dont on a parlé.

Fort proche est le couvent de PINCOURT, qui est une Communauté assez nombreuse de filles de l'Annonciade, laquelle a pris le nom du lieu où elle s'est établie, qui appartenoit autrefois à Jean de Popincour, premier President du Parlement. Le peuple par corruption nomme tout ce quartier *Pincourt*.

Presque à l'extrémité de la rue de la Raquette, on a élevé une fort jolie maison en l'année 1708, dans un emplacement avantageux à l'extrémité de deux cours de forme reguliere, qui communiquent de l'une à l'autre. Le jardin qui est derriere a de l'étendue, & est orné de diverses figures assez correctement dessinées, entre lesquelles sont les quatre saisons posées sur des piédestaux; & pour l'embellir encore davantage, on a mis des berceaux de treillages qui font une assez belle décoration. Les faces du corps de logis sont garnies de bustes & de groupes de figures aux encoignures. Une balustrade regne également sur tout le comble; mais le toit posé au milieu en maniere de couvercle de tombeau, qui n'est vû que par la faitiere seulement, ne fait pas un trop bon effet. Du côté de la cour, il y a un corps avancé formé en portion de cercle, pour faire place au vestibule & à l'escalier, qui sont l'un & l'autre d'une grande propreté & tres bien pris; cependant on doit dire que les faces de cette maison sont trop plates & sans grace, quoiqu'elles soient couronnées de frontons, dont les tympans sont couverts de sculptures. Les bustes moulez sur les antiques placez sur les trumeaux, pouvoient être encore mieux assortis. Cleopatre ne devoit pas faire symetrie à un Homere, & ainsi des autres. Cette maison a appartenu à du Noyer, emploié dans les affaires, qui s'est servi de DULIN, architecte en réputation.

A l'entrée de *la rue de Charenton*, l'hôtel de Ville a fait élever en 1701, un grand édifice pour la *seconde compagnie des* MOUSQUETAIRES, dont la dépense a monté à plus de huit cens mille francs. C'est un des plus spacieux bâtimens de la Ville & des faubourgs, en comprenant tout ce qui en dépend, comme les offices, les écuries & toutes les autres commoditez necessaires, dans lequel plus de mille personnes peuvent être tres commodement logées.

Assez proche il se trouve un petit COUVENT DE RELIGIEUSES ANGLOISES, sous le titre de la Conception, établi en 1658.

Voilà tout ce qu'il y a de plus singulier & de plus curieux dans le faubourg saint Antoine.

La premiere chose qui se peut voir dans la Ville après cette course, est *l'hôtel* de VILLEROY, autrefois *l'hôtel de l'Esdiguieres*, dans la rue de la Cerisaie qui conduit à une des portes de l'Arsenal. Les nouvelles réparations qui y ont été faites, l'ont rendu d'une magnificence toute particuliere, & rien n'eſt ordonné avec plus de diſcernement. Les meubles y ſont tres-riches & d'un choix exquis. Le jardin eſt à la verité d'une étendue médiocre & aſſez bornée, mais le terrain en a été menagé avec tant d'art & d'induſtrie, que la plûpart des beautez des plus ſpacieux s'y rencontrent dans une diſpoſition tres-ingenieuſe.

La *Ducheſſe* de l'*Eſdiguieres*, derniere de la maiſon de *Gondy* de *Retz*, a long-tems occupé cet hôtel qu'elle avoit fait réparer. Elle eſt morte dans le mois de Janvier 1716, & a été enterrée dans l'Egliſe de Nôtre Dame, derriere le chœur avec ſes ancêtres. Cette famille de Gondy étoit originaire de Florence, alliée à la maiſon de Medicis, ce qui fut cauſe que la reine Catherine de Medicis leur procura de grandes dignitez, dans l'Egliſe & à la Cour, qu'ils meriterent par leur ſageſſe & leur bonne conduite.

Cet hôtel appartenoit auparavant à *Sebaſtien Zamet*, homme de finance qui fut dans la ſuite intendant de la maiſon de la reine Marie de Medicis. Cette Princeſſe fut reçue dans cet hôtel le deuxiéme jour de ſon entrée à Paris. Le premier, elle avoit logé à l'hôtel de Gondy, à preſent l'hôtel de Condé; ce qui fit connoître l'affection qu'elle portoit à sa nation, puisque les deux premieres journées de son arrivée en cette Ville elle voulut les passer chez des personnes originaires de son payis.

LE COUVENT DES CELESTINS.

LE roi Philippe le Bel fut le premier qui fit venir les Celestins en France vers l'année 1300. *Pierre* de *Sorre*, Chantre de l'Eglise d'Orleans, ou de Beauvais, selon quelques-uns, son Ambassadeur à Naples, eut ordre d'amener douze de ces Religieux, où ils étoient en grande réputation à cause de leur vie austere, & mortifiée, en faveur desquels on fonda d'abord deux couvens dans des lieux solitaires & retirez du commerce du monde. Un dans l'endroit de la forêt d'Orleans, nommé *Ambert*, & un autre au milieu de la forêt de Compiegne, au *Mont de Chatres*. *Charles* V. étant Dauphin, & declaré regent pendant la prison du roi *Jean* son pere, retenu en Angleterre après la fameuse défaite de Poitiers, arrivée le 19 de Septembre 1366, tira six de ces Religieux du mont

ADDITION

A la page 278 du second Volume.

Dans la rue de la CERISAYE, assez proche de l'hôtel de Villeroy, autrefois l'hôtel de l'Esdiguieres, on peut voir bien des choses qui satisferont infiniment les curieux.

C'est chez N... TITON du TILLET, ci-devant Maître-d'Hôtel de Madame la Dauphine, mere du Roi.

Son cabinet est composé au premier étage de quatre pieces de plain pié, qui sont ornées d'un grand nombre de tableaux d'excellens maîtres, Italiens & Flamans, & des meilleurs peintres François. On voit aussi plusieurs ouvrages de sculpture en marbre & en bronze, entre autres un buste de des PREAUX, si connu par ses poësies excellentes, executé en marbre par GIRARDON.

Ce qu'il y a de plus remarquable dans cet appartement, est un groupe en bronze de 4 à 5 piés de hauteur, sur un piédestal de marbre rare, & fort orné de sculptures dorées. Il représente le Parnasse françois. Le cheval Pegase est au sommet; les aîles étendues & tous les Poëtes & Muſiciens François, qui ſe ſont aquis de la réputation dans ces derniers tems, y ſont repréſentez d'après nature, dans des attitudes qui conviennent ſi admirablement à leur caractere qu'il eſt tres-aiſé de les diſtinguer & de les reconnoitre.

Ce bel ouvrage a été inventé par N... TITON, qui l'a fait élever à la gloire de la France & de LOUIS le Grand, & à la mémoire des illuſtres Poëtes & Muſiciens François, comme le marque l'inſcription qui ſe lit ſur le piédeſtal de ce beau monument.

Louis GARNIER a fait ce bel ouvrage en bronze, *Nicolas* POILLY l'a deſſiné, & *Jean* AUDRAN en a gravé la planche, d'une maniere tres digne de ſa réputation ; elle a paru ſi belle que les connoiſſeurs en ont voulu avoir des eſtampes pour orner leurs cabinets.

de Chatres, pour les établir à Paris, dans le même lieu que les Carmes de la place Maubert avoient abandonné. Ce Prince venu à la couronne en 1364, aiant conçu une affection toute particuliere pour les Celestins, leur donna une partie des jardins de l'hôtel saint Paul qu'il occupoit, & qu'il avoit fait bâtir. Il fit construire leur Eglise comme on la voit à present, & voulut y mettre la premiere pierre avec cérémonie. Louis, Duc d'Orleans, frere du roi Charles VI. n'eut pas moins d'estime pour ces Religieux, que le roi son pere. Ce Prince, comme on l'a dit ailleurs, fut cruellement assassiné par les ordres du Duc de Bourgogne son cousin germain, en sortant de l'hôtel de la reine Isabelle de Baviere, situé dans la rue Barbette derriere l'hôtel de Guise à present l'hôtel de Soubise.

On ajoûtera encore cependant à ce sujet, que quelques historiens semblent acculer cette reine d'avoir eu part à cette action détestable, & plusieurs lui attribuent les maux & les ravages prodigieux qui arriverent à la France, sous le regne de Charles VI. son époux ; aussi la fin de cette Princesse fut-elle tres-malheureuse, pour châtiment de son injustice : elle avoit voulu exclure Charles VII. son propre fils, de la succession de la couronne, pour en favoriser Henri VI. roi d'Angleterre, auquel dans cette vûe elle avoit donné en mariage Catherine de France sa fille.

On lit dans l'histoire de ce tems-là, une chose que l'on sera peutêtre bien aise de trouver ici, quoiqu'elle ne soit pas absolument du sujet dont on traite, & que *Brantome* n'a pas negligé de rapporter dans ses memoires; c'est que cette Reine tomba dans une si étrange misere, & tellement abandonnée de tout le monde, même de ses domestiques, qu'il ne se trouva personne autour d'elle pendant les derniers jours de sa vie, pour lui rendre les services les plus necessaires. Son corps après sa mort fut porté sans aucune pompe à saint Denys. On mit la biere dans un bâteau, avec un simple Prêtre, & un battelier pour la conduire au lieu de sa sepulture ; ce que l'on fut contraint de faire, ne se trouvant personne, qui voulût fournir à la dépense de la porter par terre, quoique la distance ne fût pas considerable.

Avant que d'entrer dans l'Eglise des Celestins, on peut voir leur petit cloître construit assez proprement vers l'année

1550. Il est parfaitement bien voûté, orné de colonnes Doriques & Corinthiennes, qui font une assez belle décoration. Cet ouvrage n'a monté dans son tems qu'à vingt-neuf mille livres de dépense.

Dans un des coins de ce cloître, on lit l'épitaphe d'*Antoine* PEREZ, Sécretaire d'Etat de *Philippe* II. roi d'Espagne; mais étant tombé dans la disgrace de ce Prince, pour une jalousie qu'il lui donna au sujet de la princesse d'Eboli, dont il étoit fort bien venu; il fut obligé de se sauver d'abord en Bearn chez la Princesse Catherine, sœur du roi Henri VI. & delà en Angleterre auprès de la reine Elisabeth, ensuite en France, où il vint chercher un azile assuré contre la fureur de son rival, cruel & bizare, qui tenta plusieurs fois de le faire assassiner dans sa retraite à Paris, où il mena une vie privée, qu'il employa à la composition de quelques ouvrages estimez.

Voici l'épitaphe que l'on lit encore sur son tombeau.

HIC JACET ILLUST. D. ANTONIUS PEREZ OLIM PHILIPPO SECUNDO

HISPANIARUM REGI A SECRETIORIBUS CONSILIIS. CUJUS ODIUM MALE AUSPICATUM EFFUGIENS, AD HENRICUM QUARTUM GALLIARUM REGEM INVICTISSIMUM SE CONTULIT, CUJUSQUE BENEFICENTIAM EXPERTUS EST, DEMUM PARISIIS DIEM CLAUSIT. ANN. S. M. DC. XI.

L'Eglise de ces Peres est tout-à-fait Gothique, & n'a rien que de simple & de fort grossier dans sa structure, aussi a-t-elle été élevée dans un siecle où l'art de bâtir étoit fort negligé en France & par toute l'Europe.

Le grand autel est orné de quelques figures, entre autres d'une Vierge & de l'Ange Gabriel de grandeur naturelle, de l'ouvrage de *Germain* PILON, aussi-bien que la balustrade du même autel, & l'aigle, ou le pulpitre qui est au milieu du chœur.

Quelques personnes illustres ont leur sepulture dans le chœur, entre lesquelles est celle de *Leon*, roi d'Armenie, sorti du sang de Lusignan. Fuiant la cruauté des Turcs qui avoient envahi son roiaume, & tenoient sa femme & ses enfans en captivité, il vint chercher du secours & de la consolation en France, de tout tems l'azile des Rois & des Princes infortunez. Le roi Charles VI. lui donna un honorable entretien, dont il jouit jusqu'à sa mort arrivée en 1404.

Les *Secretaires du Roi* font dire leurs messes & services de ceremonies dans cette Eglise depuis le regne de *Charles* V. qui les institua au nombre de 45, entre lesquels les Celestins furent compris; mais cette Compagnie a fort augmenté depuis par le nombre qui est à present de 240, & par les grands privileges de leurs charges, dont le plus beau est le titre de noblesse. Ils ont un poile de velours noir tres riche fait par un Italien, que le Cardinal Mazarin avoit fait venir exprès, pour donner les desseins des grands ouvrages de broderie qu'il faisoit faire. Il est orné de cartouches aux extremitez, dans lesquels il y a des devises travaillées fort délicatement.

Les choses les plus remarquables se trouvent dans la Chapelle d'Orleans, où l'on verra des tombeaux, entre lesquels il y en a d'une rare beauté & plus qu'en aucun l'eu du roiaume; si cependant on excepte saint Denys, la sepulture des Rois depuis plusieurs siecles.

On trouve dans plusieurs bons auteurs, particulierement du regne de Charles VI. à quelle occasion cette chapelle fut fondée par *Louis* Duc d'*Orleans*, son frere.

La reine Blanche, veuve de Philippe de Valois, au mariage d'une de ses filles d'honneur, donna le 30 de Janvier 1392, une fête magnifique à toute la cour, dans son hôtel situé au faubourg saint Marceau, derriere saint Hippolyte, duquel on voit encore quelques restes sur pié. Le roi *Charles* VI. voulut y venir en masque suivi du Comte de Joigny, de Robin, fils naturel de Gaston Phebus, Comte de Foix, du fils du Comte de Valentinois, de Nantouillet & de Gusay, l'un de ses Ecuyers. Ils étoient tous deguisez en sauvages, leurs habits étoient de lin colé sur toile avec de la poix, parcequ'on n'avoit pas encore trouvé la maniere de nouer ou de tresser comme on le fait à present, ce qui n'a été inventé que depuis que l'usage des perruques est devenu si commun. Le Roi s'alla placer heureusement auprès de la Duchesse de Berry sa tante, qui l'arrêta à côté d'elle, tandis que les autres dansoient la Morisque, qui étoit une danse fort à la mode : mais comme personne ne les reconnoissoit, le

Duc d'Orleans impatient, prit un flambeau allumé pour tâcher de les connoître : il s'approcha de si près de ces habits poiſſez, qu'il y mit le feu, qui ſe communiqua ſubitement avec violence de l'un à l'autre. Le bâtard de Foix cria qu'on ſauvât le Roi. La Ducheſſe de Berry le ſauva en effet par un très grand bonheur, en l'enveloppant promptement dans ſa longue robe. Nantouillet fut ſauvé, en ſe jettant daus une cuve pleine d'eau, qui n'étoit pas éloignée ; mais les quatre autres eurent les entrailles brûlées, & moururent peu de jours après. On ignoroit abſolument l'auteur d'un ſi funeſte accident : cependant le Duc d'Orleans s'en accuſa lui-même ; & pour expier cette faute involontaire, il fit bâtir cette chapelle aux Celeſtins, où il fonda des prieres pour le repos de l'ame de ceux à qui il avoit innocemment cauſé la mort. Il donna aux Celeſtins la terre de Porche-Fontaine, proche de Verſailles, & fonda grand nombre de meſſes & de prieres dans cette chapelle en 1394, ſelon le P. *Daniel*. Outre cela ce Prince y établit la ſepulture de ceux de ſa maiſon ; ce qui a été cauſe, que dans la ſuite quelques Ducs d'Orleans ont ordonné que leurs cœurs & leurs entrailles y fuſſent dépoſez.

La premiere chose remarquable dans cette chapelle, est une grande colonne torse de marbre blanc, ornée de feuillages & de diverses moulures prises dans le même bloc. Le chapiteau d'ordre composé qui est de la même piece, porte une urne de bronze, dans laquelle est conservé le cœur du Connétable *Anne* de Montmorency, mort le 12 de Novembre 1567, des blessures qu'il avoit reçues à la fameuse bataille de saint Denis contre les Huguenots, qui avoit été donnée deux jours auparavant. Ce brave General y fut blessé de six coups, dont le dernier seul se trouva mortel. On raconte de lui une chose assez remarquable, qu'étant à l'agonie, un Cordelier l'exhortant à la mort avec trop de zele & d'importunité, il le pria de le laisser en repos, en lui disant qu'il n'avoit pas vécu jusqu'à l'âge de quatre-vingt ans, sans avoir appris à mourir un quart d'heure. La pompe funebre qu'on lui fit, fut magnifique, l'on y porta son effigie revêtue de tous les ornemens de sa dignité, comme on avoit autrefois coutume de l'observer aux obseques des Rois. Cette belle colonne est élevée sur un piédestal de marbre rouge, accompagnée de trois vertus de bronze, lesquelles paroissent être de *Germain* Pilon. L'épée roiale dont le Connétable est le gardien, avec toutes les autres marques honorifiques de cette grande dignité, sont aussi representées sur le marbre. On lit sur les faces, des inscriptions en vers François, estimées en leur tems, qu'on a negligé de rapporter ici, parce qu'elles ne sont point du goût d'apresent. Ce monument est remarquable, & l'ouvrage de la colonne est tout-à-fait particulier. On l'attribue à un sculpteur nommé *Barthelemy* de la R. P. R. que le Connétable avoit pris sous sa protection, lequel travailla vingt ans entiers à cette piece, & y apporta ses soins & toute son industrie. Le corps du Connétable est dans l'Eglise de la ville de Montmorency, à quatre lieues de Paris, où on lui a érigé un monument d'une excellente architecture, qui a servi depuis de modele avec assez de succès dans des occasions bien differentes.

Sur une forme de tombeau élevée de quelques piés au milieu de cette chapelle, on voit la representation en marbre de quatre personnes couchées ; à savoir de Louis, Duc d'*Orleans*, & de Valentine de *Milan* sa femme, laquelle mourut deux ans après l'assassinat de son époux, accablée de douleur & de tristesse, ne pouvant obtenir justice contre le Duc de Bourgogne, quoiqu'elle interessât dans son parti le Dauphin Charles, le Clergé, le Parlement & l'Université, alors en tres-grand crédit dans toutes les affaires importantes & delicates. Cette Princesse derniere heritiere légitime du duché de Milan, laissa ses droits à sa posterité, dont étoient les rois *Louis* XII. & *François* I.

Ces vers sont gravez proche de la figure qui la represente.

QUÆ MULIER DUCIS INSUBRI PULCHERRIMA PROLES;

JUS MEDIOLANI, SCEPTRAQUE DOTE DEDIT.

Les deux autres figures couchées aux côtez, sont celle de *Charles*, Duc d'*Orleans*, pere du roi Louis. XII. fils aîné de celui dont on vient de parler; & l'autre, de *Philippe* Comte de *Vertus* son frere, duquel le roi François I. descendoit. Ce monument a été érigé par les soins religieux de *Louis* XII. le pere du peuple, dont on parlera plus amplement dans une autre occasion.

A

A l'extrémité de ce tombeau, du côté de l'Autel est le cœur du roi *Henry II.* dans une urne de bronze doré, que trois graces soûtiennent sur leur tête. Elles sont de marbre, hautes comme nature, de la plus belle & plus correcte maniere de *Germain* PILON. Le cœur de la reine *Catherine* de *Medicis*, est dans le même monument, sur les faces duquel on lit ces inscriptions :

COR JUNCTUM AMBORUM LONGUM
TESTATUR AMOREM,
ANTE HOMINES JUNCTUS, SPIRITUS
ANTE DEUM.

COR QUONDAM CHARITUM SEDEM,
COR SUMMA SECUTUM,
TRES CHARITES SUMMO VERTICE
JURE FERUNT.

HIC COR DEPOSUIT REGIS CATHA-
RINA MARITI,
ID CUPIENS PROPRIO CONDERE POSSE
SUO.

Cette piece passe avec raison pour

une des plus achevées que l'on ait en France.

On raconte qu'un curieux offrit autrefois d'en faire faire à ses dépens, une copie en marbre la plus exacte qu'il seroit possible, avec dix mille écus de retour, si on vouloit lui donner ce bel original; mais il ne fut point écouté, & l'on ne trouva pas à propos de lui accorder sa demande, à cause de la singuliere perfection de cette piece. Le piédestal sur lequel elle est posée, est d'une excellente invention, dans la forme & dans le profil d'un trepié antique, dont les faces sont ornées de feuillages, de palmetes, de masques & de guillochis, avec des cartouches découpez au milieu, où sont les vers latins qui viennent d'être raportez. *Germain Pilon*, de qui est ce groupe, n'a rien fait de plus correct & de plus fini. Tout est admirable dans cette piece: la composition generale du tout ensemble, la noble & fiere attitude avec le contour des figures; enfin les draperies disposées & jettées dans la maniere antique dont la legereté exprime le nud d'une maniere excellente; toutes ces choses font un effet qui donne une extrême satisfaction à ceux qui se connoissent en ouvrages rares & achevez; & qui jugent avec discernement de la veritable beauté des chefs-d'œuvres de l'art.

A l'autre extrémité du tombeau du Duc d'*Orleans*, il paroît une colonne de marbre blanc, érigée à la memoire du roi *François* II. de laquelle il fort des flammes, pour representer la colonne de feu qui conduisit les Israélites dans le desert, parce qu'elle étoit la devise que ce Prince avoit choisie, avec ces mots :

LUMEN RECTIS.

On lit encore cette inscription.

D. O. M.

Et perenni memoriæ FRANCIS-CI II. *Francorum Regis,* CAROLUS IX. *ejus in regno successor, suadente Regina matre* CATHARINA, *hanc columnam erigi curavit, anno salutis* 1562.

Cette colonne est accompagnée de trois genies pleurans, aussi de marbre, qui tiennent des flambeaux renversez. Le piédestal de marbre rouge & de figure triangulaire sur lequel elle est élevée, est d'une forme composée qui a de la beauté. Sur les faces chargées de cartouches découpez, comme les antiques, on lit d'autres inscriptions, qui marquent que le roi *François* II. avoit épousé *Marie Stuart*, reine d'Ecosse, & quelques évenemens de son regne.

Cette Reine âgée de 44 ans, eut la tête tranchée dans le château de Fotheringhey, le 18 de Fevrier 1587, après une prison de dix-huit ans, où elle fut traittée tres-cruellement par Elisabeth, reine d'Angleterre, laquelle fit cependant paroître de la douleur à cette mort qu'elle pouvoit s'épargner, si elle n'avoit pas voulu écouter son caprice, & quelques sentimens de jalousie & de vengeance. La reine *Marie Stuart* étoit une Princesse d'une beauté surprenante, de beaucoup d'esprit & de savoir pour une personne de son sexe & de son rang, & d'une pieté si vive & si solide, qu'elle supporta son suplice avec un courage & une fermeté sans exemple.

Selon la remarque d'un historien exact, l'Angleterre plus qu'aucune autre nation de l'Europe, fournit plusieurs exemples de cruautez & de meurtres insignes commis dans la personne de ses Rois; & tout le monde se souvient encor avec horreur, de ce qui est arrivé depuis la tragedie affreuse de Marie Stuart dans la personne de Charles I. son petit-fils.

Ce monument a été érigé pour conserver les cœurs des rois *François* II. & *Charles* IX. son frere. Le premier mourut à Orleans le 5 d'Octobre 1560, âgé seulement de 17 ans, dont il n'avoit regné que 15 mois ; & *Charles* IX. son frere qui lui succeda à la couronne, termina ses jours à Vincennes, le 30 de Mai 1574, l'un & l'autre d'une maniere qui donna occasion de semer des bruits tres-desavantageux à la memoire de la reine Catherine de Medicis, mere de ces deux Princes.

Sous les fenêtres à main droite en regardant l'Autel, est le tombeau de *Renée d'Orleans* de *Longueville*, morte en 1515, âgée seulement de sept ans.

Tout proche est celui de *Philippe* Chabot, *Amiral de France*, mort le premier de Juin 1543, dont l'ouvrage est de *Jean* Cousin, le même qui a peint le jugement universel que les Minimes conservent soigneusement dans leur sacristie. Le travail de ce tombeau fait juger que *Cousin* n'excelloit pas moins en sculpture qu'en peinture ; parce que toutes les pieces qui composent ce monument, sont assez correctement dessinées. Cependant il y paroît trop d'ornemens; ce qui fait une espece de confusion, qui ne plaît pas à present, laquelle cependant étoit fort en usage chez les ouvriers des derniers siecles.

A côté & sur la même ligne, est de tombeau de *Henry Chabot*, Duc de Rohan; mort le 27 de Février 1655, âgé de 39 ans. L'ouvrage de ce monument est d'Anguier l'aîné, sculpteur d'une grande réputation, à cause des excellens ouvrages que l'on voit de lui en plusieurs endroits de Paris & ailleurs; particulierement à cause du magnifique tombeau du Duc de *Montmorency*, que l'on va voir à Moulins, comme une piece de la premiere beauté.

L'ouvrage de ces deux derniers tombeaux, de l'Amiral *Chabot* & du Duc de *Rohan*, quoique de differente maniere, sont executez avec beaucoup de travail & de soin; on y voit l'effigie d'après nature de ceux qui y sont enterrez, que les sculpteurs ont representez le plus parfaitement qu'il leur a été possible.

De l'autre côté de la chapelle est celui de *Timoleon* de *Cossé*, fils de *Charles*, Comte de Brissac, tué au siege de Mucidan en Perigort, contre les Huguenots, en 1559, âgé seulement de 25 ans. On inhuma ce jeune Seigneur avec magnificence, par ordre du roi *Charles IX*. dont il étoit fort aimé à cause de ses rares qualitez. Ce tombeau est orné d'une colonne de marbre blanc érigée plusieurs années après, chargée de couronnes ducales & de chiffres, avec un corps d'entablement à quatre faces sur lequel il y a un vase doré, qui renferme le cœur de celui pour qui elle a été érigée. Les massifs de l'embrasure de chaque côté de cette colonne, sont revêtus de marbre blanc, avec des panneaux de marbre de Namur; & sur le dé du piédestal, on lit des inscriptions qui ne contiennent rien de memorable.

Mais ce qui frape davantage la vûe dans cette chapelle, c'est l'obelisque du Duc de Longueville : c'est un ouvrage d'Anguier, frere de celui dont on vient de parler. Les cœurs de plusieurs Princes de cette illustre maison sont conservez sous ce monument. Cette piece est chargée de trophées en bas-relief de marbre blanc, incastrez dans des bordures de marbre noir, pour leur donner plus d'apparence, avec une urne dorée à l'extrémité. Cette piramide est accompagnée de quatre vertus de marbre de grandeur approchante de la naturelle. Deux bas-reliefs dorez d'or moulu, occupent les cadres du piédestal dans lesquels sont représentées les actions les plus remarquables du Duc de *Longueville*, pour qui cette pyramide a été érigée. Elle a particulierement été dressée à la memoire de *Henry* I. & de *Henry* II. Ducs de Longueville ; le premier mourut à Amiens, âgé de 27 ans, le 26 d'Avril 1595; & le second qui étoit son fils, expira à Rouen le 11 de Mai 1663, à l'âge de 69 ans. Leurs cœurs furent aportez dans ce lieu le 17 de Juin 1663 ; mais depuis on y a inhumé le corps de *Charles Paris* d'Orleans, dernier Duc de LONGUEVILLE, fils de *Henry* II. tué le 12 Juin 1672, âgé seulement de 23 ans, dans l'isle de Betaw, après avoir passé le Rhin à nage dans un combat contre les Hollandois.

 Les vitres de cette chapelle sont remarquables & meritent aussi d'être considerées avec attention, puisqu'elles font voir les portraits au naturel de quelques Rois & de quelques Princes, qui ont vêcu depuis *Charles* V. fondateur du monastere des Celestins, ce Prince est le premier representé. Ensuite on voit *Louis*, Duc d'*Orleans*, son second fils, fondateur particulier de cette chapelle, comme on l'a dit ailleurs. Les autres sont, *Charles*, Duc d'*Orleans* & de *Milan*, fils aîné de *Louis*, Duc d'*Orleans* & de *Valentine* de *Milan*. *Louis* XII. roi de France, fils de ce dernier. *Philippe* Comte de *Vertus*, second fils de *Louis*, Duc d'*Orleans* & de *Valentine*. *Jean* Duc d'*Angoulême*, leur troisiéme fils. *Charles*, Duc d'*Angoulême*, fils de *Jean*, dont on vient de parler. *François* I. roi de France, son fils. *François*, Dauphin de *Viennois*, Duc de Bretagne, fils aîné de *François* I. mort empoisonné à Tournon le 12 d'Août 1536. *Henri* II. son second fils. *Charles* IX. roi de France, second fils de *Henri* II. Tous ces Princes sont representez d'après nature en habit à la mode de leur tems, d'une maniere tres-curieuse.

Il ne faut pas negliger de jetter les yeux sur le tableau de cette chapelle, qui represente une descente de Croix. Il est de *François* SALVIATI, peintre de Florence, dont les ouvrages sont recherchez en Italie.

Derriere cette même chapelle, il y en a une petite que *Charles Marquis* de *Rostaing*, a fait construire ; mais qui ne contient rien du tout de curieux.

Dans la nef de cette Eglise, on trouvera

N v

encore plusieurs tombeaux considérables.

La chapelle du *Duc* de TRESMES, est ornée de plusieurs tombeaux avec des figures de marbre, en habit du tems, fort bien travaillées. L'autel a été embelli de dorures & de plusieurs ornemens en 1704. On a placé au milieu un tableau de *Paul Mathée*, Napolitain, qui y a representé Attila, peint d'une maniere seche & dure, qui ne plaît en aucune maniere aux connoisseurs.

Dans une autre chapelle de la nef, est le tombeau de *Louis* de la *Tremouille*, Marquis de NOIR-MOUTIER, sur le devant duquel on estime une table de marbre antique noir & blanc par grands arrachemens d'une espece rare, dont on a perdu les carrieres.

Vis-à-vis dans la nef, on distinguera celui de *Sebastien* ZAMET, riche partisan, qui se vantoit d'être Seigneur de dix-sept cens mille écus; si l'on en croit le commentateur de la satyre Menipée. Il étoit originaire de la ville de Luques en Toscane, où il avoit fait le métier de cordonnier. Il vint en France à la suite de la reine Catherine de Medicis, qui le mit dans les partis qu'elle établit la premiere, pour avoir de l'argent d'avance, où il gagna de tres-grandes richesses, avec lesquelles il aquit les baronies de Murat & de Billi, la seigneurie de Beauvoir & de Casabelle: par la suite il fut Gouverneur de Fontainebleau & Surintendant de la maison de la reine Marie de Medicis. Ce fut chez lui que se donna le repas, où la Duchesse de Beaufort se trouva mal, dont on croit qu'elle mourut trois jours après. Son fils *Sebastien Zamet*, Evêque de Langres, fit ériger le tombeau que l'on voit à present, pour son pere & pour lui. Il étoit premier Aumônier de la reine Marie de Medicis, & y ordonna sa sepulture en 1655. Son pere étoit décédé plusieurs années auparavant, le 14 de Juillet 1614.

Tout proche se peut voir la statue de *Carolus Magneus*, représenté assis en habit de guerre, la tête appuiée sur le bras gauche, de l'ouvrage de *Paul* PONCE, sculpteur célebre de son siecle.

Dans le Chapitre est inhumé *Pierre* BARD, Provincial general des Celestins en France. C'étoit un homme d'une solide pieté, que le roi *Louis* XII. avoit choisi pour son Confesseur, à cause de sa vertu & de son desinteressement, à qui il avoit voulu donner un évêché qu'il refusa par un sentiment d'humilité & de modestie. Le Cardinal d'*Amboise*, qui connoissoit son merite & sa capacité, avoit une confiance toute particuliere en lui, & prenoit souvent ses avis dans les affaires importantes. Il est mort en 1535, en reputation de sainteté.

Philippe MEZIERES est aussi enterré dans le même lieu. Il avoit été Chancelier des roiaumes de Jerusalem & de Cypre. Le roi Charles V. qui connoissoit sa vertu, lui confia l'éducation du Dauphin Charles VI. son fils. Etant élevé à ce haut point d'honneur, il prit du dégoût pour le grand monde & se retira chez les Celestins, où le roi Charles V. le venoit voir souvent & le consultoit par lettres sur les plus importantes affaires. On pretend qu'il obtint de Charles VI. dont il avoit été Gouverneur, l'abrogation de la coutume observée jusqu'alors, de refuser le Sacrement de Pénitence aux criminels condamnez, ainsi qu'il se voit par un édit du 2 de Février 1396. Il laissa tous ses biens aux Celestins, & mourut en l'année 1405. On l'inhuma dans l'habit de ces Peres, comme il l'avoit ordonné par son testament.

Etienne CARNEAU, Religieux Celestin avoit suivi le barreau, & avoit été Avocat au Parlement de Paris, avant que d'entrer dans l'ordre de ces Peres.

Il s'étoit aquis quelque reputation par ses poësies latines & françoises : ce qui fit dire à un des principaux de l'Academie Françoise, qu'il étoit de ceux de qui l'on pouvoit dire, *Quibus dedit ore rotundo, Musa loqui.*

Il fit lui même son épitaphe en françois & en latin, que voici.

Cy git qui s'occupoit & de vers
    & de prose,
A pû quelque renom dans le
    monde aquerir ;
Il aima les beaux arts, mais sur
    toute autre chose
Il medita de plus celui de bien
    mourir.

Qui jacet hic, multum scripsit pro-
    saque metroque ;
Atque latens sparsit nomen in orbe
    suum,
Præclaras artes coluit, sed firmius
    unam.
Illam præcipuè quæ bene obire do-
    cet.

On conserve aussi dans l'Eglise de ces Peres, le cœur du *Cardinal Pelevé* : ce fut par le credit de la maison de Guise, qu'il fit sa fortune dans le tems de la ligue. Il mourut de douleur en aprenant que le roi Henri IV. étoit entré dans Paris, contre qui il avoit fait tant de cabales.

Les Celestins sont ainsi nommez du Pape Celestin V. qui les fonda avant que d'être souverain Pontife, vers l'année 1244 & leur regle fut approuvée par le Pape Urbin IV. & confirmée en 1474. dans le Concile de Lyon par Gregoire X. Cet ordre multiplia d'abord en Italie, & fut introduit en France par Philippe le Bel, comme on l'a déja rapporté.

L'interieur de la maison ne fournit aucune chose extraordinaire. Ces Peres ont fait élever depuis peu d'années de tres grands bâtimens, qui ne sont pas encore entierement achevez, dans lesquels ils sont à present logez fort commodément. L'escalier sur tout est fort bien entendu & tourné d'une maniere commode. Dans le plafond il y a un morceau de peinture de l'ouvrage de BOULOGNE l'aîné.

La bibliotheque regne sur un des dortoirs. Elle n'est pas d'une extrême grandeur, ni des plus nombreuses ; mais cependant on la trouvera dans une disposition & dans un arrangement regulier & tres-agréable. Elle est percée également des deux côtez, & embellie d'une menuiserie en pilastres Ioniques, qui portent une corniche executée tres-proprement. Le R. P. *Antoine* Becquet, né à Paris, qui en est bibliothequaire, fort entendu dans le choix des bons Livres, apporte tous ses soins pour la rendre plus ample qu'elle n'a été jusqu'ici, quoique le nombre des Livres qu'elle contient, soit déja assez considerable. Les Celestins ont seulement vingt un couvens dans le roiaume, dont celui-ci est le principal, consideré comme le chef d'ordre, gouverné par un Provincial, qui a le pouvoir de General en France, & qui est élu tous les trois ans.

L'ARSENAL.

LE grand espace contenu dans l'Arsenal, est distribué en plusieurs parties, dont la plus considerable & la plus grande est pour le jardin qui regne sur le fossé de la Ville & sur la riviere, duquel on découvre une vûe étendue & tres-agréable. Le reste consiste dans des cours, qui donnent l'une dans l'autre, avec des bâtimens seulement d'un côté, dont la structure est fort simple. En l'année 1715. tous ces vieux bâtimens grossierement construits, ont été détruits, & il paroît que l'on doit refaire d'autres ouvrages ; mais on ne voit pas encore ce qui sera construit à la place ; & il est à présumer que l'on fera des logemens mieux entendus & plus commodes que les anciens. En 1718, *Germain* de BOF-FRAND, Architecte renommé, a eu la conduite de la restauration de ces édifices, où l'on doit incessamment travailler.

La porte de la seconde cour, est de *Jean* GOUGEON, comme quelques personnes le prétendent. Il est vrai qu'il y paroît quelque chose d'un maître habile; mais par malheur la plus grande partie en est cachée ; ce qui fait un misérable effet. Cette faute arrive tous les jours dans Paris, où pour une petite commodité on ne fait aucune difficulté de gâter la face d'un bâtiment de conséquence, ou d'estropier un ouvrage regulier, comme on l'a déja remarqué au sujet de la principale entrée de la Place roiale.

Sous la surintendance des bâtimens du *Marquis* de LOUVOIS, on avoit établi une fonderie dans l'Arsenal, pour des copies de plusieurs statues antiques & modernes, qui sortoient tous les jours des mains des Sculpteurs, emploiez pour la décoration des Maisons roiales. On avoit commis le soin de cette entreprise à *Jean-Baltazar* KELER, originaire du Zurich en Suisse, mort en 1702, qui avoit une singuliere experience pour cette sorte de travaux ; & l'on peut dire à sa louange, que personne n'a été plus loin que lui, dans l'art de fondre le métail, & n'a entrepris de plus grands ouvrages en ce genre, comme on l'a vû à la statue équestre du Roi, élevée dans la place de Louis le Grand, & dans d'autres pieces sorties de ses mains, dont la plus grande partie se voit à Versailles. On fondoit autrefois les pieces d'artillerie dans ce lieu ; mais depuis quelques années, il a été trouvé plus à propos de les fondre sur les frontieres, dans les Villes voisines des Provinces, où les armées se trouvent ordinairement.

La premiere porte de l'Arsenal est ornée de quatre canons au lieu de colonnes, qui cependant font le même effet, parce qu'ils ont les proportions du renflement & de la diminution.

Sur un marbre noir on lit ces vers, qui sont d'une grande beauté; il sont de la composition de *Nicolas* BOURBON, de qui on a plusieurs pieces de poësies excellentes, entre lesquelles est une imprécation contre le parricide commis dans la personne du Roi Henri IV. qui passe pour une piece achevée. Quelques savans parlent de lui avec éloge, entre autres, *Balzac*, *Menage* & *Pelisson*, dans son histoire de l'Académie Françoise, parce qu'il en étoit, & *Baillet* dans le jugement des savans, sur les Poëtes modernes.

ÆTHNA HÆC HENRICO VULCANIA
 TELA MINISTRAT,
TELA GIGANTÆOS DEBELLATURA
 FURORES

Au dessous.

PHILBERT DE LA GUICHE, *grand maître de l'Artillerie de France.*
M. D. LXXXIV.

Cette porte a été élevée sous le regne de Henri III. lorsque les Ligueurs commençoient à faire paroître leurs mauvais desseins, & qu'ils formoient leurs complots contre la Majesté roiale, dont les suites furent si funestes, malgré les menaces de cette inscription.

Dans ce tems-là l'architecture avoit déja perdu en France cette beauté qu'elle a retrouvée depuis, par les soins & les études des excellens hommes qui ont été emploiez depuis, comme il a été remarqué ailleurs.

En 1706 & les années suivantes, le quai qui conduit à l'Arsenal a été reparé; on a fait un port commode pour les bateaux, & des descentes faciles pour les grosses Voitures.

Quelques années auparavant on avoit construit le Pont de bois, qui communique à l'Isle voisine, dans laquelle sont les chantiers pour les bois quarrez. Tous ces travaux ainsi que quantité d'autres utiles au public, ont été executez fous la Prevôté de *Boucher* d'ORSAY, qui a donné de grands foins pour les commodités & pour les embellissemens de la Ville.

En fortant de l'Arfenal, la premiere chofe qui fe prefente, eft la maifon de *Gafpard* de FIEUBET, *Confeiller d'état*, bâtie fur les deffeins de *Jule-Hardouin* MANSART. L'exterieur n'a rien de fort extraordinaire, mais les dedans en font diftribuez avec affez de jugement & de regularité, & l'efcalier eft percé fort avantageufement. Les belles vûes dont cette maifon jouit, en font la principale beauté, parce qu'elles s'étendent fur la riviere, & découvrent de nombreux lointains richement décorez.

L'ÉGLISE
DE SAINT-PAUL.

Cette Paroisse est située dans une rue qui aboutit à la riviere & à la rue Saint-Antoine, & est une des plus considerables de tout Paris, par son étendue & par l'antiquité de sa fondation.

On croit que S. Eloy, Evêque de Noyon, qui vivoit sous le regne de Dagobert I. la fonda pour servir de chapelle au milieu d'un cémetiere destiné pour la sepulture des Religieuses de l'Abbéie de *Sainte-Aure*, qu'il avoit instituées dans le même endroit où sont à present les *Barnabites* proche du Palais. Cette Communauté alors tres-nombreuse, composée de trois cens Religieuses, avoit un cémetiere particulier dans la campagne éloignée de la Ville, selon la sage & utile coûtume de ces tems-là, où les corps de celles qui mouroient étoient transportez. Dans la suite des siecles, comme la ville de Paris s'est extrémement augmentée, & qu'il est arrivé de tres-grands changemens dans les anciens Monasteres, l'Abbéie de sainte-Aure aiant été détruite, comme on le dira dans son lieu, cette chapelle qui en dépendoit, fut érigée en paroisse, pour les maisons qui s'établirent dans son voisinage

Le bâtiment de l'Eglise de saint-Paul, comme il est à présent, a été construit sous le regne de Charles VI. lorsque les beaux arts étoient encore inconnus, & que l'architecture Gothique avoit perdu cette belle & ingénieuse legereté qu'elle avoit sous les regnes de Philippe Auguste & de saint Louis, comme on en peut aisément juger par les édifices qui restent encore sur pié, élevez sous les regnes de ces Princes. L'Eglise de saint-Paul est d'une maçonnerie pesante & massive, les voûtes en sont basses & écrasées, pour ainsi dire, & les lumieres tres-mal entendues, ce qui fait que l'interieur en paroît triste & tres desagreable. Lorsque les Rois habitoient l'hôtel de saint-Paul & le palais des Tournelles, situez assez proche de cette Eglise & de l'endroit où est à present la Place roiale, elle leur servoit de paroisse; ce qui a pû durer environ depuis le regne de Charles V. jusques à la fin de celui de François II.

Cette paroisse s'étend sur plusieurs grands quartiers, comme le Marais du Temple & le faubourg saint-Antoine, où elle étoit obligée d'avoir un secours sous le titre de sainte Marguerite, qui depuis a été érigé en paroisse indépendante ; ce qui n'empêche pas que cette Cure ne produise un revenu, qui peut monter à trente mille livres par année.

Il y a fort peu de choses dans cette Eglise qui puisse attirer les curieux.

Le grand Autel est décoré d'une menuiserie dorée d'un dessein particulier donné par *Jule Hardouin* MANSART, dont les ornemens de sculpture ont été executez par *Vancleve*; mais cet ouvrage n'a rien de beau ni d'ingenieux dans sa singularité. Le tableau posé au milieu est de *Corneille* le jeune, duquel il y a d'assez bons morceaux de peinture.

Dans une chapelle à main gauche en entrant par la principale porte, on doit voir un *Benedicite* peint par le *Brun* ; & dans une autre chapelle plus avant, *une Ascension de N. S.* de Jean JOUVENET, posée en 1711, d'une singuliere beauté, comme sont toutes les pieces de ce grand maître.

Anne de Phelypeaux de *Ville-Savin*, veuve de *Leon Bouthillier*, Comte de CHAVIGNY, a donné par testament une tenture de tapisserie à cette Eglise, où l'histoire de saint Paul est representée avec assez d'art.

Les vitres des charniers, peintes en apprêt, sont d'une beauté toute particuliere.

Plusieurs personnes de distinction sont enterrées dans saint-Paul.

Arnauld de CORBIE, premier President du Parlement, & depuis Chancelier de France, a été fort estimé du roi Charles V. dit le Sage. Ce grand Prince connoissant sa capacité & son desinteressement avec un tres-grand zele pour la patrie, lui confia cette grande dignité. Il est mort dans l'année 1490, avec la réputation d'un magistrat d'une singuliere probité & d'une sagesse extraordinaire, ce qui convient si bien à ceux qui remplissent cette grande dignité.

Charles de *Gontaud*, *Marechal Duc* de BIRON, accusé de quelques intelligences avec les ennemis de l'Etat, fut décapité mardi 30 de Juillet 1602. Sa sépulture est à l'entrée du chœur, si l'on en doit croire les memoires de *Bassompierre*, quoique d'autres disent au milieu de la nef.

Robert CENALIS fut un illustre de son siecle & fort consideré du roi François I. qui le nomma d'abord à l'Evêché de Vance, ensuite à celui de Riez, & puis

puis il fut transferé à celui d'Avranches en 1532. Il a composé quelques ouvrages estimez, à savoir, une Histoire de France, qu'il dédia à Henri II. qui fut suivie de l'histoire de Normandie. Il écrivit contre la formule publiée sous le nom d'*interim* ; avec cela, un traité des poids & des mesures, un autre sous le titre de *Larva Sycophantina in Calvinum.*

Cette épitaphe est gravée sur son tombeau.

Cy gist R. P. en Dieu

ROBERT CENALIS,

En son vivant Evèque d'Avranches, Doyen de la Faculté de Théologie & natif de Paris, qui trépassa en expugnant les heresies, le 27 d'Avril

M. D. LX.

Dans la chapelle dédiée sous le titre de saint Louis, on lit cette autre épitaphe d'un savant de réputation.

CY GIST

Noble homme & sage M. NI-COLE GILLES, *en son vivant Notaire & Secretaire du Roy nôtre Sire, & Controlleur de son tréfor, lequel* GILLES *fit de ses deniers faire & édifier cette chapelle de saint Louis, & trépassa*

le 10. jour de Juillet

M. D. I I I.

On a de lui des *Annales* & des *Chroniques de France*, qui commencent à la destruction de la fameuse ville de Troyes, & qui finissent en l'année 1495. Quelques auteurs y ont fait des additions & les ont continuées jusqu'à leur tems.

François RABELAIS avoit été Cordelier dans le Couvent de Fontenay le Comte en bas Poitou, ensuite il se fit Benedictin dans le Couvent de Maillezais, & puis il obtint un canonicat dans la collegiale de saint-Maur des fossez, proche de Vincennes, & enfin la cure de Meudon proche de Paris. Il est mort en 1553, âgé de soixante & dix ans, & est enterré dans le cémetiere de cette Eglise. Il étoit originaire de Chinon en Touraine, & fut reçu médecin à Montpellier. Ses écrits sur la médecine lui avoient donné de la réputation chez les savans ; mais comme ils n'étoient pas utiles à tout le monde, & que selon le langage des Libraires, ils étoient *fort durs à la vente* ; afin de les recompenser des pertes qu'ils avoient pû faire sur cette édition, il leur donna à imprimer un ouvrage satyrique, contre la plûpart des personnes distinguées de son tems, sous des noms feints & supposez ; cet ouvrage fut fort goûté aussitôt qu'il parut en public, & l'est encore à present par quantité de personnes d'esprit, qui croient y trouver des traits ingénieux : ce qui a été cause qu'il y en a eu un nombre infini d'éditions differentes. Depuis quelques années, il en paroît une d'Hollande en 5. vol. avec des notes curieuses que l'on estime.

Comme il étoit en grande réputation parmi les savans qui vivoient alors, plusieurs firent des épitaphes à sa louange, entre autres *Antoine de Baif*, poëte renommé, qui lui dédia celle-ci, qui désigne assez son caractere.

Pluton, Prince du noir empire,
Où les tiens ne rient jamais,
Recois aujourd'hui RABELAIS,
Et vous aurez tous de quoi rire.

Jean NICOT, Maître des Requêtes, Ambassadeur de France en Portugal, mort vers l'année 1559, d'où il apporta le premier à la reine Catherine de Medicis, la fameuse plante du *Tabac*, laquelle fut nommée d'abord *Nicotiane*, de son nom, ensuite *herbe à la Reine*, à cause que Catherine de Medicis la mit en réputation dans le roiaume. *Marville*, dans ses mélanges d'histoire & de litterature, T. I. p. 11. dit, que l'on pourroit plus justement l'appeller aujourd'hui, *Planta Regalis* d'autant qu'elle attire dans les coffres du Roi plus d'or & d'argent qu'il n'en pourroit tirer des mines les plus riches. Le même *Jean Nicot* a donné un dictionnaire latin & françois, & d'autres ouvrages, dans lesquels il paroît beaucoup de lecture & de travail.

Dans la chapelle du saint Sacrement, est le tombeau d'*Anne, Duc de* NOAIL-

LES, mort en 1678, âgé de 63 ans. Il est representé à demi couché, soûtenu par l'Esperance, qui tient une couronne de gloire, qu'elle semble lui offrir. Cet ouvrage est de marbre & d'un assez beau travail. Il est d'*Anselme* FLAMAN, sculpteur de l'Academie, qui a fait de fort bonnes choses.

François MANSART, né à Paris, fameux architecte, est enterré dans cette Eglise. Il est mort âgé de 69 ans, dans le mois de Septembre de l'année 1666. Avant lui la France avoit eu peu d'architectes qui l'eussent ornée de plus beaux édifices & en plus grand nombre. Il paroît en effet dans tout ce qu'il a fait, de l'art & de la précision, avec de la majesté, mais d'ailleurs peu de commoditez & de convenance, & toujours tres-incertain dans tout ce qu'il entreprenoit; ce qui l'obligeoit de recommencer plusieurs fois le même ouvrage, lorsqu'il vouloit qu'il fût parfait. Il étoit si prévenu de sa capacité, qu'il avoit du mépris pour tous ceux de sa profession, quelques habiles qu'ils pussent être. Par caprice ou par entêtement il n'avoit point voulu voiager ; & s'il eut vû les magnifiques édifices de Rome & du reste de l'Italie, & qu'il se fût assujetti aux sages regles des grands maîtres, prises sur les precieux monumens de la savante antiquité, qui restent encore sur pié, il auroit sans doute fait des choses d'une bien plus grande beauté. Entre les édifices dont il a donné les desseins, on compte le *château de Blois*, qui est demeuré imparfait par la mort de *Gaston*, Duc d'Orleans, arrivée le 2 de Février 1660, qui l'avoit fait commencer ; le magnifique *château de Maisons*, à quatre lieues de Paris, qu'il a recommencé plusieurs fois, & celui de *Bercy*, la *chapelle de Fresne*, qui doit passer pour tout ce qu'on peut faire de plus beau en ce genre ; ainsi que le salon du même château. On estime à Paris de cet architecte, le *Portail des Minimes* de la Place Roiale, & celui de l'*Eglise des Feuillans* ; l'*Eglise des Filles de la Visitation* proche de la Bastille, la *chapelle* de l'hôtel de *Conty*, dont on parlera ; *l'hôtel de la Vrilliere*, à present l'hôtel de *Toulouse*, proche de la Place des Victoires ; l'*hôtel de Jars*, à present l'hôtel de *Coislin*, dans la rue de Richelieu ; l'hôtel d'*Aumont*, l'hôtel de Carnavalet qu'il a réparé ; *une maison dans la rue du grand Chantier*, qui appartient à present à Jean Romanet, Fermier general, & plusieurs autres édifices qu'il seroit trop long de rapporter, lesquels font connoître de quoi il étoit capable.

Son neveu *Jule-Hardouin* MANSART, est aussi inhumé dans la même Eglise. Il est mort à Marly assez subitement, dans le mois de Mai de l'année 1708, revêtu de la charge de Surintendant des bâtimens. Il a conduit un grand nombre d'édifices de la premiere conséquence, dont il seroit ennuïeux de faire le dénombrement ; ce qu'on doit dire de cet architecte, c'est qu'il s'étoit fait une maniere qui plaisoit à ceux qui ne connoissent pas l'exactitude des regles de l'art. Sa grande application étoit pour la distribution des appartemens qu'il entendoit assez bien, ainsi que la propreté de l'execution, jointe à la vigilance, voulant que ses entreprises fussent tres-promptement terminées, sans se mettre en peine de la bonne construction ni du reste. D'ailleurs comme il étoit fort prévenu de sa capacité, il prétendoit avec hauteur que ses caprices fussent admirez, & l'emportassent sur les regles ordinaires de la bonne architecture.

Jean des MARETZ de *Saint-Sorlin*, poëte en quelque réputation en son vivant, auteur de la *Comedie des Vision-*

naires, du *Poëme de Clovis*, du *Roman* d'*Ariane*, qui a été traduit en Alleman; des *délices de l'Esprit*, & de quelques autres ouvrages. Il est mort le 26 d'Octobre 1676.

Godefroy HERMANT, Chanoine de Beauvais, tres-versé dans les langues savantes. Les vies de quelques saints Peres qu'il a publiées, sont fort estimées. Il est mort le 11 de Juillet 1690, âgé de 71 ans, c'étoit un homme d'une grande & solide pieté, d'un tres-profond savoir, & fort estimé des gens de bien.

Adrien BAILLET est décédé le 21 de Janvier 1706, âgé de 57 ans. La bonté de ses mœurs & son amour pour la retraite & pour l'étude, lui avoient procuré l'estime de ceux qui le connoissoient personnellement. Les nombreux ouvrages qu'il a publiez, l'ont mis dans une grande réputation parmi les gens de lettres ; ils font voir que dans les matieres ausquelles il s'étoit appliqué, rien n'avoit échappé à son travail assidu, & qu'il avoit une grande connoissance de tous les auteurs, tant anciens que modernes. Il est mort dans l'hôtel de Lamoignon, occupé à l'étude jusqu'aux derniers momens de sa vie. Ses principaux ouvrages sont, le *jugement des Savans*, en plusieurs volumes *in quarto*, une *nouvelle vie des Saints* en 4 *vol. in fol.* qu'il a eu le soin de purger de mille choses fausses ou inutiles, qui se trouvent dans les vieux legendaires; & la *vie de Descartes*.

Voici son épitaphe.

HIC JACET

Adrianus Baillet

BELLOVACENSIS,

qui post expressam moribus & scriptis vitam sanctorum, obiit Parisiis, anno salutis 1706, ætatis 56. apud illustrissimum senatus Præsidem de LAMOIGNON, *cujus bibliothecam à 26 annis curabat.*

De cætero, scripta consule.

Posuit testamenti curator, A. FRION, *Professor Marchianus, annuentibus hujus Parochiæ pauperibus heredibus scriptis.*

Il a voulu choisir sa sepulture sous les chatniers de cette Eglise.

Pierre-Silvain REGIS, né dans le Comté d'Agenois en 1631, est mort le 11 de Février 1707. Il étoit de l'Academie roiale des Sciences & excellent Philosophe Cartesien ; & si peu accommodé des biens de la fortune, malgré son mérite & son savoir, que sans une petite pension que le Marquis de *Vardes* lui avoit laissée par testament, & une autre aussi fort legere qu'il avoit sur le sceau, il seroit tombé dans la misere, où sont tous les jours exposez la plûpart des savans vertueux, par la bizarerie de la fortune & le mauvais genie des grands du siecle, qui accablent souvent de bien des gens sans merite & sans honneur. Sa grande réputation lui avoit procuré l'estime de tous les illustres savans de l'Europe, avec lesquels il étoit en relation continuelle. Ses principaux ouvrages sont ; *Systême de Philosophie*, contenant la *logique*, la *métaphysique*, la *physique* & la *morale*, & *l'usage de la raison & de la foi*, ou *l'accord de la foi & de la raison*. Sa sepulture est dans le cémetiere.

COYZEVAUX a fait un petit tombeau pour la famille de D'ARGOUGES, que l'on trouve d'une beauté distinguée.

Il y a aussi dans la même Eglise un

tombeau pour la famille ancienne de du METZ, de l'ouvrage de GIRARDON, orné de figures assez-bien dessinées.

L'*hôtel* de SAINT PAUL, maison roiale bâtie par les soins de *Charles* V. qui y tint sa cour, ainsi que plusieurs Rois ses successeurs, occupoit tout le terrain des environs de l'Eglise de même nom dont on vient de parler, & ces vastes jardins s'étendoient jusques sur les bords de la riviere. On prit ensuite une partie de leur étendue pour l'Arsenal & pour le couvent des Celestins qui occupent un fort-grand espace. Plusieurs rues autour de l'Eglise de saint Paul furent bâties, & retinrent des noms conformes à l'usage que leur terrain avoit occupé dans le jardin de cet hôtel, comme la rue de la *Cerisaye*, la rue de *Beautreillis*, la rue des *Lions*, particulierement celle qui aboutit à la rue saint Antoine & à la riviere du côté des Celestins, que l'on nomme encore à présent la rue du *petit Muc*, & qui devroit être appellée la rue *Petimus*, parce que dans l'espace que cette rue occupe à présent, se trouvoit autrefois l'hôtel des quatre Maîtres des Requêtes, que l'on nommoit l'*hôtel Petimus*, sur ce que les requêtes que l'on presentoit alors en lan-

O vj

gue latine, ainsi que tous les actes judiciaires, commençoient toûjours par le terme *Petimus*.

L'hôtel Saint Paul étoit magnifiquement décoré, comme on le trouve dans quelques auteurs qui en ont parlé. Sous le regne de Charles VI. un historien du même regne dit, que l'appartement du Roi consistoit dans une grande antichambre, une chambre de parade, appellée *la chambre à parer*, la chambre *au giste du Roi*, deux cabinets, une garderobe, la chambre des *napes*, celle de *l'étude*, celles des *bains* & des *tourterelles*; la chambre du *conseil*; avec cela deux *chapelles*, des *étuves*, que l'on nommoit *choffe-doux*; une *volliere*, un jeu de *longue paume*, une *ménagerie* pour les grands Lions, une autre pour les petits; la grande chambre de parade étoit appellée la chambre de *Charlemagne*, qui avoit quinze toises de long, sur six de large. Les mêmes memoires ajoûtent, que les poutres des chambres les mieux ornées, étoient enrichies de fleurs de lis d'estein doré; que les lits étoient de drap d'or, & que les chenets de fer pesoient cent quatre-vingt livres. On ne voit à present aucun reste de ces nombreux édifices, & l'on auroit peutêtre bien de la peine à en trouver leur veritable situation, quoiqu'il n'y ait pas encore longtems que ces grands changemens soient arrivez.

Assez proche de l'Eglise de saint Paul, dans *la rue* DES BARREZ, se trouve LE COUVENT DES FILLES DE L'AVE MARIA. Ces Religieuses sont de l'ordre de sainte Claire. *Saint Louis* avoit mis autrefois des *Beguines* dans cette maison, c'est-à-dire des Religieuses de l'ordre de *sainte Begue*, Flamande d'origine, qui portoient une coeffure, dont elles avoient le visage presque tout caché ; mais le roi *Louis* XI. à la sollicitation de *Charlotte* de *Savoye*, son épouse, y introduisit le Tiers ordre de saint François avec la reforme. Le roi *Charles* VIII. son fils fit bâtir pour les Religieux de l'ordre de saint François, la maison qui est proche, & n'en est separée que par le passage qui conduit à l'Eglise. Il n'y a point à Paris un Couvent de filles plus austere que celui-ci. Outre qu'elles ne mangent jamais de viande & qu'elles ne portent point de linge, elles se levent à minuit, & vont nuds piés, avec l'étroite observance d'un silence perpetuel. Aussi est-il peu de maisons, où il y ait plus de vertu & un plus grand éloignement pour les choses du siecle. Ces Religieuses ne vivent que des aumônes qu'on veut bien leur faire, & n'ont point d'autres recours qu'à la providence, qui ne leur manque jamais, parce qu'il se trouve en cette Ville un grand nombre de personnes de pieté, qui leur font des charitez, dont elles subsistent.

Il y a des tombeaux de quelques personnes de consideration dans l'Eglise de ces Religieuses.

Le plus remarquable est celui de *Claude-Catherine* de CLERMONT, femme d'*Albert* de *Gondy*, Duc de *Retz*, Maréchal de France, laquelle fit honneur à la France par son savoir & par son éloquence. Elle possedoit les langues savantes à un tel point de perfection, que la reine *Catherine* de *Medicis* la chargea de répondre publiquement en latin aux Ambassadeurs de Pologne, qui venoient demander le Duc d'*Anjou* pour Roi, qui fut depuis *Henri* III. roi de France & de Pologne ; ce qu'elle fit d'une maniere si éloquente & si vive, que tout le monde fut charmé de cette nouveauté extraordinaire. Elle est morte dans le mois de Février de l'année 1603, âgée de soixante dix ans. Elle étoit mere de Henri de Gondi Cardinal, Evêque de Paris, & de Jean-François de Gondi premier Archevêque de la même Ville.

On voit encore dans la même Eglise le tombeau de marbre orné de figures & de diverses ornemens travaillez avec quelque soin, de *Charlotte* de la *Tremouille* femme de *Henri* de *Bourbon* prince de Condé, mere de *Henri* II. de *Bourbon Prince de Condé*. Elle est morte le 29. d'Août 1629, âgée de soixante & un ans.

A côté du grand autel, on a déposé le cœur de *Dom Antoine* roi de Portugal, mort à Paris le 26 d'Août 1595, âgé de soixante & quatre ans. On a mis en sa faveur une longue inscription latine, qui marque la plus grande partie de ses fâcheuses avantures. Son corps a été inhumé aux Cordeliers du grand Couvent où il y aura occasion d'en parler encore une fois.

De chaque côté de la porte de ce monastere, reparée depuis quelques années, on a mis la statue de saint Louis & celle de sainte Claire, l'une & l'autre de *Thomas* RENAUDIN, qui a fait quantité de choses estimées.

Un peu plus avant on appercevra l'Hô-

TEL DE SENS, élevé par les soins de *Tristan* de SALAZAR, Archevêque de la même Ville, autrefois la métropole de Paris, qui fut un Prélat vertueux & tres-respecté. Il vivoit sous Louis XII. qu'il suivit dans toutes ses expéditions d'Italie. Son pere étoit un fameux Capitaine Espagnol, qui avoit amené un secours considerable de troupes au roi *Charles* VII. contre les Anglois; & pour récompense le roi *Louis* XI. donna l'Archevêché de Sens à un de ses fils. *Jean* d'AUTON, auteur fidele de ces regnes, dit que ce Prélat alloit à la suite du Roi, armé de toutes pieces comme un General d'armée, & qu'il faisoit toutes les fonctions militaires comme un officier. Il est mort le 11 Fevrier 1518. L'histoire marque encore qu'il étoit avec cela d'une singuliere exactitude pour tous ses devoirs; & qu'aucun Archevêque de Sens n'avoit fait paroître avant lui, plus de zele & de magnificence, pour son Eglise, qu'il enrichit de quantité d'ornemens précieux, ainsi que plusieurs endroits de son Diocese. L'hôtel de Sens à sa mort ne se trouvant pas entierement achevé, le Cardinal *Antoine* du PRAT, un de ses successeurs, y mit la derniere main; lequel, si l'on en croit les Historiens qui parlent de lui, se trouva d'un caractere bien different de son prédecesseur, aussi finit-il ses jours accablé de douleurs & d'inquiétudes, attaqué de la maladie pediculaire dans son château de Nantouillet, le 9 de Juillet 1535, âgé de 72. ans, où il avoit été relegué.

C'étoit un homme qui avoit tout sacrifié pour sa fortune, & qui sorti d'une famille d'Auvergne, assez obscure, s'étoit servi de toutes sortes de voies pour s'élever. Enfin, après avoir passé par plusieurs charges importantes, il étoit parvenu à être legat *à latere*, Chancelier & Archevêque de Sens, où il n'alla jamais de son vivant. On l'accusoit sur tout d'une extrême avarice, & d'aimer peu la justice. Selon les mêmes auteurs, il n'avoit d'autres loix que ses interêts particuliers & la passion du Souverain. C'est lui qui a fait suprimer la pragmatique Sanction ou la liberté des élections des benefices & les privileges de plusieurs Eglises. Il a introduit la venalité des charges de judicature, & a appris en France à faire toutes sortes d'impositions : on lui impute aussi d'avoir divisé l'interêt du Roi d'avec le bien public ; enfin, d'avoir établi cette maxime, *qu'il n'est point de terre sans seigneur.*

On prétend encore qu'il irrita Louife de Savoye, mere du roi François I. princeffe artificieufe, contre le Connétable de Bourbon, qui fut tué au fiege de Rome, pour profiter de quelque morceau des dépouilles de ce Prince, dont il eut en effet la Baronnie de Thierne & de Thoury. *

L'hôtel de Sens a paffé autrefois pour une maifon magnifique, quoiqu'à prefent de quelque maniere qu'on le confidere, tout y paroiffe d'une extrême groffiereté; la porte eft chargée de fculptures Gothiques & flanquées de deux tours conftruites folidement, ainfi que tout le refte de l'édifice. Cet hôtel appartient encore à prefent à l'Archevêché de la même Ville, qui en tire des loiers confiderables, de celui qui tient les voitures de Lyon & de plufieurs autres endroits, lequel y eft tres-commodement logé avec les nombreux équipages.

LA RUE DES BARREZ, où fe trouvent le couvent des filles de l'*Ave Maria* & l'hôtel de Sens dont on vient de parler, tire l'origine de fon nom, du tems que les Carmes occupoient le même lieu

* Mezeray, Blanchart, *hiftoire des Préfidens du Parlement.*

où les Celestins sont établis à presént, parce qu'elle y conduisoit.

Les Carmes étoient autrefois nommez les *Barrez*, à cause d'un manteau à bandes brunes & blanches qu'ils portoient, lorsque le roi saint Louis les amena de la Palestine, qu'ils ont quitté depuis, pour prendre le blanc tout uni, comme ils sont à present.

On trouve dans l'histoire, que l'ordre du Mont-carmel, lequel a pris son origine dans la terre sainte, étoit d'abord distingué par un manteau blanc, que ces Peres avoient reçu du Prophete Elie, qu'ils prétendent avoir été leur Instituteur, quoique cette prétention ne soit pas fort clairement établie dans l'histoire. Ils disent que le Prophete Elie qui fut élevé au ciel dans un chariot de feu, laissa son manteau qui étoit de couleur blanche à Elisée son cher disciple, mais que les Sarasins devenus dans la suite les maîtres de la terre sainte, par la foiblesse, ou par la mesintelligence des Princes Chretiens liguez contre eux, obligerent ces religieux à quitter cette couleur, parce qu'elle etoit particulierement affectée à leurs satrapes, & les contraignirent de porter des manteaux raiez, à bandés de brun & de blanc; ce qu'ils ont pratiqué pendant plusieurs siecles, comme on le voit par de vieilles peintures, qui se trouvent encore à present dans leur cloître de la place Maubert, où elles sont exposées aux yeux du public.

Afin de voir les choses de suite, sans trop s'éloigner des endroits dont on vient de faire la description, il faut s'approcher du bord de la riviere.

LE PONT-MARIE se presente d'abord, qui conduit dans l'Ile de Notre-Dame, dont les premieres fondations furent jettées en 1613, mais l'ouvrage ne fut entierement achevé que longtems après vers l'année 1635. *Christophe* MARIE, associé avec *Poultier* & *François le Regrathier* Tresorier des cent Suisses, entreprit la dépense de cet édifice, à condition que pour se dédommager des frais excessifs qu'ils étoient obligez de faire, on leur donneroit des places dans l'île & sur les bords de la riviere, où ils feroient bâtir des maisons, qui leur appartiendroient en propre, ce qui leur fut accordé. Mais le nom des deux associez n'est plus connu. *Christophe* MARIE a rendu sa mémoire immortelle, étant le seul qui ait eu l'avantage de donner son nom à un édifice public de cette conséquence. L'ouvrage de ce Pont est de pierre de taille, composé de cinq arches, soûtenues sur quatre piles & sur deux culées. Il est couvert de maisons occupées par des artisans de differentes sortes; mais soit que ce fut par la faute de l'Entrepreneur qui avoit mal fondé & construit la pile du côté de l'île, ou bien à cause d'un débordement extraordinaire, une partie de ce Pont fut emportée au mois de Mars de l'année 1658. La perte fut considerable, parce que cet accident fâcheux arriva au milieu de la nuit. Plusieurs personnes perirent miserablement avec quantité de marchandises qui ne purent être sauvées. Depuis quelques années, on a rétabli les deux arches, de la même maniere qu'elles étoient auparavant; mais on n'a pas élevé les maisons dessus; il a même été tres-sagement deliberé de renverser celles qui sont restées, parce que ce pont étant trop chargé, pourroit peutêtre encore souffrir un dommage pareil à celui qui est arrivé.

Ce funeste exemple devroit bien engager les Magistrats à faire raser toutes les maisons qui sont sur les ponts de cette Ville, laquelle d'ailleurs en recevroit de tres-grands avantages, & auroit infiniment plus de beauté, à cause des vûes qui s'étendroient sur la riviere sans aucune interruption, depuis une extremité de la Ville jusqu'à l'autre. En effet rien ne seroit plus magnifique & plus grand, que de pouvoir distinguer l'Arsenal du Pont roial, avec d'autres grands objets qui sont cachez ou offusquez par les maisons des ponts, que l'on decouvriroit d'un coup d'œil, avec une extrême satisfaction. En 1718, on a fait sur ce pont des appuis de pierre de taille pour la commodité de ceux qui sont curieux de voir ce qui se passe sur la riviere.

VEUE DE LA VILLE DE PARIS DU COTE DE L'ISLE N. DAME.

L'ILE DE NOTRE-DAME.

Elle reçoit son nom de l'Eglise cathedrale de Paris, dediée à la sainte Vierge, à qui elle appartient en propre. Toutes les maisons que l'on y voit à present, la plûpart tres-grossierement construites, ont été élevées à diverses reprises, & les plus anciennes n'ont pas été commencées avant l'année 1614. la plûpart desquelles ne furent achevées qu'en l'année 1646.

L'Ile de Notre-Dame que l'on nommoit auparavant l'*Ile aux vaches*, n'étoit autrefois qu'une prérie assez basse, où la populace venoit se promener, au milieu de laquelle étoit une petite chapelle dediée sous le titre de saint Louis, dans le même endroit où est à present la paroisse qui porte le nom de ce Saint. Il y avoit aussi une verrerie à la pointe orientale qui regarde le mail.

Cette Ile est revêtue à present dans toute son enceinte, d'un quai de pierre tres-solide élevé avec une dépense extrême, à cause qu'il est fondé dans l'eau. Les maisons dont elle est remplie, sont la plûpart assez solidement bâties, entre lesquelles il s'en trouve qui pourroient être comparées à des Palais magnifiques, principalement celles qui sont situées à l'extremité du côté de l'Orient, où la Seine se divise en deux bras pour former l'Ile, & où la vûe est d'une beauté & d'une etendue qui a peu de pareille, en quelque endroit qu'elle se puisse découvrir. Toutes les rues en sont dressées au cordeau, & viennent terminer aux bords de la riviere.

Il se trouve quatre quais qui entourent toute l'Ile, dont les noms sont differens, à savoir le quai d'*Alençon*, qui regarde saint Paul; le quai de *Bourbon*, vis-à-vis de saint Gervais; le quai d'*Orleans*, du côté de la Tournelle; & le quai *des Balcons* depuis le pont de la Tournelle jusqu'à la pointe orientale de l'Ile.

LA MAISON
DU PRESIDENT LAMBERT
DE THORIGNY.

Cette belle & magnifique maifon eft fituée dans la partie la plus orientale de l'Ile de Nôtre-Dame. Elle a fon entrée dans la rue faint Louis, qui traverfe l'Ile d'une extrémité à l'autre. La porte de cette maifon eft grande & élevée; & l'ouvrage de la menuiferie des deux grands venteaux, a été faite avec un extrême foin. La cour qui fe trouve au milieu, eft entourée de bâtimens, dont l'exterieur eft décoré d'une architecture Dorique tres-reguliere. L'efcalier eft dans le fond vis-à-vis de la grande porte, la face duquel eft embellie de deux ordres de colonnes, du Dorique & de l'Ionique. Après quelques degrez en perron, il fe prefente un grand palier, où deux rampes viennent prendre naiffance, par le moien defquelles on monte aux appartemens, qui fourniffent tout ce que l'on peut defirer de mieux entendu & de plus exquis.

Le premier de ces appartemens eft

composé d'un vestibule peint en grisaille ; il communique d'un côté à une galerie, qui sert à présent de bibliotheque, peinte de la même maniere, ouverte par sept grandes croisées, dont les vûes donnent sur une terrasse spacieuse, ornée dans le fond de quatre figures antiques de marbre, laquelle sert de jardin à cette belle maison. On ne peut rien desirer de plus riche & de plus agréable que la vaste étendue qui se découvre de cette terrasse, laquelle domine non seulement sur la riviere, mais encore sur un grand lointin orné & rempli de diversitez agréables ; ce qui rend cette situation une des plus heureuses qui se puisse souhaiter. Ce même vestibule dont on vient de parler, sert encore de l'autre côté, d'entrée à une grande sale, ornée de plusieurs peintures rares & excellentes ; entre autres, d'un grand tableau de *Jacques* BASSAN, qui represente l'enlevement des Sabines, estimé un des plus beaux ouvrages de ce peintre renommé, lequel a appartenu autrefois au Maréchal d'*Ancre*, si on en croit *Felibien*. A l'extremité de cette sale on trouve un grand cabinet ; dont le lambris est d'une menuiserie tres-bien dorée, dans les panneaux duquel on voit plusieurs payïsages de PATEL & D'HER-

MANS; & cinq grands tableaux sur une espece d'Attique, qui réprésentent l'histoire d'Enée, peints par ROMANELLI. Le plafond est orné d'un grand morceau de peinture de le SUEUR, qui fait voir la naissance de l'amour. Le tableau qui est sur la cheminée est encore du même maître.

Cet appartement est extrèmement enrichi. On y remarquera des cheminées de marbres rares, avec des glaces du grand volume, des bronzes des mieux dessinez & reparez tres soigneusement, des porcelaines anciennes, des vases de pierres précieuses & de cristal de roche, taillez avec art & garnis d'or émaillé par les plus habiles ouvriers, des pendules, des tables de tres beau marbre sur des piés d'une tres riche sculpture, & d'autres choses de cette sorte placées avec jugement, pour être vûes dans toute leur beauté & pour communiquer de l'agrément aux lieux où elles se trouvent.

Toutes les pieces qui regnent au-dessus, sont à peu près disposées de la même maniere; il y a aussi un vestibule peint en grisaille, au travers duquel on passe pour entrer dans une magnifique galerie, dont le plafond qui represente les travaux d'Hercule, est de le BRUN.

que tous les connoisseurs admirent comme un de ses plus beaux ouvrages. En effet, il étoit occupé à ce travail dans le tems que le SUEUR peignoit les chambres de cette maison ; & comme l'émulation les piquoit vivement l'un & l'autre, le *Brun* fit tous ses efforts pour remporter l'avantage sur son concurrent : ce qui fait que tous ces ouvrages de peintures sont considerez comme les chefs-d'œuvres de ces deux grands maîtres. Les ornemens qui enrichissent ce plafond, répondent heureusement à tout le reste, & ont été executez par les plus habiles ouvriers du tems. On distinguera encore de tres-excellens payisages de differens maîtres, placez entre les fenêtres, avec des bas-reliefs feints de bronze, relevez d'or, sur les tremeaux entre-deux, dont le dessein & l'execution sont d'une grande beauté. La porte de cette galerie est accompagnée en dedans de deux colonnes Corinthiennes toutes dorées. Cette galerie enfin a peu de pareilles en France; & si on la considere avec tous ses riches ornemens de peinture, de sculpture & de dorure, on sera obligé de convenir que l'art le plus correct & le plus exquis s'y fait sentir par tout, avec une satisfaction particuliere.

L'appartement, qui a pour entrée le même vestibule de la galerie dont on a parlé, est composé de plusieurs pieces embellies de dorures & de meubles tres-propres.

On passe ensuite dans un cabinet, où toutes les peintures sont du fameux le Sueur dont on a parlé. Dans le tableau du plafond, on voit Phaéton qui demande au Soleil son pere à conduire son char; cette piece est tout ce que ce grand peintre a fait de plus correct & de plus estimé. L'alcove de ce même cabinet est enrichie de tableaux du même maître, où les neuf Muses sont representées d'une maniere noble & gratieuse, & d'une correction toute particuliere.

On a ménagé dans le comble de cette belle maison, un cabinet de bains, peint aussi par le Sueur, où l'on voit avec une extrême satisfaction, que tout ce qui sortoit de ses mains étoit d'une correction exquise. On peut même ajouter, que les ouvrages qui se trouvent de lui dans les endroits dont on vient de parler, surpassent infiniment tout ce qu'il a fait ailleurs.

La face du bâtiment de cette belle maison, du côté du jardin, ou de la grande terrasse, est enrichie d'une architecture en pilastres Ioniques, qui prennent depuis le rez-de-chaussée, jusqu'à un Attique chargé de vases, qui font de loin une tres-riche décoration. Cette maison a un air de grandeur & de propreté, qui se distingue de loin, & qui donne une idée avantageuse de la magnificence de la Ville de Paris, sur tout à ceux qui y arrivent du côté de Charenton.

Louis le VEAU, premier architecte du Roi, dont on a parlé dans l'article de Vincennes, & en plusieurs autres occasions, a donné les desseins de cette maison; & il faut convenir, qu'il n'a point conduit de plus beau bâtiment que celui-ci.

Tout proche & de l'autre côté de la rue saint Louis, on voit

LA MAISON BRETONVILLIERS.

Cette maison jouit d'une situation encore plus heureuse que celle dont on vient de parler, parce qu'elle est directement située à la pointe de l'Ile; ce qui fait qu'elle est presque environnée des deux bras de la riviere. Elle occupe aussi un terrain plus grand & plus étendu. La maçonnerie des façades, quoique sans aucun ordre d'architecture, est d'une tres-grande apparence, à cause des divers ornemens qui y sont placez à propos. L'escalier est à main gauche, dans un des coins de la cour, bâti avec solidité, ainsi que tout le reste du logis, où les voûtes n'ont pas été épargnées dans les endroits qui pouvoient en avoir besoin. Cette maison est spacieuse & peut fournir toutes les commoditez necessaires au logement d'un grand seigneur. La basse-cour est separée du reste, afin qu'elle ne cause aucune incommodité.

Pour les dedans, il est difficile de rien desirer de plus beau. Les vûes en sont magnifiques; & des fenêtres il semble que les batteaux qui arrivent incessamment chargez de toutes sortes de provisions, pour la subsistance de cette grande Ville, viennent prendre terre aux piés de cette belle maison. On les voit des fenêtres se diviser d'un côté & d'autre, pour aller au port saint Paul, où bien au port de la Tournelle, où ils sont ordinairement déchargez. Les peintures en sont excellentes. BOURDON mort en 1671, dans le mois d'Avril, a peint toute la galerie. Les côtez au lieu de lambris, sont tous remplis de ses ouvrages, qui occupent les connoisseurs, par l'extrême plaisir qu'ils ont de voir dans ces pieces une partie des choses que l'on va chercher en Italie avec tant d'empressement.

En l'année 1710. l'appartement bas a été extrémement embelli & rendu infiniment plus agréable qu'il n'étoit auparavant. Cet appartement un peu plus élevé que le rez de chaussée, est composé d'une grande sale, dont l'entrée donne dans le vestibule qui communique au jardin, duquel on découvre une tres-grande étendue du canal de la riviere dont les rivages sont remplis d'une infinité de belles maisons. Cette grande sale ouverte également des deux côtez est terminée à son extrémité par une cheminée magnifique en son tems qui fait une excellente décoration, à cause des sculptures & de la belle dorure dont elle est enrichie. Les tremeaux de cette sale sont couvers de plusieurs bonnes copies faites par *Mignard*, sur les plus beaux originaux du fameux *Raphael*.

Les chambres qui suivent sont decorées avec beaucoup d'art & de choix.

Le cabinet, la derniere piece de ce bel appartement, a un lambris d'une excellente menuiserie, en couleur de bois, dont les pilastres & diverses sculptures sont recherchées & dorées avec une extrême propreté. La gorge du plafond a aussi ses ornemens dorez sur un fond blanc qui font un effet admirable. Un grand ouvrage de peinture de figure ovale un peu enfoncé, occupe le milieu du plafond, dans lequel sont représentées plusieurs divinitez avec les attributs qui les distinguent ; ce morceau est de *Silvestre*, peintre de l'Academie qui travaille avec bien du succès ; ce qui contribue aussi à faire paroître les beautez de ce cabinet, sont les vûes incomparables dont il jouit, lesquelles n'ont peutêtre point de pareilles, pour leur étendue & pour la diversité des objets sans nombre, qu'elles ont à leur portée.

Il est à propos de remarquer que les

travaux de cette maison ont coûté des sommes immenses, non-seulement pour les décorations qui y sont en abondance; mais encore plus pour les fondations & pour toute la construction, dont la plus grande partie a été prise sur le lit de la riviere & fondée sur pilotis, & ce n'est pas sans étonnement qu'un particulier ait pû fournir à une si grande entreprise. *Benigne le Ragois*, de BRETONVILLIERS, entreprit ce grand ouvrage. Il vivoit sous le ministere du Cardinal Mazarin, qui lui donna bonne part dans le maniment des Finances, où il eut occasion d'amasser de tres-grandes richesses qu'il emploia noblement en cette occasion.

En l'année 1719, cette belle & magnifique maison a été convertie en bureau pour les aydes & pour les entrées de plusieurs denrées qui arrivent incessament à Paris. Tous les beaux appartemens sont à present remplis de commis pour recevoir les droits qui se levent sur le vin & sur mille choses differentes, ce qui se faisoit auparavant à l'hôtel de Charny, proche de la Gréve.

En sortant de cette maison il faut prendre le chemin du QUAY DES BALCONS, ainsi nommé, parce que toutes les maifons qui le bordent, ont des balcons aux fenêtres, pour jouir des vûes charmantes qui se trouvent de ce côté là.

Mais la plus apparente de ce Quay, c'est celle qui a été bâtie par Hesselin, maître de la chambre aux deniers de la maison du Roi, qui en son tems passoit pour un grand amateur des beaux arts & des choses extraordinaires, & qui s'y connoissoit parfaitement. Il fit bâtir cette maison sous la conduite de le Veau. La face est d'une ordonnance gracieuse, sans être embarrassée d'ornemens inutiles & superflus. Les dedans ont leurs beautez particulieres. L'escalier est remarquable, & les chambres sont ornées de plafonds peints par des maîtres excellens. La cour à la verité est petite, parce qu'on n'a pas été en liberté d'y donner plus d'espace, à cause de l'Eglise de saint Louis qui se trouve derriere, cependant l'exterieur du bâtiment de ce côté-là est fort embelli ; ce qui repare ce défaut. Cette belle maison a appartenu à Forcadel, Commissaire aux saisies réelles, mort depuis peu d'années, qui a dépensé au moins cent mille francs, pour la reparer & pour remettre à la mode ce qui n'y étoit plus.

Depuis elle a appartenu à *Claude*

MONERAT, aussi Commissaire aux saisies réelles, favorisé de la fortune pendant un tems, mais qui lui ayant ensuite tourné le dos, lui a fait sentir son inconstance & sa legereté.

Assez proche est la maison de N.º ROUILLÉ, où il y a un escalier qui merite d'être vû, soûtenu de colonnes Ioniques, & enrichi de bas-reliefs : le bâtiment du côté de la cour, est decoré d'architecture où il paroît quelque dessein. Les appartemens de cette maison ont un plein-pié nombreux qui les rend fort agréables.

Dans la rue *Regratiere*, demeure une celebre musicienne, nommée *Elizabeth Claude* JACQUET, veuve de *Marin* de la GUERRE, celebre organiste de son tems & tres distingué dans sa profession. Cette illustre personne possede le jeu de Clavecin dans le dernier degré de perfection, & compose en tout genre de musique d'une maniere merveilleuse. Elle excelle également dans la vocale & dans l'instrumentale, & son rare talent est plûtôt un don de la nature que de l'étude. On a vû quantité de ses productions qui ont charmé tout le monde, &

qui ont reçu de grands applaudissemens des plus delicats à la Cour & à la Ville.

Pierre-François OGIER, Receveur general du Clergé de France, a une maison sur le quai d'Alençon, qui ne se distingue pas beaucoup à l'exterieur, de celles des environs. Les vûes qui regnent sur l'Arsenal & sur les Celestins, sont assez agréables ; mais les appartemens y sont d'une richesse qui va jusqu'à la magnificence : l'or y est prodigué par tout avec profusion, ce qui fait présumer que le maître a travaillé avec succès pour en aquerir.

Il a fait élever à grands frais une grande & magnifique maison à Orly, qui est une des plus remarquables de celles qui se voient aux environs de Paris.

Pour ne rien negliger dans ce quartier, il faut aller dans la rue saint Louis, qui traverse l'Ile, comme on l'a déja dit, où l'on verra

Description de l'Eglise de Saint-Louis.

Cette Eglise est la paroisse de tout le quartier, dont le bâtiment comme on le voit à present a été commencé en l'année 1664, avec assez de regularité & de soin ; il est vrai qu'il y manque encore quelques parties : mais ce qui paroît a été entrepris par des maîtres habiles. *Louis* le V A U, premier Architecte du Roi, a d'abord été employé ; & *J. B.* de CHAMPAGNE, Peintre, neveu de *Philippe de Champagne*, a conduit les ornemens de sculpture qui embellissent cet édifice. *Gabriel* le D U C l'a poussé en l'état où il est ; & c'est sur ses desseins en particulier que la grande porte a été élevée. Elle est ornée de quatre colonnes Doriques isolées avec un entablement & un fronton. Ce morceau d'architecture est remarquable par sa regularité, d'autant plus qu'il est tres difficile d'executer l'Ordre Dorique avec toute la précision qu'il demande, ce que les nouveaux Architectes ont bien remarqué, en ne s'en servant que le plus rarement qu'il leur est possible.

DE LA VILLE DE PARIS. 351
La premiere pierre de la nef fut posée en 1702 avec ceremonie, sur laquelle cette inscription étoit gravée.

REGNANTE LUDOVICO MAGNO, *Eminentissimus S. R. E. Cardin.* LUDOVICUS-ANTONIUS DE NOAILLES, *Archiepiscopus Parisiensis, Dux Sancti-Clodoaldi, Par Franciæ, Reg. Ordin. Commendator, primarium lapidem Navis hujus Ecclesiæ, in honorem sancti* LUDOVICI *Deo dicatæ, posuit, Anno Dom.* 1702. *die* 7. *Sept. Jacobo Luillier Doctore & Socio Sorbonico Pastore: Benigno le Ragois Domino de Bretonvilliers, in Camerâ Computorum Præside, Ludovico Bengy in eadem Correctore Camera, Ædituis honorariis: & Maturino Campagneux Pharmacopolarum Parisiensium Præfecto, Petro Ticquet in Senatu Parisiensi causarum actore, Ædituis ærarii.*

Dans ces dernieres années, c'est-à-dire

1713 & 1714, on a achevé la partie de la nef qui restoit à faire, & tout cet édifice est à present dans sa perfection, ou peu s'en faut. Une lotterie accordée à cette Eglise n'a pas peu contribué à continuer les ouvrages qui y manquoient; & ce secours ne lui a pas été inutile, non plus qu'à plusieurs autres Eglises qui ont obtenu cette faveur, lesquelles en ont touché des sommes considerables.

Le tombeau d'*Antoine* de VYON D'HEROUVAL, auditeur à la chambre des Comptes, est dans cette Eglise. Son nom est tres-celebre parmi les savans de son siecle, à cause des grands services qu'il leur a rendu, en leur communiquant avec une affection toute particuliere, les titres de la Chambre des Comptes, pour en tirer des lumieres tres-utiles à l'histoire ; aussi pour lui marquer leur sincere reconnoissance, ils ont mis son nom dans la plûpart de leurs ouvrages, afin de le faire connoître à la posterité, & peutêtre aussi afin d'encourager ceux qui pourroient rendre les mêmes services au public, à en faire de même.

Cette épitaphe se trouve proche de son tombeau.

Hic jacet immortali vir memoria dignus,

D. D. ANTONIUS DE VYON D'HEROUVAL *Eques,*

Regi à Consiliis, & in suprema Rationum Curia Auditor,
generis splendore apud Veliocasses clarus,
pietate, innocentia, ac doctrina commendabilis,
qui abstrusa veterum actorum monumenta
Multo labore investigavit,
Sedula cura congessit,
Sagaci judicio indagavit,
Benigna liberalitate communicavit.
Gloriam quippe mereri potius ducens quàm consequi,
Alienis servire commodis quàm propriis.
Rem ornare publicam, quàm privatam augere;
Sub bene multorum hujus ævi scriptorum nomine.

Reconditioribus antiquitatis thesauris Ætatem nostram locupletavit. Natus XVIII. Kal. Octob. incarn. Verb. M. DC. IV. *Obiit III. Kal. Maii.* M. DC. LXXXIX.

Philippe QUINAUT, né à Paris, Auditeur à la Chambre des Comptes, & de l'Académie Françoise, est inhumé dans la même Eglise. Il avoit un talent admirable pour la poésie lyrique. On a de lui plusieurs pieces de theatre, qui ont eu du succès ; mais en quoi il a le mieux réussi, & ce qui lui a fait une plus grande réputation, a été ses nombreux operas, que *Lully* a fort embellis & fort animez par le feu de sa musique. Ce qui leur a aussi donné du succès, a été la delicatesse des sentimens & quelques points de morale tendre que l'on y remarque. Il est mort le 26 de Novembre 1688, âgé de 55. ans. Depuis sa mort on a fait plusieurs operas, mais il n'en a paru aucun qui ait égalé les siens & qui ait eu le même succès & la même approbation.

On a trouvé après sa mort plusieurs pieces qui meriteroient bien de voir la lumiere, entre lesquelles étoit une épitaphe qu'il avoit composée exprès, pour mettre sur le lieu de sa sepulture, dont voici la copie.

Passant arrête ici pour prier un moment,
C'est ce que des vivans les morts peuvent attendre.
Quand tu seras au monument,
On aura soin de te le rendre.

On doit sortir de l'Ile de Nôtre-Dame par le PONT DE LA TOURNELLE, l'un des trois qui ont été bâtis pour y arriver, lequel est de pierre de taille d'une assez bonne fabrique, avec un trottoire de chaque côté pour la commodité des gens de pié, à l'imitation du Pont-Neuf. Ce Pont qui n'étoit autrefois que de bois a été construit & élevé avec assez de soin & de solidité.

On lit cette inscription gravée dans un marbre noir, attaché sur la premiere pile du côté de la pointe orientale de l'Ile.

Du REGNE DE LOUIS XIV.
DE LA PREVÔTE' DE MESSIRE
ALEXANDRE DE SEVE

PRÉVÔT DES MARCHANDS, &c.
CE PRESENT PONT A ESTE' BASTI.

Ces deux vers font plus bas.

Ædiles recreant submersum flumine
pontem,
Non est officii, sed pietatis opus.
1656.

LE PONT DE LA TOURNELLE a reçû son nom d'une tour quarrée qui se trouve à l'extrémité sur le bord de la riviere du côté du midi, dans laquelle on renferme ceux qui sont condamnez aux galeres, qui y sont gardez étroitement, jusqu'à ce que le nombre soit suffisant, pour remplir la chaîne que l'on mene de tems en tems avec escorte à Marseille, où ces malheureux sont ordinairement distribuez, pour le service des galeres du Roi.

Le lieu où ils sont gardez à present, étoit autrefois une vieille tour presque abandonnée que le roi Louis XIII. & le Prevôt des Marchands accorderent en 1632, à Vincent de Paul, qui avoit formé l'institution de sa congregation dans le College des bons Enfans, qui n'en est pas éloigné. Les galeriens y furent nouris pendant quelques années des charitez publiques ; mais en 1639, il se trouva un particulier qui donna six mille livres de rente pour leur subsistance. Le Procureur general a l'inspection sur le temporel, & le Curé de saint Nicolas du Chardonet se chargea du spirituel, qui y envoie des Ecclesiastiques pour leur faire des exhortations & pour leur administrer les Sacremens.

Divers desseins ont été autrefois proposez pour rendre la communication de l'Ile de Nôtre Dame & de l'Ile du Palais, plus commode & plus facile qu'elle n'est à present.

Sous le ministere du Cardinal de Richelieu, il se presenta des entrepreneurs, qui proposerent de faire un massif de terres rapportées, qui auroit été revêtu de deux quais de pierre de taille solidement construits du côté de la Greve, & du côté de la Tournelle, au milieu duquel on auroit pû former une place de grandeur raisonnable ; mais on craignit avec raison, que dans les débordemens extraordinaires de la riviere, ce qui arrive assez souvent, la fureur de l'eau ne fit quelque ravage dans le canal du côté de l'Hôtel-Dieu qui est fort serré, & a peu de profondeur.

On a depuis eu envie de faire dans le même endroit un pont de pierre ; mais il s'eſt auſſi trouvé d'autres difficultez à cauſe des avenuës que l'on n'auroit pû prendre qu'en renverſant quantité de maiſons qui appartiennent à divers particuliers, dont le rembourſement n'eut pas été aiſé à faire ; d'ailleurs cette grande & magnifique entrepriſe eût engagé à faire un quay de longue étendue, pour l'emplacement duquel il auroit fallu détruire pluſieurs édifices. Il devoit terminer à l'horloge du Palais à l'extrémité du pont au Change, ce qui n'eût pû s'executer qu'avec des travaux & des dépenſes immenſes ; mais auſſi cette grande entrepriſe auroit procuré à toute la Ville des comoditez infinies, par la communication aiſée qu'elle auroit donné à divers quartiers auſquels on ne peut aller que par de fort grands détours.

Avant que de paſſer dans les quartiers qui ſont du côté du midi, il ne ſera pas tout à-fait hors de propos de dire quelque choſe de la *riviere de* SEINE, qui coupe la Ville en deux parties preſque égales.

Cette riviere n'eſt pas des plus grandes du roiaume, quoique les geographes la mettent entre les quatre fleuves les plus considerables de la France. Il est vrai qu'il y a quelques rivieres qui la surpassent par la longueur de leur cours & par l'abondance de leurs eaux; d'ailleurs il y en a peu dont le commerce soit plus étendu, & qui passe par des provinces plus riches & plus fertiles, d'où elle voiture des batteaux qui ont jusqu'à dix-huit toises d'une extrémité à l'autre.

Ce qui rend encore la Seine tres-considerable, c'est qu'elle reçoit un tres-grand nombre de rivieres mediocres, par le moien desquelles elle a communication avec les parties les plus éloignées du roiaume.

La *Seine* a encore ce grand avantage, qu'elle procure à cette Capitale les marchandises qui viennent des deux mers avec assez de facilité. Celles de la mer Mediterranée par le fameux *canal* de BRIARRE, dont l'invention & l'execution tiennent du prodige, qui a été mis dans la perfection où il est, le 20 de Mars 1641, sous le ministere du Cardinal de *Richelieu*. A l'égard des marchandises des payis les plus éloignez, qui viennent par l'Ocean, elle les reçoit par son propre canal, qui se dégorge dans la grande mer au *Havre de Grace*, bâti par le roi

François I. pour en défendre l'embouchure aux ennemis de la France. Toutes ces commoditez ont beaucoup contribué à la grandeur de la Ville de Paris, & servent infiniment à y entretenir l'abondance necessaire de toutes sortes de denrées & de provisions : car outre les nourritures de diverses especes, la Seine voiture encore les materiaux pour les bâtimens, comme les marbres qui viennent des payis les plus éloignez, la pierre, le bois & le fer. Sans parler de la butte de Montmartre & de celle de Belleville, qui fournissent abondamment le plâtre, avec lequel on construit aisément les maisons & d'une maniere tres propre ; que si la solidité répondoit à la facilité & à la beauté de bâtir qu'il procure, on ne pourroit rien désirer de plus avantageux pour la construction des édifices de conséquence.

La *riviere* de SEINE prend sa source en Bourgogne, assez proche de la ville de Dijon, dans un lieu nommé *Sain-sene*, ou du moins dans son voisinage, proche du grand chemin de Dijon à Paris. Ses eaux ne sont pas à la verité des plus abondantes, ni des plus poissonneuses, mais en recompense le poisson qu'elle produit est fort estimé. Dans la longueur de son cours elle n'a rien d'extraordinaire,

DE LA VILLE DE PARIS. 361
re, fi ce n'eſt qu'au deſſous de Paris &
dans la Normandie par où elle paſſe pour
ſe jetter dans la mer, elle ſerpente beaucoup plus qu'aucune riviere de ſa grandeur. Sa courſe eſt aſſez lente ; ce qui la
rend fade & inſipide en été, à cauſe de
l'évaporation conſiderable qui ſe fait de
ſes eaux dans cette ſaiſon ; & en hyver
elle eſt preſque toujours trouble & bour-
beuſe, parce que la *Marne* y communique quantité de limon des terres graſſes
qu'elle arroſe : mais cela ne s'apperçoit
qu'au deſſous du village de Conflans,
où cette riviere ſe perd dans la Seine,
dont Paris cependant reçoit des incommoditez aſſez fâcheuſes, pendant quelques mois de l'année.

On a trouvé dans pluſieurs obſerva-
tions faites par d'excellens mathematiciens, qu'elle n'a qu'un pié ou deux de
pente par lieue pour ſon écoulement ; ce
qui n'eſt pas fort-conſiderable, par rapport à la longueur de ſon cours, qui va
d'Orient en Occident.

Tome II.   Q

LA PORTE SAINT BERNARD.

APrès avoir vû l'Ile de Nôtre Dame & paſſé le pont de la Tournelle, cette porte eſt la premiere choſe qui ſe preſente à la vûe. Elle prend ſon nom du College des Bernardins, qui eſt dans le voiſinage. BLONDEL, qui fut chargé d'y travailler pour la rétablir, dit dans ſon cours d'architecture, qu'il a eû extrémement de peine à venir à bout de ce *rabillage*, pour ſe ſervir de ſes propres termes, à cauſe des chambres qui ſont dans l'épaiſſeur que l'on a voulu menager dont il étoit tres-aiſé de ſe paſſer, parce qu'elles ſont inutiles & qu'elles ne procurent aucune commodité, ce qui fait un vilain effet & contraire abſolument aux regles preſcrites par les architectes.

Toute la largeur de l'édifice de cette porte, eſt de huit toiſes, dans laquelle il y a deux ouvertures & une pile au milieu, & la hauteur a un peu plus que la largeur. Un grand Attique en maniere de piédeſtal continu regne ſur un entablement ſoûtenu par une corniche, dont les mutules ſont aſſez bien travaillez. Les

LA PORTE SAINT BERNARD

faces de cette porte dans toute leur étendue sont occupées par des bas-reliefs executez par *Baptiste* Tuby, sculpteur tres-habile.

Du côté de la Ville, le roi est representé, qui répand l'abondance sur ses sujets; & au dessus dans l'Attique, on lit en grands caracteres gravez en creux:

LUDOVICO MAGNO
ABUNDANTIA PARTA
PRÆF. ET ÆDIL. PONI
CC.
ANN. R. S. H. M. DC. LXXIV.

Sur la face qui regarde le faubourg, le Roi paroît habillé en divinité antique, tenant le gouvernail d'un grand navire qui vogue à pleines voiles avec cette inscription, qui est de la composition de Blondel, de même que la premiere.

LUDOVICI MAGNI
PROVIDENTIÆ
PRÆF. ET ÆDIL. PONI
CC.
ANN. R. S. H. M. DC. LXXIV.

Sur les piles au dessous de l'imposte, on a representé des vertus, qui ont du raport aux sujets contenus dans les deux bas-reliefs.

Il faut savoir pour l'intelligence de la premiere inscription, que le Roi avant la construction de cette porte, avoit supprimé un leger impôt mis sur des marchandises, qui entrent ordinairement dans la Ville de ce côté-là, & que le Prevôt des Marchands avec les Echevins, qui paroissent toûjours attentifs au soulagement du peuple & à la gloire de ceux qui regnent, ont voulu marquer leur reconnoissance par ce monument érigé tout exprès.

Sur le bord de la riviere, entre plusieurs chantiers on découvre une maison particuliere assez bien bâtie, composée d'un corps de logis & de deux aîles en maniere de pavillons. L'escalier est placé au milieu, pour communiquer l'un & à l'autre. Cette maison tournée à l'Orient du côté de la campagne, jouï d'une vûe tres-agréable. Elle est de *Gabriel* le Duc, architecte habile, duquel il y a d'assez beaux édifices en cette Ville

L'ABBEÏE ROIALE
DE SAINT VICTOR.

DE toutes les maisons regulieres de Paris, celle-ci est une des plus renommées & des plus considerables. *Pierre* du *Cambout* de COISLIN, *Cardinal Evêque d'Orleans, grand Aumônier de France*, mort en 1706, en a été autrefois Abbé. C'est à present le *Cardinal* GUALTIERO, ci-devant Nonce de S. S. en France, qui en est en possession, par la nomination de *S. A. R. Philippe* de France, Duc d'Orleans défunt, ci-devant Regent du roiaume.

Cette maison est assez ancienne. *Louis le Gros*, roi de France, donna des biens en abondance pour l'entretien des Chanoines reguliers qu'il y établit. Il fit construire une Eglise dans le même endroit, où se voit encore à present une vieille chapelle derriere le chœur, restée de son tems. On croit cependant qu'il y avoit déja des moines dans cette maison établis bien auparavant, sous le titre de prieuré dépendant de l'ancienne abbéie de saint Victor de Marseille, qui fut érigé en abbéie sous *Louis* le *Gros*, vers l'année 1113 ; mais cette maison devint dans la suite, une des plus celebres & des plus floriſſantes de toute l'Europe, pour les ſciences, à cauſe des hommes doctes qui y parurent, particulierement eu Philoſophie & en Theologie, leſquels attirerent un concours extraordinaire d'auditeurs de divers endroits, dans un ſiecle où l'ignorance regnoit abſolument par tout ailleurs. *Guillaume de Champeaux* Archidiacre de Paris, depuis Evêque de Châlons, fut le premier qui établit la congregation de ſaint Victor, & en fut Superieur dès ſon commencement.

On vit enſuite *Hugues*, *Richard*, & *Pierre Comeſtor*, ou le *mangeur*, lequel après avoir été Doien de l'Egliſe de Troyes, ſe fit Chanoines regulier dans cette Abbéie, où il compoſa ſon hiſtoire Eccleſiaſtique. On pourroit encore rapporter un grand nombre d'autres illuſtres, dont on trouve les noms dans l'hiſtoire. Il faut ſeulement ajoûter qu'entre tous les grands hommes qui ont paru dans cette ancienne maiſon, *Pierre Abaylard* ne s'eſt pas moins diſtingué par ſon eſprit que par les fâcheuſes avantures qui lui ſont arrivées, dont on parle encore depuis pluſieurs ſiecles. Il eſt mort dans le prieuré de ſaint Marcel ſur Saone, le 2 d'Août 1143, âgé de soixante & trois ans. *Heloïse*, qui avoit toûjours conservé pour lui une affection pleine de tendresse, demanda que son corps lui fût envoyé : elle le fit enterrer dans l'Eglise du *Paraclet*, proche de Nogent sur Seine dans le diocèse de Troyes, dont elle étoit fondatrice & premiere Abbesse, & voulut être inhumée à ses côtez. *Abaylard* s'étoit aquis une grande réputation parmi les savans qui vivoient alors, malgré quelques opinions erronées, qu'il fut obligé de désavouer publiquement. *Pierre* le Venerable voulut faire son épitaphe, & ses œuvres ont été compilez par *François d'Amboise*, dans lesquels on trouve ses épitres & celles d'*Heloïse*, avec l'histoire des tristes avantures arrivées à l'un & à l'autre. Ces épitres ont été traduites en François depuis quelques années, d'une maniere polie & tres-agréable.

Le terrain que cette maison occupe, est fort étendu, les jardins sont grands & spacieux, mais les édifices, entre lesquels il y en a beaucoup d'anciens, sont tres-grossiers.

L'Eglise de saint Victor a été rebâtie comme elle est à présent sous le roi *François* I. en 1517, & n'est pas même encore achevée entierement, quoique cette communauté de Chanoines reguliers, la plus confiderable & la plus ancienne de Paris, poffede de grands biens. Elle eft d'un deffein Gothique corrompu, c'eft-à-dire moins leger & moins correct dans fa maniere, que les beaux édifices en ce genre, qui reftent encore fur pié. L'interieur n'a rien du tout qui foit remarquable. On a fait cependant quelques embelliffemens au grand Autel; mais on fe propofe d'autres ouvrages, d'une invention fi bien imaginée, qu'on verra peu de chofes ailleurs, d'une idée plus noble & plus magnifique, de quoi on conviendra fans peine, fi on examine les crayons, qui ont été donnez par *Gilles-Marie* OPPENORD, habile architecte, qui fe voient dans la bibliotheque de cette maifon.

On conferve depuis plufieurs fiecles de tres-belles reliques dans la facriftie, entre lefquelles on eftime fort une croix donnée par le roi *Louis* le Gros, dans laquelle Il y a une portion confiderable du bois de la vraie Croix. L'ouvrage de ce reliquaire eft fi ancien, qu'il eft attribué à faint Eloy, qui vivoit fous le regne de *Dagobert* I. Le pié de *faint Victor* fut donné à cette Abbéie par *Jean* Duc de *Berry*, qui l'avoit reçu du pape Urbain V. auparavant Abbé de saint-Victor de Marseille.

Ce qu'il y a de plus considerable à voir dans cette maison, c'est la bibliotheque, une des plus nombreuses & des mieux assorties qu'il y ait à present en cette Ville. Elle est composée de tous les livres rares & necessaires, pour quelque sorte d'étude que ce puisse être, entre lesquels on compte plus de trois mille manuscrits, conservez dans un cabinet particulier qui se trouve à l'extremité, dont quelques-uns sont fort anciens & fort rares. Elle est publique trois fois la semaine ; à savoir le Lundi, le Mercredi & le Samedi ; & s'il se trouve des fêtes dans ces jours-là, elle est ouverte le jour suivant, afin que les personnes studieuses n'en reçoivent pas d'interruption. Elle a été donnée à cette condition aux chanoines de saint Victor, qui s'aquitent exactement de ce devoir auquel ils se sont engagez.

Henry du Bouchet de BOURNONVILLE, Conseiller au Parlement, poussé d'une ardente passion pour les sciences & pour le secours des personnes studieuses, a donné sa bibliotheque à cette maison, à condition qu'elle seroit publique,

& en même tems il y attacha des rentes assez considerables, non-seulement pour l'entretenir, mais encore pour l'augmenter des nouveautez qui paroissent tous les jours.

On a mis proche de la porte le buste en marbre de ce genereux bienfaiteur, afin qu'il fût vû de tous ceux qui reçoivent de l'utilité du magnifique don qu'il a fait à la république des Lettres, avec cette inscription, pour le mieux faire connoître à la posterité :

EPITAPHIUM.

SISTE VIATOR:
HIC INTER SANCTORUM
DOCTORUM,
NOBILIUMQUE RELIQUIAS,
MISCENTUR CINERES
HENRICI DU BOUCHET,
IN SUPREMA GALLIARUM CURIA
SENATORIS,
CUI
NOBILE BUCHETIORUM, ELBENÆRUMQUE GENUS;

DE LA VILLE DE PARIS. 371
SANCTITAS,
INTEGRITAS SINGULARIS
IN MUNERE,
DOCTRINA ET ERUDITIO IMMENSA;
CUJUS MONIMENTUM ÆRE
PERENNIUS RELIQUIT
IN PRÆCLARO BIBLIOTHECÆ DONO,
QUA REMP. LITERARIAM
COHONESTAVIT,
IN HAC REGALI ABBATIA,
MUSARUM APOTHECA,
IMMORTALITATEM CONSCIVERE.
TU NE INGRATUS ABSCEDE,
VITA FUNCTO BENE PRECARE,
A QUO TU
IMMORTALITATEM
NANCISCERE ACCEPISTI.
Obiit æra Christi An. 1654.
DIE 23. APRILIS
ÆTATIS 61.

Louis COUSIN, President à la Cour des monoies, decedé en 1707, a donné par testament sa Bibliotheque composée de quantité d'excellens volumes pour aug-

Q vj

menter celle-ci. Tous les ans, un Chanoine de la maison doit prononcer publiquement un discours latin qu'il a fondé, sur l'utilité des études.

La congrégation de saint-Victor, a produit, comme on l'a déja dit, de tres-grands hommes dans les siecles passez, qui ont laissé de savans ouvrages, principalement sur la theologie que l'on enseignoit publiquement dans cette maison, dont l'exercice n'a cessé qu'en l'année 1514. c'est-à-dire dans le tems que la reforme y a été établie, sur le pié qu'elle est à present.

On a jugé à propos de rapporter ici les épitaphes de quelques-uns des plus illustres, qui se trouvent encore à present dans l'Eglise & dans le cloître.

HUGUES de *Saint-Victor*, celebre Theologien né à Paris, mais Flaman d'origine, est mort en 1139, âgé de 43 ans. Il entra dans la congrégation de saint-Victor, lorsque cette Communauté étoit encore sous la direction de Gilduin son premier Abbé.

Voici son épitaphe que l'on peut encore lire dans la chapelle de saint-Denys où elle fut transportée en 1335 du cloître où elle étoit.

*Conditur hoc tumulo doctor celeber-
    rimus* UGO,
*Quem brevis eximium continet
    urna virum,*
*Dogmate præcipuus, nullique secun-
    dus in ore,*
Claruit ingenio, moribus, ore, stilo.

ADAM de *Saint-Victor*, mort en odeur de sainteté en l'année 1177, a composé plusieurs hymnes que l'on chante encore dans les Eglises de France. Son épitaphe qui suit, est de sa composition.

*Hæres peccati, natura filius iræ,
    Exiliique reus, nascitur omnis
        homo.
Unde superbit homo? cujus conceptio
        culpa,
    Nasci pœna, labor vita, necesse
        mori.
Vana salus hominis, vanus decor,
        omnia vana,
    Inter vana nihil vanius est ho-
        mine.*

Dum magis alludit præsentis gloria vitæ,
Præterit, imo fugit, non fugit, imo perit.
Post hominem vermis, post vermem fit cinis heu, heu,
Sic redit ad cinerem gloria nostra simul.
Hic ego qui jaceo miser & miserabilis ADAM,
Unam pro summo munere posco pacem.
Peccavi, fateor, veniam peto, parce fatenti:
Parce pater, fratres parcite, parce Deus.

Pierre COMESTOR, ou le *mangeur*, auteur d'une histoire Ecclesiastique, qu'il publia en 1172, est mort en 1198. Voici son épitaphe.

PETRUS *eram quem petra tegit,*
Dictusque COMESTOR,
Nunc comedor: vivus docui
Nec cesso docere.

Mortuus, ut dicat qui me videt incineratum,
Quod sumus iste fuit,
Erimus quandoque, quod hic est.

Leonius ou *Leoninus*, né à Paris, poëte estimé dans son siecle, aussi chanoine de cette maison, vivoit sous le regne de Louis VII. vers l'année 1154. Il composa douze Livres en vers heroïques sur la Bible depuis la creation du monde jusqu'au Livre de Ruth, dont voici le commencement.

Historia sacra gestas ab origine mundi,
Res canere & versu facili describere conor.

Jean Picard, étoit un savant, qui a écrit sur les épitres de saint Bernard, avec bien de la solidité. Il est mort en 1617.

Jean-Baptiste de Santeul, né à Paris, excelloit dans la poésie latine, comme on le voit par les beaux vers de sa composition, gravez sur toutes les fontaines de cette Ville. On trouve aussi de ses hymnes dans les nouveaux breviaires d'Orleans, de Clugny & d'autres Eglises de même que dans celui de Paris, à la place de quelques anciennes qu'on a jugé à propos de supprimer. Il étoit connu sous le nom de *Santolius Victorinus*, & le volume des ouvrages qu'il a mis au jour, est fort estimé de ceux qui aiment la belle poésie latine. Il s'étoit aquis tant de reputation par ses poésies, qu'il ne fut pas oublié dans la pleiade des sept Poëtes latins, qui fut formée de son tems à Paris. Les autres étoient le P. *Rapin*, le P. *Comire* & le P. *de la Rue*, Jesuites, *Menage*, du *Perier* & *Petit*, Docteurs en medecine.

Ces vers sont gravez dans le cloître sur un marbre blanc, proche du lieu de sa sepulture.

F. JOANNIS BAPT. DE SANTEUL

Parisini, Subdiaconi & Can. nostri

EPITAPHIUM.

Quem superi præconem, habuit quem Sancta Poetam
Religio, latet hoc marmore SANTOLIUS.
Ille etiam Heroas, fontesque, & flumina & hortos
Dixerat : at cineres quid juvat iste labor ?

Fama hominum, merces sit versibus aqua profanis,
Mercedem poscunt carmina sacra Deum.
Obiit anno Domini M. DC. XCVII.
nonis Augusti
ætatis LXVI. *Professionis* XLIV.

Cette épitaphe est de la composition de *Charles* de ROLLIN, Professeur roial en éloquence, de l'Académie des belles Lettres, tres-versé dans la belle & savante litterature.

Dans le chœur de l'Eglise, est inhumé *Claude* LISET, premier Président du Parlement. Il s'éleva à cette grande dignité par son merite, sous le roi François I. à qui il fit connoître sa capacité à l'occasion du procès de Louise de Savoye sa mere, contre le connétable Charles de Bourbon : la duchesse de Valentinois à laquelle il ne plaisoit pas, l'obligea de se défaire de sa charge, sous le roi Henry II. en l'année 1550. qu'il avoit neanmoins exercée avec beaucoup d'honneur l'espace de vingt années ; & d'un autre côté le cardinal de Lorraine pour faire sa cour à cette Duchesse, lui fit des affaires à la Cour sous des pretextes assez legers. Comme il étoit homme de bien, il mourut fort peu accommodé des faveurs de la fortune ; cependant afin qu'il pût subsister & tenir quelque rang, on lui donna cette Abbéie ; ce qui l'engagea à se faire prêtre. Il est mort en l'année 1554. & pour marque de sa probité, il laissa aux pauvres par testament le peu de biens qu'il possedoit à sa mort.

Louis MAIMBOURG a fini ses jours dans cette maison. Les peres Jesuites furent obligez de l'exclure de leur compagnie, par ordre du Pape Innocent XI. à cause de quelques livres qu'il avoit écrit sous son Pontificat, avec trop de liberté contre la cour de Rome. Il est mort le 13 d'Octobre 1686, âgé de soixante & dix-sept ans. Ses œuvres ont eu du cours pendant sa vie & en ont encore chez les lecteurs qui ne cherchent pas à approfondir l'histoire, & qui se contentent d'une lecture aisée qui tient du Roman.

Ismael BOUILLAUD, Mathematicien tres-habile, s'étoit retiré dans saint-Victor, pour vacquer plus en repos à son salut & à ses études. Il est mort le 25. de Novembre 1694. On a de ce savant auteur des dissertations, sous le nom de *Philolaus*, du veritable systême du monde, un traité *des lignes spirales*, un grand œuvre *in fol.* sous ce titre, *Opus ad arithmeticam infinitorum, libris sex com-*

prehensum, & plusieurs autres ouvrages qui font voir sa grande application au travail & une profonde doctrine. Il étoit né à Loudun de parens Calvinistes dont il abjura l'heresie, & se fit prêtre ensuite; on l'employa à diverses négociations, dans lesquelles il réussit fort avantageusement.

Sur une fontaine placée au coin des murs de clôture de cette maison, on lit ces vers de SANTEUL, au sujet de la Bibliotheque qui est publique.

QUÆ SACROS DOCTRINÆ APERIT
 DOMUS INTIMA FONTES
 CIVIBUS EXTERIOR, DIVIDIT
 URBIS AQUAS.

Cette fontaine, comme on le dira ailleurs, étoit proche de la porte des Barnabites dans le quartier du Palais, où il se trouve une petite place dans laquelle étoit la maison de Jean Chatel qui attenta à la vie du roi Henry IV.

L'HÔPITAL DE LA PITIE' se découvre vis-à-vis de cette fontaine, & fait face à la rue saint-Victor. Cet hôpital fut établi en l'année 1612, c'est-à-dire long-tems avant l'Hôpital general, dont il fait cependant à prefent une partie. On entretient dans la *Pitié*, quantité de jeunes enfans des deux fexes, qui font occupez à divers ouvrages, dont on tire une bonne partie de leur fubfiftance & de leur entretien.

Derriere la Pitié il y a encore un autre hôpital pour cent filles, fous le nom de SAINT-ANTOINE DE LA MISERICORDE, fondé par le Prefident *Antoine Seguier*, oncle de l'illuftre Chancelier *Pierre Seguier*. Il legua pour cette fondation la fomme de dix-huit mille livres de rente; ce qui doit faire connoître la charité & le zele ardent que ce magiftrat avoit pour les pauvres, qu'il fecouroit de tout ce qui pouvoit dépendre de fon crédit & de fon bien. Il eft mort au mois de Novembre 1624.

Tout ce quartier eft rempli de couvens & de communautez de filles, où il n'y a rien à remarquer.

Dans SAINTE-PELAGIE, qui fait une partie de l'Hôpital général, il y a deux differentes communautez de filles repenties, fous la même clôture: mais cependant séparées & sans aucune communication. Elles ont deux chœurs qui ont vûe sur la même Eglise. L'une de ces communautés se nomme, la *maison de bonne volonté*; l'autre *la maison de force*. Dans la premiere, ces filles ont l'habit & le voile de religieuse ; & dans l'autre elles sont sous la correction, quand elles ne se soumettent pas aux regles de la maison, & qu'elles ne font pas leur devoir.

On voit dans leur Eglise une épitaphe de marbre de la main de Coysevox, pour le chancelier d'*Aligre*, qui a fait beaucoup de bien à cette maison.

LE JARDIN ROIAL.

Dans la grande rue qui conduit à saint Victor, & qui regne à côté de la Pitié, on trouve le *Jardin roial*, dont le premier établissement a été fait par le roi Louis XIII. vers l'année 1626 pour la culture des plantes médecinales, & pour en faire la démonstration aux étudians. On doit ce bel & utile établissement aux remontrances & aux pressantes sollicitations de *Guy* de la *Brosse*, Medecin ordinaire du Roi. Ce *Guy* de la *Brosse*, habile medecin, fut le premier Professeur en Botanique ; & on remarqua que par ses soins il rendit en tres-peu d'années ce jardin celebre & tres riche en plantes extraordinaires, qui n'avoient point encore été vûes en ces payis ci pour la plûpart. Cependant on trouve aussi dans quelques memoires particuliers, que *Jean Robin* avoit déja commencé quelque chose de pareil dans le même lieu, par les ordres du roi *Henry* IV. ce qui ne dura pas longtems.

Tout le jardin ne consistoit alors que dans l'espace que le parterre occupe à present; & n'avoit pas une plus grande étendue, mais comme il se trouvoit trop serré, on fit l'aquisition de quelques jardins du voisinage pour l'agrandir. Le Cardinal *Mazarin* augmenta cette fondation sous son ministere; & J. B. COLBERT, pendant le tems qu'il a occupé la charge de Surintendant des bâtimens, de laquelle le jardin roial dépendoit alors, n'oublia rien pour rendre cet établissement utile & fort salutaire au public.

On doit remarquer qu'une partie de ce jardin est occupée par une butte, autour de laquelle regne une allée en spirale, bordée d'arbustes de differentes especes, à hauteur d'appui. Du haut de cette butte, ou éminence, qui est assez élevée, on découvre une vûe agréable qui s'étend du côté du faubourg saint Antoine, sur les hauteurs & sur les campagnes voisines: on distingue même tres-aisément le château de *Vincennes*, avec ses hautes tours quarrées; la magnifique maison de MONT-LOUIS, avec ses vastes jardins, dans une des plus heureuses situations qui se puisse desirer, que le roi Louis XIV. a donné aux Jesuites, qui s'en servent comme d'une maison de plaisance; on découvre aussi le *château de Bercy* & plusieurs autres belles maisons dont la riviere est bordée.

Quelques personnes croient que cette

butte de terres rapportées a été élevée, pour dreſſer des batteries de canon, dans la crainte de quelque ſurpriſe de la part des Eſpagnols, pendant la priſon du roi François I. retenu à Madrid en 1525. Il y en avoit encore d'autres pareilles aux principales avenues de la Ville, conſtruites à peu près de la même maniere ; la butte de ſaint Roch raſée depuis quelques années, derriere & aſſez proche de l'Egliſe de ce nom, étoit de forme ſemblable, élevée pour la même raiſon, com- on l'a dit ailleurs.

On fait dans le jardin roïal des exercices, ou des démonſtrations publiques, pour trois ſciences differentes;

La Botanique,
La Chimie,
L'Anatomie.

L'exercice de la Botanique, ou la démonſtration des plantes, ſe fait dans le jardin, pendant les mois de Juin & de Juillet. Tout le monde y eſt reçû, & les amateurs de cette belle & utile ſcience peuvent profiter gratuitement des leçons, qu'un docteur en médecine, gagé exprès, donne publiquement dans les endroits

endroits nommez *écoles*, où plus de six mille plantes méthodiquement rangées, sont passées en revûe.

Antoine de JUSSIEU, Docteur en médecine, tres-habile, & fort appliqué sur tout ce qui regarde sa profession, les démontre, & dicte des traitez savans de leurs proprietez, dans l'amphithéatre, où se fait l'analise & les operations de chimie, auquel le laboratoire est joint.

Bernard de JUSSIEN, frere de celui dont on vient de parler, est sous-démonstrateur pour les plantes des environs de Paris, où il s'en trouve de rares & de tres-singulieres; il mene les écoliers le Mercredy de chaque semaine, pendant le cours public de la démonstration. Il a aussi l'inspection sur le jardin & la direction particuliere du droguier & du cabinet du jardin roïal.

SAINTARD a soin de la culture des plantes & de tout ce qui en dépend, lequel conserve par son application, ce prodigieux nombre de simples d'espece & de nature differente, qui ne se trouve à present que dans ce seul jardin.

AUBRIET, peintre habile, s'occupe à dessiner & à peindre d'après nature les plantes les plus curieuses, & en fait des recueils pour le cabinet du Roi. Il y a beaucoup de choses singulieres à voir chez lui, qu'il a amassées dans plusieurs voyages de long cours, qu'il a fait avec *Tournefort*. Entre les plantes curieuses des payis les plus éloignez, on y voit un *cierge* du *Perou* d'une extraordinaire hauteur & une plante de *caffé*, dont la Ville d'Amsterdam a fait present au Roi, qui porte des fleurs & des fruits en maturité. On sait que la décoction qui se tire du fruit ou des feves de cet arbuste qui croit seulement en Arabie, dans le territoire de Mocca, est à present dans un tres-grand usage, & n'est pas fort ancien; on ne peut tout au plus l'attribuer qu'en l'année 1669, lorsque *Soliman Aga* fut envoyé au roi Louis XIV. par Soliman IV. Cet Ambassadeur & les gens de sa suite apporterent beaucoup de caffé en cette Ville ; ils en presenterent aux personnes de la Cour & de la Ville qui leur rendoient visite par curiosité ; enfin en y mettant du sucre, cette liqueur devint si fort à la mode & quantité de personnes trouvant qu'elle leur faisoit du bien, que grand nombre ne purent s'en passer ; de maniere qu'on établit des boutiques exprès & une communauté particuliere de Marchands qui peuvent vendre toute sorte de liqueurs dont le nombre monte à présent en cette Ville, à plus de trois cens cinquante. C'est ce que la *Roque* rapporte dans le voiage qu'il a publié de l'Arabie heureuse.

La CHIMIE a ses démonstrations particulieres dans un laboratoire construit depuis quelques années à l'entrée de la cour. Les leçons sont aussi données publiquement par *Etienne-Joseph* GEOFFROY, Docteur en médecine, sous lequel *Simon* BOLDUC Apoticaire travaille comme operateur; l'un & l'autre de l'Academie roiale des Sciences & fort renommez dans leur profession. Ces leçons se font pendant le cours des plantes.

Mais ce qui merite une attention toute particuliere pour les savans, c'est qu'on a commencé en 1712 à y joindre la démonstration de la matiere médecinale tirée des trois regnes, appellez le *vegetal*, l'*animal* & le *mineral*, ce qui a donné une grande satisfaction au public.

Toutes les compositions qui s'y préparent, sont distribuées charitablement aux pauvres, qui se trouvent en avoir besoin.

L'ANATOMIE est démontrée dans l'amphithéatre, mais à des heures differentes. *Joseph* du VERNEY, Docteur en médecine & de l'Academie roiale des sciences, d'une réputation distinguée, préside en été aux operations chirurgiques, & en hiver à la dissection du corps humain.

La direction de tout ce qu'on enseigne & de tout ce qui se fait dans le jardin roial, avoit souvent été donnée aux premiers médecins : depuis la mort de Louis XIV. elle a été attribuée à *Pierre* CHERAC, premier médecin du Duc d'Orleans. C'est lui qui nomme les professeurs dont on vient de parler. Le Marquis de Villacerf a été le dernier Surintendant des bâtimens en possession de l'intendance du jardin roial. Après qu'il eut fait la démission de sa charge, S. M. la confera au premier médecin, par un reglement donné le 7 de Janvier 1699.

Dans un appartement sur le laboratoire disposé tout exprès, boisé & ajusté fort proprement, on montre aux curieux le rare & nombreux cabinet d'histoire naturelle de *Joseph Pitton*, de TOURNEFORT, Docteur en médecine, de l'Academie roiale des sciences, & des plus savans qui aient paru dans la Botanique, qu'il avoit démontrée le premier dans le jardin roial ; il a été aussi le premier inventeur de la plus facile methode pour connoître les plantes ; & l'on admiroit en lui une application infatigable. Quelque tems avant sa mort arrivée en 1708, il donna au roi par testament son cabinet, qui comprenoit aussi une suite assortie de coquillages, la plus nombreuse & la plus complette qui eut encore été faite, laquelle à cause de sa beauté, a été transportée à Versailles.

Ce cabinet est rempli d'un nombre presque infini de singularitez en tous genres, concernant la médecine, que ce savant homme a recueilli dans ses differens voiages, ou qu'il a pû tirer des payis les plus éloignez ; comme des mineraux, congelations, fossiles, pierres figurées, cornes Ammoniques, plantes coralines, excrescences de mer, petrifications bisarres, sels de toute espece, squeletes de divers animaux monstrueux, fruits des Indes d'une forme extraordinaire, gommes rares & précieuses, avec mille autres choses singulieres, dont le dénombrement engageroit trop loin, & dont la description exacte & curieuse meriteroit un volume exprès. Il y a aussi des habits de plume & des armes à l'usage des Sauvages, ou des Ameriquains : mais ce que ce savant homme estimoit infiniment davantage, parce qu'il y avoit donné son étude & toute son application ; c'étoit son *herbier*, ou *jardin sec*, comme il l'appelloit, composé de plus de six mille plantes de differens payis, attachées tres-proprement sur des feuilles de papier avec leur nom & leur histoire. Toutes ces choses font connoître le discernement & le travail infini de celui qui les a assemblées, & marquent en même-tems, qu'il étoit tout entier à sa profession.

L'HOPITAL DE LA SALPETRIERE.

AU sortir de ce lieu, on peut aller à la Salpetriere, l'une des principales maisons de l'hôpital general. Quoique pour les délicats ce ne soit pas une chose fort agréable de voir des pauvres, cependant il est tres-surprenant d'en trouver ensemble un aussi grand nombre de tous âges & de tous sexes, dont les diverses miseres sont soulagées avec un soin & une charité tout-à-fait édifiante. Rien n'est plus beau que l'ordre & la police qui y est observée, & on ne sauroit assez louer le zele & la vigilance des administrateurs de ce grand hôpital, de pouvoir contenir dans le devoir & dans la soumission, un si grand

L'HOPITAL DE LA SALPETRIERE.

nombre de personnes, la plûpart déreglées par la misere, ou par leur mauvaise éducation. On compte que plus de sept mille pauvres sont entretenus dans cette seule maison, non seulement de nourriture, mais d'habits, & de toutes les choses dont ils peuvent avoir besoin. Cette vaste maison paroît de loin comme une petite Ville, à cause de la quantité & de la diversité des bâtimens qui sont ensemble; & ce qui est de plus surprenant, c'est que tous ces grands ouvrages ont été poussez à l'état où ils sont aujourd'hui, en tres-peu de tems.

L'Eglise sous le titre de *saint Louis*, est d'un excellent dessein; & quoiqu'il s'en faille encore beaucoup qu'elle ne soit achevée, la dépense qu'on y a déja faite a cependant passé cinq cens mille livres. C'est un dôme octogone de dix toises de diametre, élevé sur des arcs, à chaque face duquel on a placé quatre nefs de douze toises & autant de chapelles, qui ont vûe sur le grand Autel, pour contenir tous les pauvres en differentes troupes, à la tête desquelles il y a des inspectrices. L'autel se trouve au milieu; ce qui fait qu'il est vû de huit côtez, pour la commodité de tout le monde. Quoiqu'il n'y ait rien que de tres-simple dans cet édifice, les curieux en architecture y remarquent cependant une grande beauté de deſſein, & une invention merveilleuſe pour un hôpital, qui pouvoit être avantageuſement imitée en d'autres occaſions. On trouve ſeulement à redire que les piliers boutans qui portent le dôme, ſont trop maſſifs, & qu'ils occupent beaucoup de place. Le portique ou le veſtibule, par où les perſonnes de dehors peuvent entrer, eſt orné ſur le devant de quatre colonnes Ioniques, avec un Attique au deſſus; mais ces choſes ne ſont pas d'un deſſein extraordinaire. De chaque côté de ce veſtibule, il y a un gros pavillon à pluſieurs étages, couvert d'ardoiſes, où logent les Eccleſiaſtiques qui deſſervent cette chapelle, & qui adminiſtrent les Sacremens aux pauvres de cette maiſon.

On occupe preſque toutes les jeunes filles de cet hôpital, dont le nombre eſt toûjours tres-grand, à faire de la dentelle de toute ſorte, de la tapiſſerie, de la broderie, & d'autres ouvrages, dont on fait un débit conſiderable.

Pompone de BELLIEVRE, premier Préſident du Parlement, mort en 1667, un des plus illuſtres magiſtrats & des plus zelez pour la patrie qui ait paru en

France depuis plusieurs siecles, a été un de ceux qui a le plus avantageusement travaillé pour la fondation & pour l'établissement de ce grand hôpital, qu'on avoit cru impossible jusqu'alors, à cause du nombre excessif des pauvres qui couroient les Eglises & les rues de Paris, dont le public étoit fort incommodé. Cependant cet illustre magistrat aidé du Cardinal Mazarin, de la Duchesse d'Aiguillon, & de quelques autres personnes opulentes, en vint heureusement à bout en tres-peu de tems, ce fut vers l'année 1653 ; & l'on y fit enfermer tous ceux qui se trouvoient demander l'aumône, ou qui ne pouvoient gagner leur vie à cause de leurs infirmitez ; mais comme dans la suite le nombre des pauvres est fort augmenté, cette maison, avec toute son étendue & ses vastes logemens, ne suffisant pas encore pour y loger tous ceux qui se presentoient & qu'il étoit necessaire de retirer, on y a joint depuis le château de *Bicestre*, situé dans la campagne voisine, sur le côteau de Ville-Juif, où l'on enferme ordinairement les hommes. *La Pitié*, proche de saint Victor, dont on a parlé, y fut aussi unie ; de même que *sainte Pelagie*, pour des filles débauchées, & quelques autres encore.

Presque vis-à-vis de la porte de l'hôpital general, dans un grand espace qui se trouve à cet endroit, on tient le MARCHE' AUX CHEVAUX, le Mercredi & le Samedi de chaque semaine, établi à cet endroit depuis plusieurs années, à cause de la commodité du lieu, qui donne toute la facilité necessaire pour exercer les chevaux qui se presentent à vendre ou à acheter.

LES GOBELINS.

Cette maison est presque la derniere du faubourg SAINT-MARCEAU, qui étoit autrefois un quartier entierement separé de la Ville, dans le tems que Paris étoit bien moins étendu qu'il ne l'est à present.

Depuis plusieurs années, la maison des GOBELINS a été remplie d'excellens ouvriers. Autrefois il y avoit des teinturiers celebres en laine, dont le plus fameux se nommoit *Gilles Gobelin*, qui vivoit sous le regne de *François I*. Il trouva, à ce qu'on prétend, le secret de la belle écarlatte, ou du moins la fit connoître en France, par le moien de la Cochenille, nouvellement apportée des

Indes occidentales, ou de l'Amerique, le seul endroit d'où l'on la tire. Cette maison a peutêtre retenu son nom pour ce sujet; de même que la petite riviere qui coule derriere, autrefois appellée la riviere de BIEVRE, à cause du village du même nom, situé à quatre lieues de Paris, aux environs duquel elle prend sa source dans le Parc de Versailles. On attribue aux eaux de cette riviere, une proprieté toute particuliere pour les belles teintures.

Il faut savoir que tous les differens ouvriers qui sont dans la maison des Gobelins, travaillent pour le Roi; & que les ouvrages nombreux, qui sortent de leurs mains, sont pour la décoration des maisons roiales. Il y a quelques années que le nombre en étoit beaucoup plus grand; mais la quantité des choses qu'ils ont faites, a été cause qu'on en a retranché. Il est vrai que la curiosité ne trouve pas à present dans cette maison de quoi se satisfaire comme autrefois, lorsqu'on y comptoit plus de huit cens ouvriers en tapisserie, en peinture, en sculpture, en orfevrerie, en broderie, & generalement en tout ce qui pouvoit servir à la splendeur & à la magnificence; cependant les choses remarquables qui s'y voyent encore, la doivent faire considérer comme le lieu de toute l'Europe, où les beaux arts font dans leur plus grand luftre & dans la plus haute perfection.

Charles le BRUN, premier Peintre du Roi, tres-habile dans fon art, a eu longtems la direction des Gobelins; & par les foins vigilans de J. B. COLBERT, furintendant des bâtimens, les chofes étoient montées à un tres-haut degré de perfection, qui ne s'étoit point encore vû ailleurs. Ce miniftre ayant beaucoup d'égard & de confideration pour les maîtres qui excelloient en quelque genre, cela leur donnoit du zele & du courage pour fe perfectionner. Il ne fe contentoit pas de les favorifer en tout ce qui dépendoit de fon crédit, il y ajoûtoit encore des gratifications confiderables, & n'épargnoit pas l'argent & les groffes penfions pour attirer des payis éloignez, ceux qui excelloient en quelque chofe de fingulier, afin de les avoir en France, où en tres-peu de tems on vit un changement prefque incroïable. Tous ces differens ouvriers, du moins la plus grande partie, étoient logez dans les Gobelins où ils trouvoient toutes les commoditez, que les travaux aufquels ils étoient occupez, pouvoient demander.

Ce fut vers l'année 1666, que ce grand Ministre fit ce bel établissement.

Il y a une Académie pour le dessein sous la conduite de trois professeurs habiles, où les jeunes gens viennent étudier d'après un modele qui y est exposé exprès tous les jours.

La TAPISSERIE est l'ouvrage qui occupe le plus à present. Rien n'est plus beau que de voir la maniere dont on y travaille, en haute & basse lice; & les riches tentures qui y sont fabriquées, ne sont pas moins dignes d'admiration, par la beauté du dessein, que par la richesse des matieres & la force des couleurs. Les plus rares morceaux des plus grands maîtres sont souvent copiez, afin de ne rien faire que d'excellent & de correct, & que tout soit parfait dans ces ouvrages. *Jean-Jacques* JANS & le FEUVRE, ont porté si loin la perfection de leur art, qu'il ne se trouve aucune fabrique en Europe comparable à celle-ci.

Les belles teintures en soye & en laine se font par les soins de *Jacques* KERCOUEN, tres-experimenté dans sa profession.

Les ouvrages de pierre de rapport se faisoient dans un attelier, qui a été autrefois conduit par BRANQUIER & par *Ferdinand* de MELIORI venus exprès de Florence pour cette espece de travail qui étoit encore inconnu en ces payis-ci. Toute la composition en étoit de pierres précieuses, d'Agates differentes, de Cornalines, de Jade, de Jaspe, de Lapis Lazuli, & d'autres sortes, desquelles ils formoient des payïsages, des oiseaux, des fleurs & des fruits, qui servoient à embellir des cabinets, ou des dessus de table. Le TELLIER éleve des maîtres Italiens dont on vient de parler, a continué ce rare travail qui demande une patience toute particuliere, mais il a cessé depuis quelque tems.

CHAVANNES, Peintre excellent en payïsages, Pensionnaire du Roi, de l'Académie. Ses ouvrages sont tres-recherchez, & les connoisseurs y trouvent des beautez toutes particulieres, qui les font estimer & même comparer à ceux des plus grands maîtres.

Sebastien le CLERC, fils du celebre graveur mort en l'année 1704, s'est appliqué à la peinture & y réussit de maniere, que ses ouvrages lui ont fait de la réputation, & l'on voit des choses de lui d'une beauté fort distinguée.

Les MARTINS, Peintres de batailles,

élèves du fameux *Vandermeulen*, ont aussi leur logement dans cette manufacture. Ils font des ouvrages dans ce genre qui décorent agréablement les maisons roiales.

Jean AUDRAN, Graveur du premier rang, donne de tems en tems des pieces d'une rare perfection, qui sont toûjours recherchées des curieux avec empressement.

Depuis quelques années on a fait de tres-grandes augmentations dans les bâtimens des Gobelins, pour y loger plus commodement & pour augmenter le nombre des habiles gens qui travaillent avec tant de succès aux entreprises où ils sont destinez ; ce qui a engagé à y construire une nouvelle chapelle au fond de la cour, dont la décoration marque qu'elle a été donnée & conduite par un maître tres-entendu dans le beau dessein.

En sortant des Gobelins, on rentre dans la Ville par le FAUBOURG SAINT-MARCEAU, qui étoit autrefois un bourg separé, aiant ses magistrats & ses officiers indépendans de la Ville, & même des coûtumes particulieres. Ce quartier est grand & fort peuplé d'artisans de toute espece, qui tirent beaucoup de commoditez de la petite *riviere des Gobelins*, pour leurs ouvrages, particulierement les Tanneurs, les Megiciers & les Teinturiers, qui réussissent merveilleusement comme on l'a déja dit.

On passera devant l'EGLISE DE SAINT-MARCEAU, qui donne son nom à tout ce quartier.

Le docte *Jean de Launoy*, dans son traité *De veteribus Parisiensium Basilicis*, prétend que cette Eglise est d'une tres-ancienne fondation, & qu'elle a été la Cathedrale de Paris, longtems avant l'Eglise de Nôtre-Dame; que les premiers Chrétiens convertis par saint Denys, s'y assembloient pour y faire leurs prieres; & que saint Marceau Evêque de cette Ville, qui vivoit sous le regne de Clovis, c'est-à-dire vers l'année 480, y faisoit le service divin comme dans son Eglise cathedrale. Elle portoit auparavant le titre de *Saint Clement*, Pape martyr; mais saint Marceau y voulant être inhumé comme dans le lieu de sa résidence, elle en prit le nom qu'elle a conservé jusqu'à present.

On lit dans d'autres auteurs, que *Roland Comte* de *Blaye*, neveu de l'Empereur Charlemagne, fit beaucoup de biens aux Chanoines qui y étoient établis, il y avoit déja plusieurs années.

L'Eglise de *saint-Marcel* ou de *saint Marceau*, comme on l'appelle vulgairement, est une des quatre collegiales dependantes de l'Archevêché, composée d'un Doien qui jouit de douze cens livres de revenu, de quatorze Chanoines qui ont quatre cens livres chacun ; & de dix-sept Chapelains beneficiers, tous à la nomination de l'Archevêque.

Le fameux *Pierre* LOMBARD, Evêque de Paris, surnommé le *maître des Sentences*, est enterré dans cette Eglise. Il étoit de Nouarre ville du Duché de Milan, Capitale de la Lombardie, c'est pour cette raison que l'on le nommoit *Lombard* ; c'étoit un Prélat d'une vertu distinguée & d'un tres-profond savoir, dans un siecle où l'ignorance étoit universelle.

Cette épitaphe a été gravée sur son tombeau qui se trouve au milieu du chœur.

Hic jacet Magister PETRUS LOMBARDUS, *Parisiensis Episcopus, qui composuit Librum Sententiarum, Glossas Psalmorum, & Epistolarum ; cujus obitus dies est* 13 *Cal. Augusti, anno* 1164.

Pour honorer la mémoire de ce docte Prélat, tous les ans on lui fait un service solemnel, où assistent par obligation, les Bacheliers en licence, qui sont condamnez à un demi-écu d'or d'amende, quand ils y manquent.

LE COUVENT DES CORDELIERES est dans ce quartier. Il a été fondé premierement à Troyes par *Thibaut* VII. Comte de Champagne & de Brie, & ensuite transferé peu d'années après dans le lieu, où il se voit aujourd'hui. Marguerite de *Provence*, femme de saint Louis, fit commencer l'Eglise comme elle est à present; & Blanche sa fille, veuve d'un roi de Castille, s'y fit religieuse, & donna de grands biens pour l'augmenter. Elle fit construire le cloître où ses armes paroissent en divers endroits.

Ces religieuses suivent la regle de saint François à peu près comme les Cordeliers du grand Couvent de cette Ville. Il n'y a rien de singulier dans leur Eglise non plus que dans celle de SAINT MEDARD, la paroisse de tout le quartier.

Les memoires de la ligue rapportent qu'il y arriva un furieux tumulte le jour de la fête de saint Estienne 1561, excité par les Calvinistes. Comme l'aversion étoit grande alors entre les deux partis, les Calvinistes vinrent les armes à la main, pour insulter les Catholiques qui étoient à Vespres, à cause que le bruit des cloches de cette Eglise avoit interrompu leur prêche qui se faisoit dans une maison voisine, qu'ils nommoient le Patriarche, dont on voit encore à present quelques restes. Ils firent des desordres extrêmes dans cette Eglise, en profanant & en brisant les Autels & les saintes Images, mais ils furent punis de leur insolence & de leur temerité. Les bourgeois depuis cet attentat en tuerent plusieurs qu'ils trouverent les armes à la main ; & les historiens disent que depuis les reformez leverent le masque, & allerent armez dans les rues de la Ville : ce qui donna occasion à un tres-grand nombre de desordres & de meurtres insignes qui arriverent dans la suite.

Olivier PATRU, Avocat au Parlement, un des premiers illustres de l'Académie Françoise, est enterré dans cette Eglise. On a de lui de tres excellens plaidoiers & d'autres ouvrages écrits avec une éloquence & une pureté admirable, qui font convenir que personne n'a mieux possedé la langue Françoise. Il étoit de Paris, fils d'un Procureur au Parlement. On doit remarquer à sa gloire, qu'il a introduit la coûtume à l'Académie, que ceux qui seroient reçus feroient des remercimens: ce qu'il fit le premier avec tant de grace & d'éloquence, que l'Academie en a fait un decret, qui a été exactement observé depuis.

Voici une épitaphe de la composition de DES REAUX, Poëte renommé, destinée pour un tombeau que l'on n'a pû lui ériger, faute de fonds necessaires.

Le célebre PATRU, *sous ce marbre repose,*
Toûjours comme un oracle il s'est vû consulter,
Soit sur les vers, soit sur la prose;
Il sçut jeunes & vieux au travail exciter.
C'est à lui qu'ils doivent la gloire
De voir leurs noms gravez au temple de memoire;
Tel esprit qui brille aujourd'hui,
N'eût eu sans ses avis que lumieres confuses:

*Et l'on n'auroit besoin d'Apollon ni
de Muses,
Si l'on avoit toûjours des hommes
comme lui.*

Ce grand homme par trop de probité & de désinteressement, toûjours appliqué à l'étude & à se perfectionner dans l'éloquence & negligeant les bien de la fortune, étoit tombé dans une extrême indigence, & tellement denué de toutes les choses les plus necessaires, qu'à peine trouva-t-on après sa mort de quoi le faire enterrer. On ajoûte même que sans les secours rares & genereux de quelques-uns de ses amis & surtout de J. B. COLBERT, qui lui envoia la somme de cinq cens écus pendant sa maladie, il auroit souffert une étrange misere dans les derniers momens de sa vie; ce qui est un triste exemple pour les personnes studieuses, qui souvent négligeant le necessaire pour aquerir de la science, tombent dans l'indigence & même dans le mépris de ceux qui s'enrichissent par des voies criminelles que le vulgaire admire; sur quoi l'on pourroit faire une tres-curieuse histoire de quantité d'illustres savans morts à Paris dans la plus grande necestité ; entre lesquels on nommeroit *Amelot* de la *Houssaie*, *Moreri*, du *Pin*, *Silvain Regis*, d'*Ablancour*, du *Rier*, du *Verdier*, avec bien d'autres; ce qui ne feroit pas beaucoup d'honneur à la nation Françoise.

Olivier PATRU, est mort le 16 de Janvier 1681, âgé de 77 ans, regreté de tous les gens de bien, dont il s'étoit procuré l'estime par sa probité & par son savoir.

Dans la même Eglise est inhumé *Pierre* NICOLE, d'une famille distinguée de Chartres, laquelle pendant deux siecles a occupé les premieres charges de cette ville. Il est auteur de plusieurs excellens ouvrages, entre autres les essais de morale qui ont été tant de fois imprimez & traduits en plusieurs langues. On attribue à cet auteur une version latine des lettres provinciales, sous le nom de *Guillaume Vendrock*, avec des notes curieuses.

Proche de la petite Eglise de SAINT HIPPOLYTE, dans le même quartier, il y a une vieille maison, bâtie du tems de saint Louis, qui n'est pas éloignée de la riviere des Gobelins, dans laquelle ce Roi pieux alloit souvent passer des heures de solitude pour vaquer à des œuvres de piété. On croit que c'est dans ce même lieu que se donna le bal funeste sous le regne de Charles VI. dont on a parlé au sujet de la fondation de la Chapelle d'Orleans aux Célestins.

Dans une chapelle de cette Eglise, il y a des vîtres peintes d'une rare beauté, qui faisoient l'admiration de le *Brun* & de *Mignard*, tres-capables d'en juger. Ils disoient n'avoir jamais rien vû de plus parfait & de plus correct en ce genre.

De ce quartier il faut se rendre *sur les fossez de saint Victor*, où il se trouve une grande rue qui porte à present le même nom.

Tout l'espace qu'elle contient, étoit autrefois en pente rude & fort fatigante; mais le Président de *Fourcy*, Prevôt des Marchands, ayant fait couper beaucoup de terres & combler les anciens fossez qui se trouvoient à cet endroit, elle a été rendue commode & d'un accès plus facile. Plusieurs maisons y ont été bâties presque en même tems, qui embellissent fort ce quartier, autrefois desert & presque inhabité.

Dans l'endroit le plus élevé, sont LES PERES DE LA DOCTRINE CHRE-

TIENNE, établis à cet endroit en l'année 1628, dans une maison, nommée l'hôtel de *Verberie* : mais il n'y a rien à voir chez ces Peres, si ce n'est une des plus belles vûes qui se puisse découvrir, à cause de la situation avantageuse du lieu où ils sont placez, qui se trouve plus élevé qu'aucun des environs.

Ces Peres ont été instituez par *César de Bus*, mort à Cavaillon sa patrie en 1607. Ils doivent par leur principale constitution catechiser le peuple de la campagne, & imiter les Apôtres en enseignant les saints misteres de nôtre foi. Ils ont à present quarante maisons dans le roiaume, en y comprenant quelques colleges où ils enseignent la jeunesse. Ces maisons sont divisées en trois provinces, à savoir d'Avignon, de Paris, & de Toulouse.

Jeudy 24 de Novembre 1718, on fit avec cérémonie l'ouverture de la bibliotheque que *Jean* MIRON, Docteur en Theologie de la faculté de Paris, a laissée par testament à ces Peres, à condition qu'elle seroit publique deux fois la semaine, le Mardy & le Vendredy, afin qu'il n'y eût aucun jour dans la semaine qui manquât de bibliotheque ouverte, les autres jours étant marquez pour d'autres bibliotheques qui sont aussi publiques

bliques. Les vacances de celle-ci doivent être depuis la fête de saint Barthelemy, jusqu'au premier mardy d'après la fête de saint Charles Boromée, patron de cette maison.

Le P. BAISE', fort connu dans la republique des lettres, a été nommé Bibliothequaire, & les personnes studieuses esperent beaucoup de ses soins & de sa vigilance. Il est bon de savoir que les gens du Roi sont chargez de l'inspection des bibliotheques publiques, pour en faire observer les reglemens & maintenir le bon ordre qui doit y être observé selon l'intention des fondateurs. Il y a des fonds établis pour ceux qui y servent, pour l'aquisition des livres qui y manquent, & pour les augmenter des nouveaux ouvrages qui paroissent tous les jours.

Sur le même fossé est L'EGLISE DE SAINT ANDRE' DES ECOSSOIS, petite, mais assez proprement décorée, dans laquelle on conserve la cervelle de JACQUES II. roi d'Angleterre, à la memoire duquel on a élevé un monument d'un assez beau dessein, enrichi de marbres de diverses couleurs & de bronzes d'une belle invention.

Cette inscription est gravée au bas.

D. O. M.

JACOBI II. *Magnæ Britanniæ &c. Regis. Ille partis terra ac mari triumphis clarus, sed constanti in Deum fide clarior, huic regna, opes & omnia vitæ florentis commoda postposuit. Per summum scelus à sua sede pulsus, Absalonis impietatem, Achitophelis perfidiam & acerba Semei convitia, invicta lenitate & patientia, ipsis etiam inimicis amicus, superavit. Rebus humanis major, adversis superior, & cœlestis gloriæ studio inflammatus, quod regno caruerit, sibi visus beatior, miseram hanc vitam felici, Regnum terrestre cœlesti commutavit.*

Hæc domus quam pius princeps labentem sustinuit & patriè fovit, cui etiam ingenii sui monimenta omnia, scilicet sua manu scripta custodienda commisit, eam corporis ipsiu partem qua maximè animus viget, religiosè servandam suscepit:

VIXIT ANNOS
LXVIII.
OBIIT KAL. OCT. ANNO
SALUTIS HUMANÆ
M. D. C C I.

JACOBUS DUX DE PERTH
PRÆFECTUS INSTITUTIONI
JACOBI III. *Magnæ Britanniæ Regis,*
Hujus domus benefactor mœrens posuit.

Tout proche est un monastere de Religieuses Angloises sous le titre de N. D. de Sion, Chanoinesses regulieres de l'ordre de S. Augustin, fondé en 1633.

En descendant on trouvera dans la même suite la maison de le BRUN, *Auditeur des Comptes,* neveu & heritier du fameux peintre, dont il porte le nom, bâtie avec beaucoup d'art. C'est un corps d'édifice, dont la figure est d'un quarré oblong isolé, couronné d'un grand entablement Dorique d'une excellente invention, avec un fronton de chaque côté. Dans le tympan qui regarde la cour on a mis les armes que le Roi a données à le *Brun* en l'ennobliffant. C'eft une fleur-de-lis d'or en champ d'azur, & un foleil en chef, fur un champ de fable. Du côté du jardin, on voit une Immortalité qui tient un médaillon, où ce grand maître eft reprefenté. Toutes les fculptures de cette maifon font excellentes. On admire fur tout les mafcarons fous les confoles du grand balcon qui regne fur le jardin, de l'ouvrage de FLAMAN, fculpteur habile; de même que les autres ornemens de fculpture executez avec une tres-grande propreté. Les appartemens de cette jolie maifon font diftribuez & tournez regulierement. BOFFRAND, Architecte tres-habile, qui en a donné les deffeins, merite des louanges, & s'eft aquis par cet ouvrage de la réputation chez les gens délicats. Il y a dans cette maifon un cabinet de tableaux, dans lequel on verra des pieces excellentes, la plûpart du fameux le *Brun*.

Dans la *rue neuve* de SAINT-ETIENNE derriere les Peres de la Doctrine Chrétienne, l'*Abbé* de

CAUMARTIN, de l'Academie Françoise & de l'Academie des belles Lettres, entre les honoraires, conserve une bibliotheque nombreuse choisie avec bien du discernement, dans laquelle on trouve quantité de choses rares & fort singulieres, que les savans & les curieux estiment beaucoup. Il est à present Evêque de Blois.

La porte de *saint* MARCEAU & celle de *saint* VICTOR, voisines des endroits dont on vient de parler, furent renversées en 1686, par un arrest du Conseil donné dans le mois de Juillet de le même année. Les fossez qui communiquoient de l'une à l'autre, furent comblez en même tems; & la pente tres-rude qui étoit entre ces deux portes, fut rendue plus facile aux voitures de toute espece & aux gens de pié, comme on l'a déja marqué; ce qui a fait que ce quartier est devenu infiniment plus commode & plus frequenté qu'il n'étoit autrefois.

LE QUARTIER DE L'UNIVERSITE'.

CE quartier est un des plus anciens & des mieux peuplez de Paris. Il occupe un grand espace, qui fait presque la quatriéme partie de toute la Ville. Autrefois il en étoit entierement separé comme un lieu particulier, avec lequel la communication n'étoit pas tout-à-fait libre, à cause du grand nombre des écoliers qui faisoient souvent des tumultes assez difficiles à appaiser.

Philippe Auguste, qui avoit une affection toute particuliere pour la Ville de Paris, comme on l'a déja remarqué ailleurs, n'oublia rien de tout ce qu'il put faire, pour procurer de la magnificence à cette Ville pendant le cours de son regne qui fut assez long. Il ordonna que ce grand quartier fut enfermé de murailles, dans le tems qu'il seroit occupé à son voiage de la Palestine, où il étoit allé avec Richard, cœur de lion, roi d'Angleterre, pour faire la guerre aux Sarazins ; ce qui fut fidelement executé en 1190. Tous ces grands travaux se firent aux dépens des bons Parisiens, avec tant de diligence & de promptitude, qu'ils se trouverent achevez, dans l'espace de deux années que son voiage dura: ce qui a paru presque incroiable à bien des critiques sur l'histoire de ce Prince.

Tout ce vaste quartier fut entouré de fossez profonds & de murs tres-solides, soûtenus de tours rondes d'espace en espace, avec des portes fortifiées à la Gothique, qui étoient autant de petites forteresses, à la faveur desquelles on pouvoit se défendre vigoureusement, du moins avant la funeste invention de l'artillerie.

On voit encore la disposition de ces grands travaux dans des vieilles peintures & dans quelques anciennes tapisseries, où la Ville de Paris est representée, comme elle étoit dans les siecles passez ; mais à present il ne reste de ces murailles que quelques pans à demi ruinez, derriere le college de Boncourt, sur les fossez de saint Victor. Elles ont été presque toutes abbatues, & les fossez comblez, pour élever quantité de maisons, qui rendent ces endroits, autrefois deserts

& dangereux, aujourd'hui tres frequentez.

L'Université de Paris est si ancienne, que l'on en attribue la fondation à l'empereur Charlemagne ; cette opinion est fondée, non-seulement sur une vieille tradition, mais aussi sur d'anciens titres que l'on conserve dans le college de Navarre : cependant bien des savans sont d'un sentiment contraire ; entre autres, *Claude Joly*, Chantre de l'Eglise de Paris, qui l'a clairement prouvé dans son *Traité des Ecoles Episcopales*.

Mais si l'on peut douter que l'Université ait été fondée par ce grand Empereur ; du moins est il tres-certain qu'elle a commencé à paroître & à fleurir fort peu de tems après son regne, qui fut le plus heureux que les gens de lettres aient jamais eu en France. Ce grand Prince les favorisa en tout ce qu'il put, & leur procura les avantages & toutes les commoditez qu'ils pouvoient esperer. Aussi en recompense tous les historiens qui parlent de lui, l'ont fait connoître à la posterité, non-seulement comme le Prince le plus éclairé de son siecle, qui avoit beaucoup de litterature & de science, mais encore comme le plus magnanime & le plus glorieux. Quelques auteurs ont même été si loin, qu'on a crû qu'il y avoit du roman dans bien des choses qu'ils ont rapportées de lui.

L'Université l'a cependant pris pour son patron, & le 28 de Janvier jour de son décès, arrivé à Aix-la Chapelle en l'année 814, les exercices cessent dans toutes les classes, afin que les Professeurs se trouvent au college de Navarre, pour entendre son panégyrique prononcé en latin, au milieu de la messe, suivant la fondation qui en a été faite, & qui s'execute regulierement tous les ans.

On ne dira rien de l'ancienne splendeur de l'Université, non plus que du crédit & de l'extrême autorité qu'elle avoit autrefois. On sait que la plûpart des grandes affaires se terminoient par son Conseil, & que les Rois même ne dédaignoient pas de la consulter, dans les occasions importantes. Grand nombre de Papes ont déferé à ses sentimens, & plusieurs d'entre eux ont brigué & acheté bien cher ses suffrages, pour autoriser leurs élections & pour être soûtenus contre leurs competiteurs. DuBoulay dans son histoire fait mention de toutes ces choses & de plusieurs illustres qui en sont sortis.

Un des plus fideles historiens de ces

derniers siecles, prétend que l'Université de Paris est la premiere & la plus ancienne de l'Europe, & que les plus illustres Universitez se font gloire dans leurs titres d'être de sa filiation, & d'avoir été formées sur son sage modele, comme celle de *Prague* en Boheme, de *Leipsic* en Saxe, de *Cologne*, d'*Erfort* & de *Heydelberg* en Allemagne, d'*Upsal* en Suede, de *Cracovie* en Pologne, de *Complute* ou d'*Alcala* en Espagne, de *Louvain* en Brabant, d'*Oxfort* en Angleterre, & quelques-unes des plus renommées d'Italie, particulierement celle de *Boulogne*, reconnoissent l'Université de Paris, comme leur mere, & en ont pris les reglemens qu'elles suivent encore exactement.

Elle a été autrefois tres nombreuse & si remplie d'écoliers, que l'on ne doit pas omettre une chose surprenante qui arriva sous Charles VI. Ce roi étant tombé en démence, ce qui dura pendant presque tout son regne ; on résolut de faire des processions & des prieres publiques pour sa guérison. Les compagnies souveraines, & toutes les Communautez seculieres & regulieres de la Ville, allerent processionnellement à Saint-Denys en France ; & le Parlement, comme le premier & le plus illustre corps du roiaume, commença cette action de piété, afin d'exciter les autres, par son exemple, à en faire de même. L'Université prit aussi son jour pour y aller; & *Juvenal des Ursins*, historien fidele du regne de Charles VI. rapporte qu'on obligea tous les écoliers de l'Université à y assister, avec les supôts & les membres qui en dépendent. Il ajoûte qu'il s'y trouva un si grand nombre de personnes, que les premiers de la procession entroient dans l'Eglise de saint-Denys, lorsque le recteur qui étoit le dernier, n'étoit pas encore sorti des Mathurins, où le *rendez-vous* avoit été marqué.

Le nombre des colleges est à la verité bien diminué, puisqu'autrefois on en pouvoit compter jusqu'à cent, & qu'à present il s'en trouve seulement cinquante-quatre, entre lesquels il n'y en a que dix où il y ait plein exercice, c'est-à-dire, où l'on enseigne la grammaire, les humanitez, la rhetorique & la philosophie.

Dans le college de Navarre, il y a de plus une école de theologie; & dans celui des Quatre-Nations, un lecteur pour les mathematiques.

Voici les noms des Colleges où l'on tient encore plein exercice.

Le College de Navarre.

Le College du Plessis, qui eſt un aide de Sorbonne & qui en contient les baſſes claſſes.

Le college d'Harcourt.

Le college de Beauvais.

Le college du Cardinal le Moine.

Le college de la Marche.

Le college de Liſieux.

Le college de Montaigu.

Le college des Graſſins.

Le college des Quatre-Nations.

Il eſt inutile de rapporter ici les noms des autres où l'on n'enſeigne pas. Ils ſont fort peu connus, & ſervent ſeulement à loger quelques bourſiers, qui y vivent des penſions fondées que le College leur fournit tous les ans.

L'Univerſité avoit autrefois ſa Juriſdiction particuliere; & ſi quelqu'un de ſes membres avoit commis un crime, il n'étoit pas permis aux juges ordinaires de le condamner. Il s'en voit un exemple ſingulier & tres autentique dans une épitaphe du cloître des Mathurins, de deux écoliers, leſquels aiant commis des crimes dignes de mort, furent executez par ſentence de Guillaume de Tignonville, Prevôt de Paris; mais l'Université se trouvant blessée dans ses privileges par cette sentence, suspendit les exercices & les prédications, & obligea par ce moien le Prevôt à rapporter les corps des deux écoliers aux Mathurins, après les avoir lui-même détaché du gibet de Montfaucon, où ils avoient été pendus, & les avoir baisez à la joue, quoiqu'il y eût plus de quatre mois qu'ils eussent été executez. Le Prevôt avec ses officiers, accompagna les corps jusqu'aux Mathurins, où ils furent amenez dans une bierre sur un chariot que l'executeur conduisoit, vêtu d'une maniere de surplis de toile blanche, monté sur le cheval de devant.

On lit dans l'histoire plusieurs exemples de cette sorte; mais les choses sont bien changées depuis ce tems-là; & quoique d'ailleurs l'Université soit encore remplie de personnes tres-savantes & d'une grande réputation, son crédit & son autorité sont cependant fort diminuez.

On a remarqué en effet, que depuis le milieu du quinziéme siecle, elle a souffert des dommages si réels & si considerables, par les nouveaux établissemens qui se sont faits, & par la perte de plusieurs de ses privileges, qu'elle aura bien de la peine à s'en relever, à moins que la fortune ne détruise ce qu'elle a si promptement élevé, en remettant les choses sur le même pié qu'elles étoient autrefois.

De THOU dans sa grande & excellente histoire ; *Estienne* PASQUIER, dans ses curieuses recherches, & *Eudes* de MEZERAY, dans son histoire de France si universellement estimée, rapportent les grandes oppositions que fit l'Université, pour empêcher ces nouveaux établissemens, dont cependant elle ne put venir à bout, les autres l'emporterent par leur credit.

Cela n'empêche pas néanmoins que les sciences ne fleurissent encore à present daus l'Université de Paris, plus qu'en aucun autre endroit de l'Europe sans exception, & qu'elles n'y soient enseignées avec beaucoup de soin & de succès.

Elle est divisée en quatre facultez, à la tête desquelles est le Recteur, que l'on élit tous les trois mois, & qui s'élisoit autrefois de six semaines en six semaines ; mais on a jugé que c'étoit assez de quatre fois par an.

DE LA VILLE DE PARIS. 425

Les quatre Facultez font,
LA THEOLOGIE.
LE DROIT.
LA MEDECINE.
LES ARTS.

On professe la Theologie en Sorbonne & dans la maison de Navarre.

Pour le Droit, comme il est divisé en droit civil & en canonique, il y a des professeurs pour l'un & pour l'autre dans les écoles, au college de Cambray & dans la rue saint-Jean de Beauvais, qui fleurissent, sur tout depuis la reforme faite en 1679. On a aussi fondé une nouvelle chaire pour le Droit François dans le même college de Cambray, proche de la fontaine de saint Benoist.

L'ECOLE DE MEDECINE fut établie dans la rue de la *Bucherie*, vers l'année 1472.

Outre la grande sale dans laquelle se font les actes & les leçons, il y a un amphitheatre construit en 1608, dans lequel on fait tous les ans plusieurs cours d'*Anatomie*, les operations de *chirurgie* & celles de *pharmacie Galenique* & *Chimique*.

Au dessus de cette grande sale que les Medecins nomment les *écoles inferieures*, font la chapelle & les *écoles superieures* ou la *sale d'Assemblée*.

Tous les samedis on celebre une grande messe à laquelle assistent le Doien & les Bacheliers. Le jour de la Purification & celui de la fête de saint Luc, le service se fait avec grande cérémonie, où toute la Faculté assiste en robe; & le lendemain au service pour les défunts de la compagnie, ce qui n'empêche pas qu'on ne fasse encore un service pour chaque particulier qui meurt.

Dans la sale qui est à côté, se font tous les Samedis après la messe, les examens qui sont tres-rigoureux, & les visites des malades par six Docteurs, trois anciens & trois jeunes qui sont nommez à tour de rôle. Les Bacheliers assistent pour écrire ce que les Docteurs prescrivent aux pauvres malades qui les viennent consulter.

Les exercices de cette école sont pénibles, sur tout à la these qu'ils nomment *quodlibetaire*, parce que chaque bachelier, après que le soûtenant a fini, est obligé de répondre en public & sur le champ, à une question que lui fait un des Docteurs disputans.

Les leçons se font dans cette classe avec beaucoup d'assiduité, par cinq Professeurs ; trois le matin & deux l'après-midi. Il y en a un pour la *theorie*, un pour la *pratique*, un pour la *chirurgie*, un autre pour les *matieres medecinales*, & le dernier pour la *pharmacie*. Cette compagnie se soûtient par elle-même, & n'a aucune fondation ; ce qui ne doit s'attribuer qu'à la bonne discipline qu'elle observe, étant si attachée à ses statuts, qu'elle a refusé plusieurs fois de grands avantages, plûtôt que de recevoir des premiers medecins de nos Rois dans son corps en y dérogeant ; & les Procès verbaux des réformations de l'Université, font foi, que l'on y a trouvé tres peu de choses à changer.

On ne peut rien dire de plus beau à l'honneur de cette compagnie, que ce que contient le vingt-cinquiéme article de ses reglemens. Il est conçu en ces termes : *Afin que les pauvres ne soient point exclus des degrez, on remettra les sommes qui se paient pour la Licence & pour le Doctorat, à ceux qui seront vraiment pauvres, lorsque l'on sera suffisamment informé de leur capacité & de leur probité.* Ce statut s'observe si exactement, qu'il n'y a guere de licence dans laquelle on ne fasse grace à quelqu'un, & il y a même eu des licences, où l'on a accordé cette faveur à plusieurs en même tems ; exemple rare, ou pour mieux dire unique, qui mériteroit bien d'être suivi par toutes les autres compagnies.

Il faut ajoûter que cette compagnie a fleuri dans tous les tems, & a toûjours produit de grands hommes, témoins *Fernel* & *Jean de Goris*, qui ont laissé l'un & l'autre des ouvrages estimez ; *Jean Riolan*, pere & fils ; le dernier est mort en 1650, dans une haute réputation ; *Holiers*, *Duret*, *Baillous*, & plusieurs autres, comme on le peut voir plus au long dans le panegyrique de la composition de *Gabriel Naudé*, intitulé *de antiq. scol. medic. paris.* Depuis quelques années cette école a perdu plusieurs habiles, tels que *Dodart*, *Michelet*, premier medecin du roi d'Espagne ; *Mathieu*, de la reine de Pologne ; *Bourdelin*, medecin de la Duchesse de Bourgogne, *Tournefort*, *Tauvry*, *Enguheart* & *Finot*. Ce dernier étoit un excellent praticien & des plus persuasifs par une éloquence naturelle. On iroit trop loin d'entreprendre de nommer plusieurs autres illustres qui ont paru dans cette faculté, ou qui vivent encore aujourd'hui, qui le mériteroient bien & qui sont en grand nombre.

Pour la *faculté* des Arts, qui fait ses exercices dans les dix colleges dont on vient de parler, elle est divisée en quatre nations qui ont chacune pour chef un Procureur, qu'elles élisent tous les ans; de même que les trois facultez superieures ont chacune un Doien : & ces trois Doiens avec les quatre Procureurs dont on vient de parler, composent le Tribunal du Recteur, qui en est le Président & le Chef.

Les quatre Nations sont,
La nation de France.
La nation de Picardie.
La nation de Normandie.
La nation d'Allemagne.

La derniere a été mise à la place de celle d'Angleterre, qui en fut exclue, à cause des cruelles guerres que la France avoit à soûtenir contre les Anglois. Ce fut sous le regne de Charles VII. vers l'année 1431. La nation Allemande pour marquer son entiere possession, fit effacer les armes d'Angleterre sur les portes des colleges où elles étoient & fit mettre à la place l'Aigle de l'Empire & l'image de l'Empereur Charlemagne, non pas comme fondateur de l'Université, mais comme patron de leur nation, & pretendant qu'il tiroit son extraction de la nation Germanique.

Ces quatre nations sont encore divisées en plusieurs tributs, ou Provinces qu'il seroit trop long de rapporter ici.

Il faut ajoûter que l'Université a reçû des marques extraordinaires des bontés de la Cour dans ces dernieres années, par les pressantes sollicitations de Charles COFFIN, Principal du college de Beauvais, alors Recteur.

Les principaux revenus de l'Université qui étoient autrefois établis sur toutes les messageries du roiaume par donation authentique des Rois, avoient été reduits dans ces derniers tems à une pension de 40000 liv. mais par des Lettres patentes du 14 d'Avril 1719, enregistrées le 8 du mois suivant, l'institution gratuite a été rétablie dans les dix colleges où se tiennent les exercices. Cette augmentation monte en tout à present à la somme de cent vingt & un mille quatre cens vingt huit livres, laquelle distribuée entre les professeurs, donnera aux regens de sixiéme, de cinquiéme & de quatriéme, onze cens livres chacun ; aux regens de troisiéme & de seconde, treize cens livres ; & aux professeurs en rhetorique & en philosophie, quinze cens livres, aux conditions que les écoliers seront reçûs dans les classes sans rien paier.

Comme la fondation des regens & professeurs du college des Quatre Nations étoit trop modique, l'Université voulant mettre une parfaite égalité entre ceux-ci & ceux des autres colleges, leur a adjugé à tous, environ cinq cens livres chacun au-dessus des appointemens qu'ils avoient du college, qui sont de six cens livres, à savoir pour les regens de sixiéme, de cinquiéme & quatriéme; & pour ceux de troisiéme, de seconde & de rhetorique, mille livres d'augmentation. Le professeur en philosophie a mille livres, & celui en mathematique en a huit cens. Enfin, les principaux des colleges & les professeurs émerites reçoivent environ cinq cens livres. C'est ainsi qu'il en est parlé dans les memoires donnez au public, au nom de l'Université.

L'Université par un esprit de pieté & de reconnoissance, fit le 13 de Juin 1719, une procession solemnelle depuis les Mathurins jusqu'à l'Eglise de saint Roch. Le Cardinal de Noailles Archevêque de Paris y celebra la messe pontificalement, & le roi Louis XV. voulut voir passer cette nombreuse procession, placé dans le pavillon des Tuilleries, à l'extremité du Pont-roial.

Voilà en general ce qu'on peut dire de l'Université, à quoi on ajoûtera encore quelques autres particularitez, en décrivant les endroits remarquables qui s'y trouvent.

Il faut commencer ce quartier par LE QUAI DE LA TOURNELLE; ensuite on passera devant une assez belle maison, bâtie autrefois par MARTIN, riche Financier; elle est à present occupée par une communauté nombreuse, sous le nom de SAINTE GENEVIEVE, dont *Marie Bonneau* veuve de *Jean-Jacques de Beauharnois* de MIRAMION, conseiller au Parlement, a été fondatrice; cette Dame s'est fort distinguée dans ces dernieres années, à cause de son zele pour le prochain & de sa pieté. Elle est morte en odeur de sainteté le 24 de Mars 1696, dans la soixante-septiéme année de son âge. Sa vie a été publiée en 1706, par l'Abbé de *Choisy*, de l'Académie Françoise, auteur de plusieurs volumes sur l'histoire de France & sur l'histoire Ecclesiastique.

On entrera ensuite dans LA RUE DES BERNARDINS. La seule maison remarquable qui s'y trouve, a été bâtie par les vieux maîtres qui travailloient autrefois aux maisons roiales, & n'a rien de fort distingué que le jardin, dont l'étendue est assez mediocre ; mais cependant disposée avec beaucoup d'art.

Un peu plus avant on trouvera le COLLEGE DES BERNARDINS, qui donne son nom à tout le quartier.

Ce college qui est d'une ancienne fondation, appartient à l'ordre de *Cîteaux*.

Ce que l'on y remarquera de particulier, sont les commencemens du grand dessein qu'avoit le pape *Benoist* XII. religieux du même ordre, qui vouloit rendre son nom illustre, en bâtissant ce college d'une magnificence surprenante. Les murs qui devoient faire la clôture & qui restent encore sur pié, paroissent d'une épaisseur & d'une extrême solidité ; & il semble que ce saint Pere eût plus envie d'enclore une citadelle, qu'un college de Religieux, qui vivoient en ce tems-là d'une maniere tres-austere. Le chapitre est parfaitement bien voûté ; de même que la sacristie qui en est proche.

Ce qu'il y a de plus beau, c'est l'édifice de l'Eglise, conſtruit en 1336, ſous le titre de *Saint Bernard*, que l'on doit conſiderer comme un chef-d'œuvre de l'architecture Gothique. Les voûtes en ſont tres-élevées & parfaitement bien priſes dans leur legereté. Les chapelles qui regnent de chaque côté ſont claires, & ont de la proportion avec le reſte de l'ouvrage; & il ſe verroit peu de choſe pareille à ce bel édifice, s'il avoit été achevé dans l'intention où ſe trouvent ces grands commencemens; mais il n'y en a qu'une partie de faite, la mort aiant prevenu le pape *Benoiſt* XII. un peu trop tôt. Cependant la derniere volonté de ce ſaint Pere, fut qu'on achevât ce qu'il avoit commencé. Il laiſſa cependant de tres-grands fonds pour executer ſon intention; mais l'argent aiant été volé en chemin, comme on l'apportoit en France, pendant les troubles, & les confuſions étranges du regne de *Charles* VI. tout demeura imparfait, comme on le voit à preſent. Aux côtez de la porte qui conduit au cloître, ſont les armes du Pape *Benoiſt* XII. & celles du Cardinal *Guillaume Curti*, mort à Avignon en 1346, ſelon *Onufrius*.

Proche de la ſacriſtie, il faut demander

DE LA VILLE DE PARIS. 433

mander à voir un petit escalier à vis, fort industrieusement tourné, dans lequel deux personnes sans se voir, peuvent monter ou descendre en même tems. Ce sont deux rampes en limaçon sur un seul noyau, menagées l'une sur l'autre, dans la même cage de figure spherique. Les curieux qui ont vû cette piece l'ont admirée, parce qu'il s'en voit peu de pareille ailleurs.

Les débordemens extraordinaires de la riviere, causez par le grand hiver de l'année 1709, aiant fort endommagé le pavé de cette Eglise, on fut obligé de le relever l'année suivante, au moins de cinq piés ; ce qui a donné occasion de faire d'autres réparations qui ont beaucoup contribué à décorer ce beau vaisseau

Le grand Autel qui étoit tres-ancien & d'une fort vilaine forme, a été entierement refait ; & celui qui avoit servi à l'Abbéie roiale de Port-Roial des champs, du même ordre, a été posé à la place, & fait un excellent effet.

Les formes, ou stales des Religieux, apportées du même lieu, sont d'une menuiserie travaillée fort curieusement, les grotesques, en sculpture dans les panneaux, sont d'un invention tres-ingenieuse & d'un fini parfait, ce qui mar-

Tome II. T

que qu'il y avoit autrefois de fort habiles ouvriers. Elles avoient été faites par les ordres du roi *Henri* II. en l'année 1556, qui y est marquée, comme on en peut encore juger par les armes à la devise de ce Prince, qui s'y trouvent repetées en differens endroits; on y remarque aussi les armes de quelques Abbesses illustres par leur pieté & par leur naissance, qui ont autrefois gouverné l'ancienne maison d'où elles viennent, laquelle avoit été autrefois fondée par saint Louis; cette ancienne & tres celebre Abbéie a été détruite en 1710, au grand étonnement de tout le monde.

Dans une chapelle de cette Eglise, on voit le tombeau de *Guillaume* DU VAIR, né à Paris, Evêque de Lisieux, & Garde des Sceaux, honoré pendant sa vie de plusieurs dignitez considerables, à cause de son merite singulier. Il avoit été maître des Requêtes & premier President du Parlement de Provence; étant à la suite du roi *Louis* XIII. pendant le siege de Clerac, il tomba malade à Tonneins en Agenois, où il mourut le d'Aoust 1633. Son corps fut apporté dans cette Eglise.

Voici l'épitaphe qu'il se fit lui-même, qu'on peut encore lire sur son tombeau.

GUILLELMUS DU VAIR,
Episcopus Lexoviensis,
Franciæ Procancellarius,
Hîc expectat resurrectionem.
Natus 7 Maii
1558.

Le savant *Paul* PEZRON, Religieux Bernardin, a demeuré longtems dans ce college. Il est mort dans le château de Checi en Brie, le 9 d'Octobre 1706, où il étoit allé pour rétablir sa santé épuisée par ses longues études. Il est auteur de plusieurs traitez pleins de doctrine, entre autres de l'*Antiquité des tems rétablie & justifiée*; contre lequel on a tant écrit inutilement : ce docte ouvrage l'aiant emporté par la force des preuves qu'il contient, sur tout ce qu'on a pû faire pour le détruire. On attendoit encore du même auteur d'autres productions, où l'on esperoit qu'il débrouilleroit des obscuritez, dans lesquelles on demeure depuis plusieurs siecles, faute d'étudier l'antiquité avec reflexion, comme ce docte Religieux a fait. Le grand ouvrage qu'il avoit entrepris & qui étoit fort avancé avant sa mort, étoit l'origine des nations ; il en avoit déja donné une partie au public, sous le titre de l'*Origine de la langue Celtique*, autrement appellée *Galoise*. Cet ouvrage a été imprimé en 1703. Plusieurs autres productions de ce savant Religieux, trouvées après sa mort parmi ses papiers, sont restées dans l'obscurité au grand préjudice de la republique des lettres.

Lorsque le General de Citeaux & l'Abbé de Clairvaux, sont obligés de venir à Paris pour les affaires de leur ordre, ils logent ordinairement dans cette maison.

Il faut observer qu'il y a plusieurs ordres qui ont droit d'avoir des colleges particuliers dans l'Université de cette Ville, dont les Religieux peuvent prendre des degrez & se faire passer docteurs; mais il y en a aussi d'autres à qui l'Université n'a point voulu accorder ce privilege, pour de tres-bonnes & solides raisons, malgré les soins & les intrigues, que ces nouveaux ordres ont emploies pour obtenir cette grace.

L'EGLISE DE SAINT NICOLAS DU CHARDONNET.

Ette paroisse est assez considerable par son étendue, qui regne sur plusieurs quartiers assez peuplez, & l'on peut avancer que l'office divin s'y fait avec beaucoup d'exactiude & d'édification.

On croit que cette Eglise a pris le nom de *Chardonnet*, à cause que le premier bâtiment fut posé dans un lieu inculte & sauvage, tout rempli de chardons, que les Chanoines reguliers de l'abbéie de saint Victor, à qui ce terrain appartenoit, donnerent vers l'année 1243, pour y bâtir une paroisse dans ce quartier, qui commençoit alors à se peupler & à être rempli de maisons.

Le nouvel édifice qui paroît à present, n'est pas encore entierement achevé, quoique l'on y ait plusieurs fois mis la main : l'interieur est orné d'une architecture d'ordre composé en pilastres, avec des chapiteaux d'une invention qui a peu d'exemples à Paris. On a commencé cet ouvrage en 1656, & a été long-tems à parvenir à l'état où il se trouve à present, faute de fonds necessaires pour fournir aux frais de cette entreprise. Cependant par le secours d'une loterie faite en 1709, on a augmenté l'édifice de cette Eglise, de quelques arcades pour la nef, qui est encore demeurée imparfaite.

Le grand tableau sur l'autel qui represente N. S. sortant du tombeau gardé par des soldats, est de VERDIER peintre habile, éleve du fameux le *Brun*.

Le Crucifix sur la porte du chœur est du dessein de le BRUN: cette figure est d'une tres-grande beauté, de même que celle de la Vierge & de saint Jean, qui sont de chaque côté; ces deux figures ont été executées en bois par *Jean* POULTIER, sculpteur de l'Academie.

Plusieurs personnes renommées sont enterrées dans cette Eglise, dont les plus illustres sont,

Jean de SELVE, premier President du Parlement, emploié avec succès aux grandes affaires, mort en 1529. Ce fut lui qui travailla au traitté de Madrid pour la délivrance du roi *François* I. avec *François* de *Tournon*, Evêque d'Ambrun, & *Philippe* de *Chabot*, Baron de *Brion*. Par sa conduite & son éloquence il conclut cette importante & difficile négociation, avec autant de succès qu'on pouvoit l'esperer alors.

Jerôme BIGNON, Avocat general au Parlement de Paris, en qui tout le monde a reconnu une probité exemplaire, & un savoir tres-profond. Sa science étoit si étenduë, qu'il a passé pour le plus docte & le plus universel de son siecle.

On peut lire son épitaphe dans une chapelle à côté du chœur, au dessous d'un buste de marbre de la main de GIRARDON, qui le represente parfaitement, quoique ce sculpteur n'eût jamais vû l'original. On a crû bien faire de rapporter cette épitaphe, pour contribuer en quelque façon à la gloire de ce grand homme, qui a fait tant d'honneur à sa patrie.

HIERONYMUS BIGNON, SUI

SÆCULI AMOR, DECUS,

EXEMPLUM, MIRACULUM.

Quid hæc circunstantium virtutum pompa sibi velit, haud requiret, quisquis HIERONYMI BIGNONII *Regii in Curia Parisiensi Advoca-*

ti, hanc esse effigiem noverit; quem doctrinæ ac humilitatis rara concordia, & justitiæ ac pietatis indivulsa societas & Deo & hominibus commendarunt.

Fuit illi scientia multiplex & exquisita, eademque expedita & facilis, & quæ non actiones modo publicas exornaret, sed familiarem quoque convictum mira suavitate condiret: hujus splendor, ne quem perstringeret, fecit incredibilis animi modestia, qua sibi cunctos præponebat, non varia simulatione, sed intimo sensu; neminem ille despicere visus, nemini obloqui; omnes contra fovere, erigere, amplecti: ita cùm omnium admirationem excitaret, nullius incendit invidiam; eruditorum & princeps & pater, communi suffragio habitus.

Atque hæ privatæ quodammodo BIGNONII dotes fuerunt; quales autem in amplissimo, quo per omnem fere vitam functus est munere ostenderit; quam animi firmitatem, fidem, religionem, benignitatem, æquitatem, patientiam, nec dici potest nec necesse est: adeò quidquid dixeris, non intra verum modò erit, sed intra famam. Nec verentur duo superstites filii, HIERONYMUS & THEODORICUS: ille paternæ dignitatis heres, hic libellorum supplicum Magister, qui hoc optimo parenti monumentum mœsti posuerunt, ne in celebrandis ipsius virtutibus nimium videantur amori tribuisse, quarum testem appellare possunt, non Galliam modò, sed orbem.

OBIIT ANN. 1656. 7. APRILIS
ÆTATIS 67.

Jerôme & Thierry BIGNON ses fils, dont il est parlé dans cette épitaphe, sont enterrez dans la même chapelle. Le premier qui succeda à son pere dans la charge d'Avocat general, devint Conseiller d'Etat, & mourut subitement le 15 de Janvier 1697, âgé de 70 ans.

THIERRY le second fils de Jerôme BRI-GNON, après avoir été maître des Requêtes, fut premier Président du grand Conseil, & ne survêcut son frere que de quatre jours seulement, étant mort le 19 du même mois, âgé de 65 ans.

Dans une chapelle peu éloignée assez bien décorée, on peut lire les épitaphes de plusieurs illustres, tous de la même famille, qui ont rendu des services tres-importans à l'Etat, dans les grands & differens emplois qui leur ont été confiez, dont ils se sont aquitez avec une tres grande reputation.

Voici la copie de ces épitaphes que le public sera bien aise de trouver ici, à cause des traits d'histoire qui y sont contenus.

D. O. M.

RENATUS DE VOYER
E Comitibus DE PAULMY
*Comes d'*ARGENSON,
Christianissimi Regis
Ad Serenissimam Venetorum
Rempublicam Legatus ;
Parentibus illustris,

Prosapiâ sublimis ;
Perpetuis muneribus clarus,
Temporaneis clarissimus.
Rebus gestis inclitus,
Virtutibus absolutus,
Venetiis desideratus,
Hîc situs est.
Anno Salut. M. DC. LI.
Ætat. LV.

Amantissimo Patri Renato
amantissimus filius Renatus
Nominis ac Legationis (Utinam)
Et virtutum hæres
Cum luctu Christiano posuit,
Senatusque pietati commendavit
Tabulam hanc marmoream
Expressam ad illius similitudinem,
Quæ Venetiis visitur,
Ubi legati illustrissimi,
Tam de Galliâ, quàm de Venetâ
Republicâ,
Optimè meriti,
Cineres placidè conquiescunt.
Piæ Avi amantissimi memoriæ,

Devotissimus Nepos,
Marcus Renatus de VOYER
de PAULMY,
Marchio d'ARGENSON,
Consistorianus Comes,
Urbanæ disciplinæ Præfectus
posuit
In hoc Sacello,
In quo Proavus jacet,
Et ipse post mortem tumulandus est,
Anno M. DCC. XVII. Die

Attende quisquis es virtutis
inconcussæ amator.
Inviolatæ fidei miles hic jacet
Torquatus
Petrus de VOYER, Dominus
d'ARGENSON,
Ex antiquâ stirpe Vicecomitum
de PAULMY,
Apud Turones oriundus,
A secretis Henrico Magno,
& Ludovico Justo Consiliis,
Necnon Turonensis Provinciæ
Magnus Ballivus,

Regi semper addictissimus,
Qui bellis insignis, tùm civilibus,
tùm exteris,
Gallia suo Henrico,
& quiete orbata,
Reginà Mariâ Mediceâ Regente
Principum & Magnatum
defectionibus restitit,
Animo intrepido, forti consilio,
& eruditâ sapientiâ
Vir, sibi parùm, at suis, & Reip.
Verè natus, & opere justus,
Ita & Deo super omnia devotus,
Ut cætera tantum ad Christi
Regnum curaret.
Obiit Parisiis eâ, quâ constanter
vixerat, pietate,
22º mensis Decembris, anno 1616.
ætatis 53.

PETRUS VOYERIUS

Anagramma

Vir opere justus.

Illustrissimo Conjugi ELIZABETHA

HURAULT, *Virtutum ejus imitatrix sedula,*

Amoris sanctissimi constantisque fidelitatis monumentum,
Quod ponendum vivens conceperat, ea fato functa, optimis Parentibus,
Renatus & Claudius de VOYER filii mœrentes extruxere.
E vitâ excessit Mater piissima, 30. Maii anno 1645. ætatis 74°

Æternæ addas memoriæ Franciscum & Mariam de VOYER,
Parentum cineribus mixtos,
Necnon obdormientem hic in Deo Dominam Helenam Delafont, uxorem Renati de VOYER *Demini d'*ARGENSON,
Regii Consistorii assessoris ordinarii, nuper exercituum
Germaniæ, Italiæ, Cathaloniæ, *justitiæ & ærario Præfecti;*
Et nunc apud Aquitanos Proconsulis,

rarœ mulierem bonitatis,
Et castæ prudentiæ, quæ mortuis
adjuncta est 9° Februarii die,
anno 1638. ætatis 35.

Eorum ut animæ gaudio fruantur
æterno,
Viator Deum precare.

D. O. M.

Sub hoc Marmore
Neque corpus cujusquam,
neque tumulum quære.
Una sistitur Memoria
Viri illustrissimi,
Quam pro sua in charissimum
Parentem pietate
Amantissimus filius
Marcus Renatus de VOYER
de PAULMY d'ARGENSON,
Reducendam duxit.
Ut qui cineres alteri sepulcro
credidisset,

DESCRIPTION

In hoc Sacello domestico
Præsens quoquo modo exhiberetur,
Morare tantisper Viator
Neque revocatum aliundè
clarissimi Viri
Monumentum ignora,
Cujus virtutes
Non eodem quo corpus loco
Circumscribi debuerunt
Piæ memoriæ & perennitatis
nominis
Renati de VOYER *de* PAULMY,
*Comes d'*ARGENSON
& de REUFFRAC *&c.*
Qui ex antiquâ & perillustri apud
Turonas prosapiâ
Togatam secutus militiam
Primùm Senator, dein Libellorum
supplicum Magister
Missus Dominicus & Consistorianus
Comes
Post Patrem apud Venetos legatione
functus Regiâ,
Integritate vitæ & morum
probitate spectabilis,

Templum hoc æterno Patri dicavit,
Dotavit, & à fundamentis
erexit.
Demùm in senectute bonâ,
Et cœlestium fructuum uberi,
Vitam clausit mortalem,
Immortalem auspicaturus.

Die XXX. *Aprilis*

M. D C C.

Dans une autre chapelle aussi à côté du chœur, est le tombeau de *Charles* le Brun, premier peintre du Roi, un des plus excellens hommes que la France ait produit dans son art, & comparable en bien des parties aux plus célebres peintres qui ont jamais paru.

Il avoit une abondance merveilleuse, & peu de peintres ont dessiné plus correctement & plus aisément que lui. On lui a obligation d'avoir apporté en France du choix & de la noblesse dans les compositions ; & comme son génie étoit tres-étendu pour tout ce qui regardoit le dessein, il donnoit des idées & conduisoit à la perfection tout ce qui en dépendoit. Les riches tapisseries fabriquées aux Gobelins, les grandes pieces d'orfévrerie, les sculptures & les plus belles statues de Versailles, avec les meubles précieux pour le Roi, comme les tables, les bordures de miroirs, les gueridons, & même les ouvrages d'architecture dont il a embelli quelques Eglises de Paris; toutes ces choses marquent la fécondité & l'étendue du genie de cet habile peintre.

Le Roi pour récompenser le Brun du haut dégré où il avoit porté son art, & pour donner de l'émulation à ceux de la même profession, l'avoit annobli & declaré Intendant de tous les travaux que l'on faisoit pour les maisons roiales, avec cela il étoit Directeur de l'Academie de peinture, & comblé de pensions & de gratifications si considerables, qu'il avoit amassé des biens qui ont monté à sa mort à plus de douze cens mille livres.

Les principales pieces de cet excellent maître sont à Versailles. La grande galerie est toute de lui, ainsi que le plafond du grand escalier.

Plusieurs autres dans le Louvre, particulierement celui de la galerie d'Apollon, qui est consideré comme son chef-d'œuvre. La chapelle de Sceaux & le pavillon de l'Aurore dans le même château. Les beaux appartemens du château de Vaux-le-Vicomte, qui appartient à présent au Maréchal Duc de Vilars, Gouverneur de Provence, sont enrichis de ses peintures, aussi-bien que plusieurs hôtels de Paris. Le plafond de la chapelle du Seminaire de saint Sulpice, qui fait d'admiration de tous ceux qui s'entendent en pieces achevées. Dans l'Eglise de Nôtre-Dame, on verra deux excellens tableaux de sa main. L'un represente le martyr de saint Estienne, & l'autre le crucifiment de saint André. Aux Carmelites du faubourg saint Jacques, le second des grands tableaux de la nef, qui fait voir la Madelene aux piés de Nôtre Seigneur chez Simon le lépreux; & le cinquiéme tableau du même côté, où Nôtre Seigneur est representé dans le desert servi par les Anges.

Dans la chapelle de la même Eglise, où est la statue à genoux du cardinal de Berulle, on admire le tableau de la Madelene pénitente, qui charma si fort la reine *Anne* d'*Autriche*, qu'elle commença, en voiant cette merveilleuse piece, à concevoir une haute estime pour ce peintre, qui lui avoit été presenté par le chancelier *Seguier*, tres-capable de juger du mérite des hommes illustres. On voit un nombre presque infini d'autres pieces de lui, dont la plus grande partie a été gravée par les plus habiles maîtres. Celles de *Gerard* AUDRAN, sont les plus estimées, parce que le BRUN conduisoit l'ouvrage & les corrigeoit lui-même.

Cette chapelle dans laquelle il est inhumé, est entierement de son genie, & il en a lui-même conduit jusqu'aux moindres parties. Elle avoit été commencée pour sa mere, enterrée dans le même lieu, laquelle est représentée en marbre, comme si elle sortoit du tombeau, avec un Ange en l'air qui sonne de la trompette dans une disposition & une attitude admirable. Cette belle piece a été executée par GOLIGNON Sculpteur, mort en l'année 1702, dont on a peu d'ouvrages, quoiqu'il fut tres-habile & des plus capables d'executer des choses singulieres & difficiles.

On lit cette petite inscription sur ce monument.

SATIABOR CUM APPARUERIT
GLORIA TUA.

LE BRUN est représenté en buste dans

DE LA VILLE DE PARIS. 453
la même chapelle, de la main de COYSE-
VOX, au bas d'une piramide posée sur
un piédestal, dans le quadre duquel on
a gravé cette épitaphe.

A LA MEMOIRE
DE CHARLES LE BRUN

Ecuyer, sieur de Thionville, premier Peintre du Roy, Directeur des Manufactures royales des Gobelins, Directeur-Chancelier de l'Académie royale de peinture & sculpture.

Son genie vaste & superieur le mit en peu de tems au-dessus de tous les Peintres de son siecle. Ce fut lui qui forma la celebre Academie de peinture & de sculpture, que LOUIS LE GRAND *a depuis honorée de sa royale protection, qui a fourni des Peintres & des Sculpteurs à toute l'Europe, où elle a toûjours tenu le premier rang.*

L'Academie du dessein de cette superbe Rome, qui avoit eu jusqu'à present l'avantage des beaux Arts sur toutes les autres Nations, le reconnut pour son Prince en 1676 & en 1677. Ce sont ses desseins qui ont répandu le bon goût dans tous les Arts; & sous sa direction les fameuses Manufactures des Gobelins ont fourni les plus précieux meubles & les plus magnifiques ornemens des Maisons royales.

Pour marque éternelle de son mérite, LOUIS LE GRAND le fit son premier Peintre, lui donna des Lettres authentiques de Noblesse, & le combla de ses bienfaits. Il est né à Paris le 22. de Mars 1619, & y est mort dans le sein de la pieté le 12 de Fevrier 1690.

SUSANNE BUTAY sa veuve, après avoir élevé à son illustre époux ce monument de son estime & de sa reconnoissance, l'a rejoint dans le tombeau le 26 de Juin 1699.

Tout est admirable dans cette riche chapelle, les ornemens qui y sont, ont été imaginez & placez avec tant d'art qu'on n'y remarque rien qui ne puisse être attribué à un très-grand maître, soit en peinture, ou en sculpture. Les marbres y sont d'un choix merveilleux, ce qui ne contribue pas peu à l'embellissement de tout ce qu'elle contient.

On doit surtout examiner avec application le tableau de l'Autel, qui represente S. Charles Boromée, en priere devant un Crucifix. Comme ce saint étoit le patron de le *Brun*, il s'est attaché à en faire une piece qui lui fit honneur. Le plafond est aussi tres-remarquable, parce qu'il est de la même correction & de la même beauté que tout le reste.

Le Seminaire à côté de cette Eglise, est le plus ancien de tout Paris. Il est rempli d'Ecclesiastiques zelez, capables de s'acquitter des fonctions les plus difficiles de l'Eglise, qui ne vivent que de ce qu'on appelle la bourse clericale. Il a été rétabli & fort augmenté par *Adrien* BOURDOISE, né à Brou dans le diocese de Chartres, dont on a imprimé la vie, chez *François* FOURNIER en 1714.

La porte de cette maison a quelque chose de beau; & celui qui en a donné les proportions, a marqué qu'il étoit capable d'une entreprise plus étendue & d'une plus grande consequence.

LE COLLEGE DU CARDINAL LE MOINE, est plus avant de quelques pas. Il a été fondé en 1303. par *Jean* le MOINE, originaire de Cressy en Picardie, lequel par son merite parvint à la dignité éminente de Cardinal & à celle de Legat d'Avignon. Il fut fort emploié dans le fameux démêlé du Pape Boniface VIII. avec le roi Philippe le Bel, & il se comporta avec tant de sagesse & de prudence entre ces deux puissances, qu'il s'aquit l'estime de l'un & de l'autre. *Baillet* a donné l'histoire de cet évenement singulier. Ce fut pendant ce tems-là qu'il fit cette fondation, à laquelle *André le Moine*, Evêque de Noyon, son frere, contribua aussi : l'un & l'autre sont enterrez dans la chapelle qui a titre de Paroisse. Les études se font à present dans ce college, avec beaucoup d'exactitude, & il a été autrefois en grande réputation. L'Abbé de *Marolles* a remarqué dans un de ses ouvrages, que trois des plus savans hommes de leur siecle y enseignoient en même tems ; à sçavoir, *Turneb, Buchanam & Muret* ; ce qui mérite bien d'être remarqué.

Tout proche est LE SEMINAIRE DES BONS

Bons Enfans, dirigé par les Prêtres de la mission de saint-Lazare, lesquels y ont un nombre considerable de jeunes Ecclesiastiques en pension, parmi lesquels il y a beaucoup de personnes de qualité, même des étrangers, sur tout des Polonois. Il y a toûjours quelque Evêque, qui honore ce seminaire de son séjour ; on y en a vû jusqu'à quatre ou cinq y demeurer en même tems. *Vincent de Paul* aiant été fait principal de cette maison en 1622, qui étoit alors un college dépendant de l'Université, y forma peu d'années après la Congrégation de la mission ; & comme on l'appelloit le college des Bons-Enfans, le nom en est resté au séminaire. Les Prêtres de la mission aiant acheté un terrain contigu, y ont élevé plusieurs bâtimens ; ce qui a été cause que depuis on l'a nommé *le Seminaire de la Congrégation de la Mission.*

On fait dans ce lieu des conferences spirituelles deux fois la semaine, les Mardis & les Jeudis, où il assiste toûjours quantité d'Ecclesiastiques vertueux qui veulent faire du progrès dans leur état, & acquerir les lumieres requises pour remplir les dignitez de l'Eglise. La Bibliotheque n'est pas à la verité fort grande, mais en récompense, elle est fournie de Livres choisis ; & *Julien Barbé*, mort en 1711, superieur de ce séminaire, qui les connoissoit parfaitement, n'avoit rien épargné pour en avoir des mieux conditionnez.

La porte de saint-Victor se trouvoit à cet endroit. Elle a été abbatue en 1684, pour élargir ce quartier, & pour le joindre à la Ville, comme on a fait ailleurs.

Il reste peu à voir après ces choses ; mais pour ne rien négliger, on ira aux CARMES qui sont au bas de la montagne de sainte-Geneviéve, proche de la PLACE MAUBERT.

Cette place, selon une ancienne tradition, a pris son nom d'*Albert le Grand*, lequel vint de Cologne donner des leçons à Paris. Le nombre de ses auditeurs se trouva si grand, qu'il fut obligé de faire ses leçons au milieu de cette place ; ce qui fut cause qu'on la nomma la *place de Maître Albert*, ou *place Maubert* par corruption ; mais à dire le vrai, cette origine n'est pas des mieux prouvé. Ce savant homme, si on en croit l'histoire de sa vie, est mort le 15 de Fevrier 1280, âgé de soixante & quinze ans.

On tient depuis plusieurs années dans cette place un des plus grands marchez de la Ville, deux fois la semaine, le Mercredy & le Samedy.

Au milieu on a élevé une fontaine des materiaux d'une autre qui étoit autrefois sur le quay des Augustins ; & l'ange de métail que l'on voit dessus, qui est d'une assez bonne main, étoit sur une autre fontaine qui a été abbatue au milieu de la Greve, vis-à-vis de l'hôtel de Ville.

Ces vers de SANTEUL sont gravez sur un marbre noir qui y est attaché.

QUI TOT VÆNALES POPULO
LOCUS EXHIBET ESCAS,
HIC PRÆBET FACILES, NE SITIS
URAT, AQUAS.

LES CARMES DE LA PLACE MAUBERT, ont été originairement fondez par le roi saint Louis, qui les avoit amenez de la Palestine, & les avoit établis dans le même lieu où sont à present les Celestins. Alors on les appelloit les Barrez, parce que leurs manteaux étoient rayez de blanc & de brun; mais à cause des débordemens de la riviere de Seine & de l'éloignement de l'Université, ces Religieux, comme on l'a déja dit, furent obligez de venir loger à cet endroit. La reine *Jeanne*, femme de *Philippe le Long*, par son testament fait en l'année 1349, leur laissa de tres-grands biens ; entre autres choses, sa couronne d'or, garnie de pierreries, d'un prix considerable ; la fleur de-lis d'or, qu'elle avoit reçue le jour de son couronnement ; sa ceinture garnie de grosses perles, & toute sa vaisselle d'argent, avec quinze cens florins d'or, qui en ce tems-là montoient tres-haut. La valeur de toutes ces choses fut emploïée au bâtiment de leur Eglise & de leur Couvent, qui n'ont rien de beau ni de remarquable.

Il y a dans l'Eglise de ces Peres une grande dévotion à Notre-Dame du Mont-Carmel, où il vient quantité de personnes dévotes à la sainte Vierge, pour gagner les indulgences attachées au scapulaire, sur tout le second Samedy de chaque mois.

Depuis quelques années, ils ont fait rebâtir le grand Autel de leur Eglise sur un dessein tres-singulier, où il y a quantité de colonnes de pierres feintes de marbre, & quelques figures, mais le tout dans une disposition & dans des proportions fort irregulieres. Cette grande &

pitoyable machine de pierre a cependant coûté une somme considerable à construire, dans l'état où elle se trouve à present.

La chapelle qui est particulierement attachée à la dévotion du scapulaire, est decorée d'une menuiserie à colonnes Corinthiennes, qui est assez passable pour le dessein, & d'une bonne execution.

Oronce Fine, célebre mathematicien, mort le 6 d'Octobre 1555, âgé de soixante & un ans, est inhumé dans cette Eglise. Il avoit été nommé Lecteur roial par François I. qui se connoissoit en personnes de merite & de savoir. Plusieurs savans lui firent des éloges funebres qui furent recueillis par *Antoine Mizault*, sous ce titre: *Funebre symbolum aliquot doctorum virorum, viro doctissimo Orontio Finæo.*

Le P. *Sebastien* Truchet qui est de cette maison, passe avec justice pour un des plus excellens mathematiciens de l'Europe. Il est de l'Academie roiale des sciences, entre les Honoraires. Son cabinet, ou plûtôt sa galerie, est remplie d'un nombre infini de machines de toutes les especes, dont l'invention marque évidemment son profond savoir dans les méchaniques, & l'application assidue qu'il

V iij

donne au travail. Il a fourni plusieurs desseins tres-utiles, qui ont heureusement réussi en diverses occasions.

Almeric patriache d'Antioche, assembla le premier en corps les religieux Carmes dispersez dans les deserts de Syrie en l'année 1181, sous le pontificat d'Alexandre III. ces Peres raportent cependant leur premiere origine au tems du Prophete Elie & d'Elisée son disciple, mais sans aucun fondement, qui habitoient sur le Mont-Carmel, & qui y avoient des disciples, que l'Ecriture sainte nomme les Enfans des prophetes. Albert, Patriarche de Jerusalem, les introduisit depuis en Europe, & reforma leur regle en 1220; ce qui est cause que ces Peres veulent être les premiers des quatre ordres mandians à cause de l'antiquité prétendue de leur institution.

Les Peres Carmes ont environ 122 maisons en France, qui nourrissent au moins 1691 Religieux.

En allant du couvent des Carmes à l'Abbéie de sainte Geneviéve, on trouve le COLLEGE DE NAVARRE, le mieux situé & le plus spacieux de toute l'Université, fondé en 1304 par la reine *Jeanne* de *Navarre*, femme de *Phi-*

lippe le Bel, comme il paroît par ces inscriptions gravées sous la statue de ce Roi, & sous celle de cette Reine, placées de chaque côté de la porte.

PHILIPPUS PULCHER CHRISTIA-
NISSIMUS
HUJUS DOMUS FUNDATOR.

Sous celle de la Reine.

JOANNA FRANCIÆ ET NAVARRÆ
REGINA,

CAMPANIÆ BRIÆQUE COMES
PALATINA

HAS ÆDES FUNDAVIT

1304.

Ces vers se trouvent encore gravez au milieu :

Dextra potens, lex æqua, fides, tria lilia Regum
  Francorum, Christo Principe, ad astra ferunt.

Ce College étoit autrefois le plus célebre de l'Université, on y mettoit en pension les enfans des plus grands seigneurs du roiaume ; & afin que le commerce des écoliers externes ne les dissipât point, on n'en recevoit aucun qui ne fût pensionnaire. Mais cela est changé à present. On y tient exercice public indifferemment pour toute sorte d'écoliers. La Theologie y est enseignée, comme on l'a déja dit ; & quatre professeurs sont gagez pour donner les leçons, deux le matin, & deux l'après midi.

On conservoit autrefois dans ce College une ancienne bibliotheque, donnée par la fondatrice, qui étoit en grande estime avant l'usage de l'impression. Elle étoit composée de manuscrits, dont la plus grande partie a été dissipée dans la suite ; mais par les soins de l'*Abbé* DROIN, qui en a eu la direction pendant quelques années, elle commençoit à se rétablir & à augmenter.

Le College de Navarre a fourni des personnes illustres dans les lettres, plus qu'aucun autre de l'Université.

Le premier est *Pierre* d'AILLY, Cardinal Archevêque de Cambray, qui fit de grands biens à ce College, comme l'on le voit par une inscription, dans la chapelle, au milieu de laquelle est la tombe de *Clamengis*, célebre Théologien, avec cette petite inscription,

Qui lampas fuit Ecclesiæ, sub lampade jacet.

Nicolas ORESME, Doien de l'Eglise de Rouen & Grand-Maître de ce College, avoit été Précepteur du sage roi Charles V. à qui il avoit inspiré des sentimens de vertu & de douceur. Entre plusieurs ouvrages qu'il a laissez, il a donné une traduction Françoise de la Bible, la premiere qui ait paru en cette langue.

Jean Gerson a enseigné dans le même College. Il est mort à Lyon le 21 de Juillet 1429, âgé de soixante & six ans. Son nom étoit Jean Charlier, il prit celui de Gerson, lieu de sa naissance, proche de Reims, selon la coutume de son tems.

Les autres illustres, qui s'y sont encore distinguez, son *Jean Textor*, *Jean Major*, *Almainus de Castro forti*, *Papillon*, *Gelin*, *de Villers* & *Jean Pelletier*, Curé de saint Jacques de la Boucherie; ce dernier étoit Grand-Maître

V v

de ce College, & se trouva au Concile de Trente, par ordre du roi Charles IX.

On y a vû dans ces dernieres années, Jean de LAUNOY célebre critique, de qui on a plusieurs volumes sur l'histoire Ecclesiastique, qui ont fait juger qu'il étoit l'homme de ces derniers siecles le mieux instruit des antiquitez de l'Eglise; il a aussi fait l'histoire de ce College.

César Egasse du *Boulay*, auteur de l'histoire de l'Université, est enterré dans cette même chapelle, dediée sous le titre de saint Louis.

Jacques-Benigne BOSSUET Evêque de Meaux, & Precepteur de Monseigneur le Dauphin, Superieur de ce College, est mort à Paris le 12 d'Avril 1704, âgé de soixante & seize ans. Comme il étoit un des plus laborieux hommes de son tems, il a donné quantité d'excellens ouvrages, dont un des principaux est son *Discours sur l'Histoire universelle*. L'exposition de la foi de l'Eglise Catholique sur les matieres de controverse, qui a été imprimée plusieurs fois, & traduite presque dans toutes les langues vivantes à cause de son utilité: Son histoire des

Variations & plusieurs autres productions savantes, ont fait connoître qu'il étoit d'une profonde érudition, & d'un grand savoir. L'Academie Françoise l'avoit choisi pour être de ses membres ; ce qu'il méritoit par son éloquence, qu'il avoit fait paroître dans des panegyriques excellens, & dans des oraisons funebres, d'une singuliere beauté.

SAINT ESTIENNE DU MONT.

Cette Eglise paroissiale est d'une fondation assez ancienne. Le bâtiment, comme on le voit à present, fut entrepris sous le roi François I. & ne fut achevé que plusieurs années après. La reine Marguerite de *Valois*, premiere femme de Henri IV. donna la somme de mille écus pour faire le grand portail, où elle mit la premiere pierre le 21 d'Aoust 1610 avec cérémonie, comme on le pratiquoit ordinairement. Ce portail est assez curieusement travaillé ; mais on y a prodigué une si étrange quantité de mauvaise sculpture, sans goût & sans choix, qu'on n'y remarque rien que de désagréable. Quatre colonnes d'ordre composite, font la principale décoration de ce portail; elles sont à bandes & engagées dans le vif du bâtiment. Le reste est tres peu de chose, quoiqu'il paroisse un tres-grand travail, où la confusion & le mauvais discernement triomphent plus qu'en aucun édifice que l'on voie dans cette Ville.

Les dedans de cette Eglise sont assez éclairez, les voûtes en sont élevées & fort bien entendues. Il y a des arcades, qui portent des galeries de communication, lesquelles tournent autour de chaque pilier avec beaucoup d'art. Les petits escaliers pour monter à la tribune sur la porte du chœur, serpentent d'une maniere fort ingenieuse autour des gros piliers de la croisée. Le crucifix & les figures qui l'accompagnent, placées sur cette même porte, sont regardées comme les plus beaux ouvrages de Jean Gougeon.

La chapelle de la Vierge derriere le chœur, est bâtie à la moderne, & ne fournit rien de remarquable.

Mais ce qui merite quelque distinction, c'est le petit Autel du saint Sacrement, embelli d'un morceau de sculpture, de Germain Pilon. C'est un bas-relief en marbre d'une excellente beauté, qui représente Nôtre Seigneur en priere au jardin des Oliviers.

On voit encore du même maître un CHRIST dans le tombeau, autour duquel sont plusieurs figures grandes comme nature, qui représentent les Maries. Toutes ces choses se trouvent assez proche des endroits dont on vient de parler, & ne manquent pas de perfection dans leur maniere.

Enfin, ce que les veritables curieux estimeront infiniment davantage, c'est la CHAIRE DU PREDICATEUR, ornée de sculptures & de bas-reliefs d'une tres-rare perfection. Une grande statue de Samson, semble soûtenir le corps de tout l'ouvrage, autour duquel on a placé des vertus assises, avec des bas-reliefs entre deux & un petit ordre d'architecture qui produit un fort bel effet. Sur le dais, un grand Ange tient deux trompettes avec lesquelles il semble avertir les fideles de venir écouter la parole de Dieu. On ne peut rien de mieux imaginé & de plus correctement dessiné que toutes ces choses; & ce beau morceau de menuiserie peut passer sans contredit pour ce qu'il y a de plus rare dans ce genre. Tout cet ouvrage est de *Claude* L'ESTOCART, originaire d'Arras, tres-excellent sculpteur. *Laurent* DE LA HIRE, né à Paris, peintre fort habile, qui possedoit l'art de dessiner à un haut degré d'excellence, conduisit l'ouvrage, & fournit au sculpteur les craions, sur lesquels cet habile ouvrier travailla avec succès ; & enfin mit cette belle piece dans l'état où elle est, qui fait à present l'admiration de tous les bons connoisseurs.

On estime fort les vitres des charniers de cette Eglise, & elles sont regardées avec plaisir, la peinture sur verre aiant des beautez particulieres ; & ce qui rend encore cette sorte d'ouvrage tres-rare, c'est qu'il ne se trouve plus à present d'ouvriers, qui l'entendent comme autrefois.

Les tapisseries qui representent l'histoire de saint Estienne, ont été faites sur des desseins excellens, donnez par *Laurent* DE LA HIRE, tres-habile peintre.

Cette Eglise conserve les tombeaux de plusieurs illustres, qui ont vécu la plûpart dans le denier siecle, dont voici les principaux & les plus renommez.

Blaise VIGENAIRE, tres-versé dans les antiquitez Romaines, est mort en l'année 1596.

Jean-Baptiste MORIN, Professeur roial en mathematiques, auteur de plusieurs ouvrages pleins de doctrine, comme celui qui porte le titre *Astrologia Gallica*. Il est mort le 6 de Novembre 1656. On peut lire sa vie à la tête de cet ouvrage. Il passoit pour fort habile en Astrologie ; & le Cardinal de Richelieu le consultoit souvent. Cependant il se brouilla avec cette Eminence, qui en agit mal à son égard. Son livre intitulé, *Longitudinum terrestrium & cœlestium nova hactenus & optata scientia*, publié en 1634, lui donna occasion d'avoir de grandes disputes avec *Gassendi*, & d'autres savans philosophes qui vivoient alors.

Blaise PASCHAL, auteur du livre des pensées sur la Religion, & de quelques autres ouvrages tres-estimez. C'étoit un homme d'un mérite tres-distingué pour ses mœurs édifiantes & pour sa profonde doctrine ; tout ce qu'il a mis au jour est regardé avec admiration.

L'épitaphe qui suit, est gravée sur sa tombe derriere le chœur, assez proche de la chapelle de la Vierge.

Hic jacet BLASIUS PASCHAL, *Claromontanus, Stephani Paschal*

*in suprema apud Avernos subsidio-
rum Curiæ Præsidis filius, post aliquot annos in severiori secessu, &
divinæ Legis meditatione transac-
tos feliciter & religiosè in pace
Christi vitâ functus an. 1662. ætatis
39. die 29. Augusti. Optasset ille
quidem præ paupertatis & humilitatis studio, etiam his sepulchri honoribus carere, mortuusque etiam-
num latere, qui vivus semper latere
voluerat ; verùm ejus hac in parte
votis cedere non potuit Florinus. Pariter in eadem subsidiorum Curiæ
Consiliarius ac sorori Gilbertæ Paschal matrimonio junctus, qui hanc
ipsi tabulam posuit indicem sepulchri, & suæ in illum pietatis. Par-
cet tamen laudibus, quas ille sum-
mopere semper aversatus est, &
Christianos ad Christiana precum
officia, & sibi & defuncto profutu-
ra cohortari satis habebit.*

Antoine le MAISTRE de SACY, né
à Paris, celebre Avocat, s'étoit retiré à

Port-roial des Champs, où il eſt mort le 4 de Novembre 1658, âgé de cinquante ans. Tout ce qui étoit reſté dans ſon tombeau a été apporté dans l'Egliſe de ſaint-Eſtienne du Mont, & a été dépoſé en l'année 1710, proche de la ſepulture de *Blaiſe Paſchal* ſon ancien ami. On a de ce grand homme un recueil de plaidoiers fort eſtimez, dans leſquels on remarque une éloquence comparable à celle des anciens Grecs & Romains.

Jean RACINE, mort le 22 Avril 1699, étoit de l'Académie Françoiſe & en grande réputation, à cauſe de ſes pieces de theatre, qui ſont encore fort applaudies. Il avoit choiſi ſa ſépulture à Port-roial des Champs, où il avoit pris l'inclination des belles études & s'étoit lié d'amitié avec les ſavans qui s'y étoient retirez & qui y faiſoient leur ſéjour ordinaire pour s'appliquer plus tranquillement à l'étude des choſes ſaintes & à la pratique des vertus chretiennes; entre leſquels on pourroit nommer le fameux le *Maître*, aux piés duquel Racine voulut être inhumé, par reconnoiſſance des bons & ſages avis qu'il lui avoit donné pour la regle de ſes études, & en particulier pour la conduite de ſes mœurs. Son corps fut tranſporté auſſi en même tems dans l'Eglife de faint-Eftienne; c'eft à dire, lorfque cette Abbéie a été entierement détruite en l'année 1710.

Charles l'ABBE' Avocat en Parlement, Commentateur de la Coûtume de Paris & Auteur ou Editeur de plufieurs autres ouvrages eftimez, eft mort le 11 de Janvier 1667, âgé de foixante & feize ans.

Euftache le SUEUR, né à Paris, Peintre très habile, qui poffedoit fon art à un haut degré de perfection, eft mort à l'âge de trente-huit ans, dans le mois de May de l'année 1655. On voit dans cette Eglife quelques tableaux de lui. Ses principaux ouvrages font aux Chartreux, à faint Gervais, & en quelques autres endroits. On lit dans les mélanges de *Marville*, une chofe qui fait bien de l'honneur à cet excellent Peintre; que le *Brun* rendant vifite à le *Sueur*, dans les derniers momens de fa vie, & l'aiant vû expirer, ne pût s'empêcher de dire que la mort venoit de lui tirer une groffe épine du pié, tant le mérite de ce Peintre étoit redoutable à un habile maître & lui faifoit ombrage. Les plus beaux deffeins de le *Sueur*, étoient dans le cabinet de *N. Logé*, qui les conservoit précieufement. On a de lui plusieurs morceaux détachez & quantité d'esquisses, qui marquent que sans avoir été en Italie, il avoit acquis une heureuse & agréable maniere de dessiner, avec une grande connoissance de ce que l'antique a laissé de plus précieux, sur quoi il s'étoit formé un choix exquis & tres-correct.

On a remarqué avec raison, que le *Sueur* étoit comparable à *Raphael*, aiant presque eu le même sort, & n'aiant vêcu que tres-peu d'années plus que lui. Sans avoir été en Italie, il avoit sû prendre parfaitement la maniere de ce grand maître, sur le peu de desseins, de tableaux & d'estampes qu'on a de lui en France; ce qui est étonnant & presque incroyable, puisque de tant de Peintres même des plus habiles, qui ont tâché jusqu'à present de faire la même chose, d'après le grand nombre de peintures de *Raphael*, qui sont à Rome & dans le reste de l'Italie, pas un n'a encore pû y réussir; ce qui fait juger de la superiorité de le Sueur dans son art, & à quel degré d'excellence il fût parvenu, s'il eût vêcu plus longtems.

Pierre PETIT, né à Paris, medecin, étoit d'une érudition tres-profonde & parfaitement versé dans la langue Grecque & dans la belle antiquité. Il est mort âgé de 71 ans. Tous les savans le consultoient sur leurs ouvrages, comme un homme capable de les instruire & de les diriger, Il étoit aussi bon poëte & excellent Philosophe, & les traitez qu'il a mis au jour sont fort estimez.

Voici une épitaphe de la composition d'un savant de ses amis, tres-versé dans le style lapidaire, que l'on devoit graver sur son tombeau ; les curieux seront sans doute bien aises de la trouver ici, parce que les principaux ouvrages de ce savant homme y sont marquez.

D. O. M.

Adsta viator & pellege.
In hoc vertice Parnassi Parisiensis
Eximius Poëta,
Pleiadis clarissimum sydus ;
Asili Patavini ornamentum,
PETRUS PETITUS
Positus est
Ex adverso RENATI CARTESII,
Insignis Peripateticus
Medicus,
Philologus,

Sibyllæ, Amasonum,
Nympharum, Vatumque,
Præco magnificus.
Scaligeris, Salmasiis, Casaubonis,
Æquiparandus.
Adeste Musæ omnes &
Alumno carissimo
Parentate mecum & flores
Spargite,
Adeste pii & preces
Fundite.

Obiit septuagenario major
Idib. Decemb. 1687.
CLAUDIUS NICASIUS
Divionensis
Ex debito amicitiæ.

Pierre BARBAY, fameux Professeur en philosophie, qui a laissé un cours excellent imprimé en plusieurs volumes, repose aussi dans la même Eglise. On lit cette épitaphe proche de la chapelle de saint-Roch, où est le lieu de sa sépulture.

D. O. M.

Magistro PETRO BARBAY *Abba-villæo, sui sæculi genio, Academiæ principis ornamento, Philosophiæ, Medicinæ, Matheseos, Theologiæ, doctrinarum ferè omnium Laude celebri;*
Qui postquam Parisiis Philosophiam per annos quatuordecim summo cum honore, maxima auditorum frequentia publicè docuit, confectis tandem stipendiis miles emeritus cum summo bonorum omnium dolore migravit ad superos.

Die 2. Sept. ann. 1664.

Sui mœrentes posuere.

François PINSSON, Avocat au Parlement, est mort le 10 d'Octobre 1691. âgé de plus de 79 ans. Les savans ouvrages qu'il a mis au jour sur les matieres beneficiales, sont remplis d'une grande doctrine & fort estimez.

Jean MIRON, Docteur de la maison de Navarre, est enterré dans la même Eglise. Il a donné sa bibliotheque aux Peres de la Doctrine Chrétienne, avec un fonds pour l'entretenir & pour l'augmenter, à condition qu'elle seroit publique, ce qui marque le grand zele qu'il avoit pour le progrès des sciences.

Jean GALLOIS Abbé de saint Martin de Core, au diocese d'Autun, naquit à Paris le 14 de Juin 1632; il étoit fort savant dans la Theologie, la Philosophie & les Mathematiques. Le Journal des savans auquel il a travaillé depuis l'année 1665, jusqu'à l'année 1673, l'a fait connoître pour tel dans toute l'Europe. Il s'insinua si bien dans l'esprit de J. B. COLBERT, que cet habile ministre le prit auprès de lui d'une maniere obligeante. Lorsque le Roi établit l'Académie des sciences, il y eut l'emploi de Secretaire; & quelques années après on l'élut aussi pour être l'un des quarante de l'Académie Françoise. Après la mort de J. B. COLBERT, le Roi lui donna une chaire de Professeur en langue Grecque, au college roial de France, & peu après, lui donna un appartement dans le même college, pour prendre soin de la discipline & de l'observation des reglemens. Il est mort d'hydropisie le 19 d'Avril 1707.

On lisoit il n'y a pas encore longtems cette épitaphe derriere la chaire du Prédicateur, qui marquoit le caractere d'un homme plein de lui-même, & enivré de son mérite. Elle étoit de sa composition à ce que l'on prétend.

PASSANT, qui que tu sois, arrête & considere
 Qui gist sous ce tombeau :
Tu sçauras que TOGNET par un secret mystere
Abandonna ce monde pour en prendre un plus beau.
Son Art & son savoir garantissoient les hommes
 Bien souvent de mourir.

MORTELS, pensez à vous, dans le siecle où nous sommes,
Puisque TOGNET n'est plus, qui vous pourra guérir ?

Au reste j'ai cru que ce *Tognet* étoit medecin, quoiqu'il ne fût que chirurgien,

gien, & que c'étoit lui-même qui avoit fabriqué cette épitaphe fastueuse & trop insultante pour tant d'habiles Chirurgiens qui lui ont survêcu; c'est sur le raport de quelques honnêtes gens que je suis tombé dans ces deux erreurs, dont je veux bien me retracter dans cette édition, sur la foi d'un petit livre nouvellement imprimé, sous le titre d'*Index funereus Chirurgorum Parisiensium*, dont l'Auteur quel qu'il soit paroît être assez au fait de tout ce qui regarde l'histoire de la chirurgie & des Chirurgiens, & par conséquent mieux instruit que ceux que j'avois consulté.

Je me retracte tres volontiers quand je me suis trompé, & bien loin d'être importuné des corrections que l'on me fait, je sai au contraire fort bon gré à ceux qui veulent bien se donner la peine de me redresser quand je m'égare. C'est ce que vient de faire récemment cet auteur, mais d'une maniere outrageante, & avec beaucoup de rudesse & de grossiereté; car outre qu'il m'accuse tres-faussement de plusieurs défauts que je ne croi pas avoir, il prétend encore que je manque souvent d'exactitude dans les faits que je raporte. Il fonde legerement tous ces défauts injurieux sur ce que j'ai dit, que supofé que ce *Tognet* fût lui-même l'auteur de fon épitaphe, il falloit qu'il fût bien enivré de fon mérite ; & fur ce que de gayeté de cœur & par malice j'ai voulu flétrir fa memoire, en difant de lui qu'il étoit Medecin, quoiqu'il fût Chirurgien ; quelle affreufe médifance ! ne le voilà-t-il pas bien deshonoré ?

Je prie le lecteur de me pardonner cette petite difgreffion, que j'ai cru neceffaire pour ma juftification, & pour lui donner à juger lequel de cet auteur mélancolique, ou de moi, a le plus de penchant à la médifance.

Simon PIETRE, habile medecin de fon tems, dont il eft fort parlé dans les Lettres de *Guy-Patin*, comme d'un homme, qui avoit autant de probité que de fcience dans fa profeffion, fit paroître à la mort des fentimens bien oppofez & bien differens. Il défendit par fon teftament qu'on l'enterrât dans l'Eglife de faint Eftienne fa paroiffe, de peur de nuire à la fanté des vivans, par les exhalaifons de fon corps mort ; ce qui devroit être foigneufement imité, fi on étoit attentif au bien public, comme on l'étoit très exactement autrefois.

On lit ces épitaphes qui fe voient encore dans le cémetiere de cette Eglise, où il avoit ordonné sa sépulture.

SIMON PIETRE *Doctor medicus*
Parisiensis,
Vir pius & probus,
Hic sub dio sepeliri voluit,
Ut ne mortuus cuiquam noceret,
Qui vivus omnibus profuerat.

SIMON PIETRE *qui fut jadis*
Docteur medecin de Paris,
D'une probité singuliere,
A voulu que son corps fût mis
Au milieu de ce Cémetiere,
Craignant ailleurs de faire tort
Dans une place mieux choisie,
Et qu'aiant fait à tous du bien pendant sa vie,
Il ne pût nuire après sa mort.

Joseph Pitton de TOURNEFORT, prévenu des mêmes sentimens, a aussi voulu être enterré dans le même lieu. Il étoit medecin de la Faculté de Paris, de l'Académie roiale des sciences entre les Pensionnaires, & tres-excellent botaniste. Il est mort le 28 de Decembre 1708. Personne avant lui n'avoit travaillé sur l'exacte recherche des plantes avec plus d'application & de progrès; & les savans traitez qu'il a publiez pendant sa vie, & qui ont été trouvez parmi ses papiers après sa mort sur cette matiere, lui ont procuré une tres-grande réputation. Il avoit fait plusieurs voiages en differens payis, principalement dans l'Archipel & dans l'Asie mineure, avec *André Gondelsheimer*, docte medecin Allemand, mort premier medecin de *S. M. PR.* Le principal ouvrage de Tournefort est intitulé, *Institutiones rei herbariæ*; & on auroit encore vû d'autres choses de ce savant homme, le plus laborieux de son siecle, si la mort ne l'eût pas prévenu si promptement. Il avoit assemblé un cabinet tres-curieux, rempli d'une infinité de singularités concernant sa profession, qu'il a laissé au Roi, & qui se voit au jardin roial, comme on l'a dit.

La Cure de saint-Estienne du mont, ainsi que quelques autres de cette Ville & des environs, est à la nomination de l'Abbé de sainte Geneviéve, qui choisit toûjours pour les administrer, des personnes de sa congregation les plus distinguées en mérite & en capacité.

L'ABBE'IE ROIALE DE SAINTE-GENEVIEVE DU MONT.

Avant que de décrire les choses singulieres & dignes d'être remarquées qui se trouvent en abondance dans cette ancienne Abbéie, il ne sera pas inutile de rapporter quelque chose de son histoire.

Clovis premier roi chrétien, selon l'opinion la plus reçûe, en est le fondateur: il la dédia sous le nom de saint Pierre & de saint Paul, dont elle a porté le titre pendant plusieurs siecles; cependant quelques antiquaires présument, qu'avant cette fondation il y avoit déja dans le même lieu une petite chapelle érigée dès le tems de saint Denys, qui vivoit dans les premiers siecles du Christianisme, construite sur la *crypte*, ou cave dans laquelle se voit encore le tombeau de sainte Geneviéve.

Environ l'année 500, à la sollicitation de cette Sainte, & aux instantes prieres de la reine *Clotilde*, *Clovis* premier roi chrétien, son époux, érigea cette Eglise, par le ministere de saint Remy Archevêque de Reims, qui l'avoit baptisé; & fut ainsi la premiere de fondation roiale, dans laquelle ce Prince mit quelques Chanoines seculiers, ou plûtôt des Prêtres en communauté. Il fit bâtir dans l'enclos de la premiere cour, un palais pour sa résidence, qui depuis a été converti en maison abbatiale. Ces Chanoines demeurerent en cet état jusqu'au douziéme siecle, lesquels le roi *Louis le Jeune* obligea d'embrasser la vie reguliere sous la regle de saint Augustin.

Mezeray raconte ce qui engagea ce Prince à en agir ainsi.

Cet historien dit, que de tems immemorial il y avoit des Chanoines seculiers dans cette maison, qui avoient été affranchis de la visite de l'Evêque à la sollicitation du roi *Robert*, pour être soûmis immédiatement au saint Siege; mais il arriva que le Pape *Eugene* IV. étant venu se refugier à Paris, pour éviter la persécution de ses ennemis, on lui fit une entrée magnifique; & par une distinction toute particuliere, il fut résolu de le faire entrer dans la Ville par une porte faite exprès. Pour cet effet on en construisit une sur les fossez de saint Marceau, qui fut murée aussitôt après son passage. Ce saint Pere avoit marqué un Jeudi pour cette solemnité, mais la pluie qui tomba excessivement ce jour-là, obligea de differer au lendemain Vendredi, que l'on mangea de la viande par son ordre ; ce qui fut cause que cette semaine fut nommée la *semaine aux deux Jeudis*. Mais comme il arrive presque toûjours du desordre dans les grandes cérémonies, ce saint Pontife étant logé dans la maison de sainte-Geneviéve, qu'il vouloit favoriser de plusieurs exemptions, selon la coûtume, il survint un grand débat entre les huissiers des Chanoines & ses domestiques, sur ce que les premiers vouloient emporter un riche tapis que le Roi avoit donné, pour couvrir le Prie-dieu du saint Pere. La dispute s'échauffant, des paroles on en vint aux mains ; & les huissiers étant les plus forts, chargerent si vivement les domestiques du Pape, qu'il y en eût de grievement blessez. Le Roi étant venu pour appaiser ce tumulte, pensa être blessé dans la mêlée. Pour punir les Chanoines d'avoir soûtenu l'insolence de leurs officiers, le Roi convint avec le saint Pere de les chasser de cette maison. *Suger*,

Abbé de saint Denys, fut chargé de cette reforme & voulut introduire à leur place des religieux de saint Martin des Champs, de l'ordre de saint Benoist. Cependant au rapport de *Surius*, par l'avis de saint *Bernard* l'oracle de son siecle, on tira douze Chanoines reguliers de l'Abbéie de saint Victor, où la discipline monastique étoit alors dans toute sa vigueur, pour mettre à la place de ceux que l'on chassoit. *Eudes*, qui avoit été Prieur de saint Victor, fut le premier Abbé de la reforme, qui fut accompagné de douze Religieux de la même maison. Depuis cette époque la regle de saint Augustin s'est toûjours conservée dans cette maison, elle est devenue ensuite la premiere d'une congrégation tres illustre dans l'Eglise, laquelle a pour chef un Abbé électif, sous le titre de General, élu tous les trois ans, avec trois assistans, qui comptent sous leur direction *cent sept* monasteres, & plus de *treize cens* Religieux, entre lesquels il y en a au moins *cinq cens* occupez à desservir des cures, dont ils s'aquitent avec un zele si édifiant & si fructueux, qu'il seroit à souhaiter que le nombre en fût encore plus grand.

Plusieurs Rois ont fait du bien à cette

Abbéie; cependant *Robert le Pieux* a surpassé tous les autres, en faisant construire le vieux cloître & plusieurs autres édifices, qui furent renversez sous le roi François I. On croit que l'Eglise comme elle est à present, pourroit bien être un ouvrage resté du tems de Robert, sous le regne duquel l'architecture étoit encore grossiere & fort imparfaite, ce qui se remarque dans cet édifice, & dans tous ceux qui ont été élevez en ces tems-là.

Cependant on sait par un ancien Necrologue de cette maison, que l'Eglise comme on la voit à present fut rebâtie, ou du moins réparée par Thibault, Prêtre ou chantre du même lieu, qui fit faire une partie de la tour sur laquelle le clocher que l'on voit à present fut élevé, & un nommé Mignard fit construire le frontispice de l'Eglise. Le reste du bâtiment ne fut entierement terminé que dans le douziéme siecle par Estienne de Tournay, Abbé de la même maison. C'est ce que *Felibien* rapporte dans son Recueil de la vie & des ouvrages des plus celebres Architectes.

L'Abbéie de sainte-Geneviéve a souvent été ruinée par des barbares venus du Nord, lorsqu'elle étoit hors des murs de la Ville; mais l'ardente dévotion des Parisiens pour cette Sainte, leur patrone, réparoit promptement les ruines qu'ils avoient causées.

Le corps de cette Sainte est exposé derriere le maître Autel, dans une châsse portée sur un corps d'architecture isolé, d'ordre Ionique, formé de quatre colonnes de marbre, dont les deux de devant sont de grosse breche, qui est un marbre estimé. Cet ouvrage est de *Jacques* le Mercier, dans le goût de *Michel-Ange*. Cette châsse est soûtenue par quatre figures de vierges plus grandes que nature, qui tiennent chacune un candelabre à la main. Elle est de vermeil doré d'un ouvrage Gothique assez grossier, avec quantité de pierreries données en divers tems par des personnes pieuses. Elle a été faite en 1442, par les soins de Robert de la Ferté Milon, Abbé de cette maison; & l'Orfévre y emploia, à ce que disent quelques auteurs, cent quatre-vingt treize marcs d'argent & huit marcs d'or pour la dorer. La reine *Marie* de *Medicis*, pour signaler sa dévotion, l'a enrichie d'un bouquet de pierres précieuses, estimé vingt mille livres.

La châsse de cette Sainte fut descendue pour la derniere fois, Jeudy 16. de May 1709: ce qui se fit avec les cérémonies ordinaires en pareilles occasions, dont plusieurs auteurs n'ont pas manqué de faire mention.

Il faut dire à ce sujet, que cette cérémonie qui commence ordinairement à minuit, & la grande procession qui se fait ensuite à Nôtre-Dame où la châsse est portée avec celle de saint Marcel & de plusieurs autres Saints, est une des plus édifiantes & des plus pompeuses qui se fassent à Paris ; ce qui n'arrive aussi que tres-rarement & dans des necessitez pressantes & extraordinaires, pour obtenir par l'intercession de cette grande Sainte, les soulagemens necessaires. Tous les corps superieurs & inferieurs de la Ville y assistent précédez du Clergé, avec l'Archevêque lui-même, qui en cette occasion donne la droite à l'Abbé & aux Religieux de sainte-Geneviéve, lesquels vont nuds piés depuis leur Eglise jusqu'à celle de Nôtre Dame, où l'on celebre une grande messe qui ne finit qu'à quatre heures après midy.

Le P. *Charpentier*, de la même congrégation, a donné en 1697, un traité historique de la vie de Ste Geneviéve, tiré des anciens MS. dans lequel on trouye l'histoire de toutes les processions faites en divers tems, depuis plusieurs siecles, avec des notes historiques & chronologiques recherchées soigneusement.

Ce qu'il y a de plus singulier dans cette Eglise, est le tombeau de *Clovis*, premier roi chrétien, placé au milieu du chœur. La figure qui paroît couchée dessus, n'a été faite que vers le douziéme siecle. Depuis quelques années elle a été relevée environ de deux piés & demi, pour y placer cette inscription.

CLODOVÆO MAGNO
Regum Francorum primo
christiano
Hujus Basilicæ fundatori,
Sepulchrum vulgari olim
lapide structum
Et longo ævo deformatum:
Abbas et Convent. meliori
opere,
Cultu et forma renovaverunt.

Selon le P. *Daniel* dans sa grande histoire de France en 3 *vol. in fol.* imprimée en 1713, Clovis est mort à Paris au mois de Novembre 511, âgé de 45 ans après avoir regné 30 ans.

Le sceptre que la figure de ce Roi tient en main & la couronne qu'elle a sur la tête, paroissent avoir été ajoûtez & les critiques ne douteroient plus de l'antiquité des fleurs-de-lis, s'ils pouvoient être persuadez que la couronne qui se voit à present, fût du tems de ce Prince ; mais les fleurs-de-lis sont trop bien formées & n'ont point du tout l'air d'antiques.

Le grand Autel est isolé, c'est-à-dire, que l'on peut tourner tout au tour sans aucun empêchement.

Le tabernacle posé dessus est un ouvrage curieusement travaillé. Il est de marbre blanc haut de six piés, en forme de dôme octogone avec quatre portiques soûtenus de colonnes d'ordre composite, de brocatelle Grecque antique, qui est un marbre extrémement rare. Les chapiteaux sont de bronze doré d'or moulu, tres-bien cizelez, ainsi que les figures d'anges sur les piédestaux des balustrades & divers autres ornemens. Le corps de ce petit édifice est rapporté de quantité de pierres rares, comme Grenats, Lapis-Lazuli, Agates, Jaspes Florides, Onix,

Cornalines & d'autres semblables. Tout l'ouvrage est porté sur un plé en cul-de-lampe, de marbre bleu turquin. De chaque côté sont les figures de saint Pierre & de saint Paul de métail doré, qui sont d'un assez bon dessein.

La balustrade de cuivre & celle de marbre qui entourent l'Autel ont été faites en même tems. Le *Cardinal* de la ROCHEFOUCAULT fit la dépense de tous ces embellissemens peu après avoir été nommé par le roi Louis XIII. Abbé de cette maison, où il rétablit l'ancienne regularité, ainsi qu'il avoit fait dans plusieurs autres maisons religieuses que ce pieux Cardinal remit, autant qu'il lui fut possible, dans la pure & ancienne observance des regles prescrites par les Instituteurs, que le tems avoit relâchées. De plus, il procura par son crédit la liberté à cette congrégation d'élire ses Abbés, ce qu'elle pratique encore à present.

L'aigle de bronze au milieu du chœur, est d'une excellente invention & d'un ouvrage admirable, qui n'a point encore eu de pareil en son genre. Ce sont trois genies, autour d'une lyre qui semblent la toucher, pour accompagner les voix de ceux qui chantent au pulpitre. Cette lyre sert de base, ou de soûtien à l'Aigle qui porte le livre sur ses ailes.

Dans la nef il y a des chapelles ornées de colonnes de marbre. La porte du chœur sur laquelle est le jubé, a des bas-reliefs sur l'Attique ; mais avec toutes ces choses, cette Eglise est desagréable & fort incommode, lorsqu'il y a quelque concours extraordinaire, ce qui arrive assez souvent.

La menuiserie des orgues est assez bien travaillée.

On a placé en 1696, entre deux chapelles de la nef, à main gauche, un grand tableau peint par *Nicolas* de LARGILLIERE, né à Paris, dans lequel le Prevôt des Marchands, les Echevins & les principaux Officiers du corps de Ville sont representez à genoux, & sainte Geneviéve qui paroît dans une gloire. Ce tableau est un vœu fait à cette grande Sainte, pour une protection reconnue dans une année fâcheuse. On estime ce morceau de peinture, à cause de la correction du dessein & de la beauté du coloris qui sont admirables.

A côté de celui-ci il s'en voit un autre de la même grandeur, de l'ouvrage de de TROY, posé en 1710, dont la composition & l'ordonnance sont magnifiques. Il repreſente le fond du chœur de cette Egliſe, orné comme il étoit à la derniere deſcente de la châſſe de ſainte Geneviéve, avec quantité d'accompagnemens d'une invention ingenieuſe. Cette grande piece eſt d'un travail extrême, & marque l'habileté du maître de qui elle eſt; & malgré le mauvais jour où elle eſt expoſée, qui en diminue fort les principales beautez, on ne laiſſe pas de l'admirer. C'eſt auſſi un vœu fait à ſainte Geneviéve, au nom de la Ville, par le Prevôt des Marchands & les Echevins, à l'occaſion de l'affreux hyver de l'année 1709, ſuivi d'une extrême diſette, dont l'hiſtoire gardera longtems le triſte ſouvenir.

Les tombeaux les plus conſiderables de cette Egliſe après celui de *Clovis*, dont on a déja parlé, eſt celui de la reine *Clotilde*, reverée comme Sainte, à cauſe qu'elle a été le principal inſtrument de la converſion de ce Roi, ſon époux, au raport de ſaint Gregoire de Tours. Elle a été enterrée aſſez proche des degrez du grand Autel; mais ſes reliques tirées de ſon tombeau, ont été enfermées depuis dans une châſſe, conſervée derriere le chœur, pour être expoſées à la veneration des fideles.

Dans une chapelle à côté de la ſacristie est le magnifique tombeau de *François cardinal* DE LA ROCHEFOUCAULT, representé à genoux sur un grand *sarcofage*, ou forme de cercueil de marbre noir. Ce monument a de grandes beautez, & est tres-remarquable pour la correction du dessein, & pour l'art admirable, avec lequel les draperies sont jettées & recherchées. Il est de *Philippe* BUISTER, Sculpteur habile.

Cette épitaphe se lit sur le devant.

Eminentissimo S. R. E. Cardinali
FRANCISCO
DE LA ROCHEFOUCAULT
Antiqua & perillustri stirpe oriundo:
Doctrina, pietate,
Et omni virtutum genere
celeberrimo:
Primùm Claromontano,
Deinde Silvanectensi Episcopo;
Antiquæ Religionis & Ecclesiasticæ
Dignitatis acerrimo defensori,
Rerum & consiliorum publicorum
In Gallia quondam Præsidi,
Et administratori integerrimo,
Summo Galliarum Eleemosinario;

Et optimo pauperum parenti,
Religiosorum Ordinum amantissimo
patrono,
Regularis Canonicorum sancti
Augustini
Disciplinæ vindici ac restitutori,
Hujus domus Abbati religiosissimo
Ac munificentissimo benefactori:
Hoc superstitis & æterni amoris
Ac observantiæ monimentum
Tristi Religione mærentes posuerunt
Abbas,
Et Canonici Regulares hujus
Ecclesiæ.

Hic titulum Abbatiæ,
Quem ante ipsum nemo,
Nisi istius domus Canonicus
possederat,
Huic eidem Familiæ restituit.
Ossa ejus in subterraneo specu sacelli
inferioris jacent.

Obiit Ann. D. 1645.
Die Febr. 14. ætat. 87.

Proche de la porte, par laquelle les Religieux passent pour entrer dans le chœur, il y a deux arcades enfoncées, sous lesquelles sont des figures de terre cuite, qui representent *Jesus-Christ* dans le tombeau & ressuscité, qui sont de *Germain* PILON. Ces figures sont admirablement bien dessinées, & les curieux font grand cas de ces monumens qui ont été assez longtems negligez ; mais comme on a remarqué, peutêtre un peu trop tard, que les plus habiles Sculpteurs en venant modeler ces belles figures, les gâtoient, ou en emportoient quelques parties, on a été contraint de mettre devant des panneaux de fil d'archal, au travers desquels on les voit tres-aisément. Ces tombeaux sont de deux Abbés de cette maison.

Tous ceux qui conservent du respect pour la mémoire des grands hommes, seront ravis de lire ici l'épitaphe du fameux *René* DESCARTES, le plus savant & le plus illustre Philosophe de ces derniers siecles ; & s'il en faut croire bien des gens capables de décider sur cette matiere, un des plus profonds qui aient jamais paru, sans en excepter même les anciens Grecs, dont les noms ne sont proferez qu'avec quelque sorte de veneration.

Voici cette épitaphe placée entre les chapelles de la nef.

DESCARTES, dont on voit ici la sepulture,
A deſſillé les yeux des aveugles mortels,
Et gardant le reſpect que l'on doit aux Autels,
Leur a du monde entier démontré la ſtructure :
Son nom par mille écrits ſe rendit glorieux;
Son eſprit meſurant & la Terre & les Cieux,
En penetra l'abîme, en perça les nuages :
Cependant comme un autre il cede aux loix du ſort,
Lui qui vivroit autant que ſes divins ouvrages,
Si le ſage pouvoit s'affranchir de la mort.

Cette épitaphe en vers François, selon *Baillet*, est de la composition de *Gaſpar* de FIEUBET, Conſeiller d'état, ci-devant Chancelier de la reine *Marie-Thereſe d'Autriche.*

RENATUS DESCARTES,

Vir supra titulos omnium retro Philoso-
  phorum,
Nobilis genere, Armoricus gente, Tu-
  ronicus origine,
  In Gallia, Flexiæ studuit:
  In Pannonia, miles meruit:
  In Batavia, Philosophus delituit:
  In Suecia, vocatus occubuit.
  Tanti viri pretiosas reliquias
Galliarum percelebris tunc Legatus PE-
  TRUS CHANUT,
CHRISTINÆ, *sapientissimæ Reginæ, sa-*
  pientum amatrici,
Invidere non potuit, nec vindicare patriæ,
Sed quibus licuit cumulatas honoribus
  Peregrina terra mandavit invitus;
Anno Domini 1650. mense Febr. 10.
  ætatis 54.
  Tandem post septem & decem annos,
  In gratiam Christianissimi Regis
  LUDOVICI DECIMI QUARTI,
Virorum insignium cultoris, & remune-
  ratoris,
  Procurante PETRO DALIBERT,
  Sepulchri pio & amico violatore,
    Patriæ redditæ sunt,
Et in isto urbis & Artium culmine positæ:

Ut qui vivus apud exteros otium & famam quæsierat,
Mortuus apud suos cum laude quiesceret,
Suis & exteris in exemplum & documentum futurus.
I NUNC VIATOR,
Et divinitatis, immortalitatisque animæ,
Maximum & clarum assertorem,
Aut jam crede felicem, aut precibus redde.

Cette derniere épitaphe est de *Claude Clercellier*, grand ami de des Cartes.

La vie de ce grand philosophe a été écrite par plusieurs auteurs habiles & renommez, entre lesquels *Adrien* BAILLET en a donné une tres-digne de lui.

Le cœur de *Jacques* ROHAULT, célebre Philosophe Cartesien, mort agé de cinquante-cinq ans, a été déposé fort proche, mais quelques années après son décès.

On y a mis cette épitaphe.

D. O. M.

Et æternæ memoriæ JACOBI ROHAULT, *Ambiani celeberrimi*

quondam Mathematici, & Philo-
sophi, cujus cor hic repositum.

Discordes jam dudùm æquis ratio-
nibus ambæ,
Et Natura & Religio sibi bella
movebant :
Tu, rerum causas fidei & mysteria
pandens,
Concilias utrasque & amico fœdere
jungis.
Munere pro tanto, decus immor-
tale sophorum,
Hoc memores posuere tibi venera-
bile bustum.
Quos unum doctrina facit, compin-
git in unum.
Doctaque Cartesii ossa hoc marmor
corque ROALTI ;
Has tanti exuvias hominis LIE-
NARDUS *ad aras*
Appendit fidi officiis cumulatus
amici.

Positum 1675.

Dans la cave de cette Eglife eft le tombeau de *fainte Geneviéve*, dans lequel il ne refte rien du corps de cette Sainte, qui eft tout entier dans la châffe, jufqu'aux planches de fa biere. Ce tombeau eft de marbre & fans aucuns ornemens.

A une des extremitez, fur un autel entre deux pilliers qui foûtiennent la voûte, il y a une croix garnie de quelques Agates avec un *Ecce Homo* au pié, d'une feule piece de Corail, tres bien travaillée. Ces chofes viennent du cabinet du P. du *Moulinet*, qui en a fait prefent.

Il y a encore dans le même lieu deux autres tombeaux de deux anciens Evêques de Paris, *S. Prudence & S. Ceran*, dont les reliques ont été tirées & mifes dans des châffes, pour être expofées à la veneration des fideles.

Il eft à propos de remarquer au fujet de cette cave ou crypte, comme les anciens nommoient ordinairement ces lieux fouterrains, qu'il s'en voit encore quelques-unes dans les Eglifes de cette Ville, de la premiere fondation, bâties du tems même de la perfecution; c'eft-à dire, lorfque les fideles étoient obligez de fe cacher dans des lieux obfcurs & retirez, pour fe fouftraire souftraire à la pourfuite des payens, qui alors étoient les maîtres abfolus, & pour vaquer plus en repos aux faints mifteres de la Religion.

L'empereur Conftantin aiant donné par fa converfion arrivée vers l'année 313, la liberté entiere de profeffer publiquement la Religion Chrétienne, on éleva des Eglifes fur ces lieux fouterrains, qui devinrent dans la fuite tres-frequentées, à caufe des tombeaux de plufieurs Saints qui y étoient confervez avec veneration, en faveur defquels il fe faifoit fouvent des miracles. Les plus anciennes Eglifes de cette Ville en fourniffent des exemples certains, comme celle dont on vient de parler ; de *faint Denis de la Chartre*, proche du pont N. D. des *Martyrs*, au pié de Montmartre ; de *Nôtre-Dame des Champs*, à prefent les Carmelites du faubourg faint Jacques, de *faint Mery* ; de *faint Marceau*, dans le faubourg qui porte le même nom ; & de quelques autres encore, qui font reconnues pour les premieres & les plus anciennes de cette Ville.

Avant que de fortir de l'Eglife, il faut tâcher d'obtenir la permiffion de voir la facriftie, elle fe trouve remplie de tres riches ornemens & en quantité, avec une argenterie des mieux travaillée.

Il faut dire à la louange des Chanoines reguliers de la Congregation de sainte Geneviéve, qu'il est peu d'endroits dans le roiaume, & même dans toute la Chrétienté, où l'office divin se fasse avec plus de majesté & d'édification que dans cette Eglise. Tous les Religieux sont d'une grande exactitude, & rien n'est plus édifiant que de les voir dans les cérémonies, principalement les jours des grandes fêtes.

Dans l'interieur de la maison, il y a quantité de belles choses à observer, sur tout en architecture, à cause des grandes réparations qui y ont été faites depuis cinquante ans ou environ, sous la conduite d'une personne qui s'y entendoit parfaitement.

La principale porte étoit tres-incommode autrefois: ce qui a été cause que l'on en a bâti une nouvelle, en maniere de double portique soûtenu de colonnes Doriques, dont cependant les bases sont d'ordre Toscan, ou Rustique, avec deux pavillons quarrez aux extremitez. Vis-à-vis de cette porte, il y a une fontaine aux piés d'une figure de sainte Geneviéve, sous un arc en ma nlere de niche, orné de colonnes Ioniques d'une bonne proportion.

Ensuite on entre dans le cloître, ou plûtôt sous une espece de peristyle soûtenu, ou formé des deux côtez par des colonnes Doriques, comme celles de la premiere entrée ; mais d'un plus beau module & d'une proportion plus reguliere.

A l'extremité de ce portique, long environ de quarante pas, on trouve le grand escalier, au fond duquel, sur le premier pallier, où deux rampes prennent naissance, on a placé dans une niche une belle figure de la sainte Vierge qui tient l'enfant Jesus entre ses bras. Le plafond de cet escalier est bas à la verité, c'est le défaut qui s'y trouve ; mais d'ailleurs il est d'une coupe hardie & ingenieuse, dont le trait est rapporté seulement sur le point de deux petites colonnes, qui soûtiennent la masse entiere de cette voûte. Le vestibule est orné de quatre figures de propheres sur des piédestaux. Il sert d'entrée à plusieurs grandes sales garnies de peintures, qui representent la plûpart des anciens Abbez de cette maison, des papes & quelques autres personnes illustres. La nouvelle sale qui fait face à l'escalier, est construite avec art & parfaitement bien voûtée en arc surbaissé.

Les dortoirs sont à doubles étages, & n'ont rien de beau. On y remarquera seulement une grande propreté qui regne par tout, ainsi que dans le refectoir, qui surpasse dans cet article, ceux de toutes les autres communautez : ce qui doit engager à l'aller voir.

La petite chapelle bâtie depuis peu sous la nouvelle bibliotheque, dont l'entrée donne dans le grand dortoir, est décorée de pilastres Corinthiens, qui soûtiennent un entablement tout autour, avec des tableaux entre deux. Il paroît que cette décoration a été ordonnée par une personne tres-entendue dans la bonne architecture, parce qu'elle est traitée avec beaucoup d'art, & on y remarque encore une propreté d'execution toute particuliere.

Il faut aller ensuite à l'apoticairerie, fournie de mille choses rares & necessaires enfermées dans des armoires d'une menuiserie parfaitement bien executée.

Le jardin est grand & plus qu'aucun de tous ceux qui se trouvent enfermez dans l'enceinte des anciens murs de la Ville. Il a été augmenté depuis peu d'années, de la largeur du fossé qui se trouvoit derriere, que le roi Philippe Auguste avoit pris autrefois dans le terrain de cette maison, lorsqu'il fit enclore la Ville, comme on l'a dit dans un autre autre endroit. Ce jardin avec toute la maison occupe encore à present près de dix-huit arpens dans toute son étendue.

A côté du periftyle sous lequel il faut passer pour arriver au grand escalier, on peut entrer dans une ancienne chapelle dediée sous le titre de la sainte Vierge, autour de laquelle il y a quelques peintures, mais de peu de conséquence. Au milieu est un tombeau élevé, environ d'un pié, sur lequel est la figure de *Joseph Foulon*, Abbé de cette maison, mort en 1607, fort estimé en son tems. Il est representé avec ses habits pontificaux, d'un ouvrage qui doit être attribué à un bon maître, à cause de la beauté & du fini des ornemens qui y sont par tout.

Ensuite il faut monter à la bibliotheque, laquelle est regardée comme une des plus nombreuses & la mieux disposée que l'on connoisse à present, dans cette Ville.

Elle occupe le comble d'un des quatre grands corps qui forment tout le bâtiment, & a été augmentée depuis peu de plus de la moitié sur les nouveaux édifices qui ont été construits, ensorte que toute sa longueur est de cinquante-trois toises au moins, sur quatre de largeur.

Mais quoique cette étendue soit tres-considerable, & qu'il n'y eût aucune bibliotheque qui en ait de pareille : on a cependant entrepris ces dernieres années de l'augmenter encore de près de la moitié, sur les édifices qui regnent du côté de l'Eglise & du jardin ; ensorte qu'elle aura la forme d'une croix parfaite. On doit élever au milieu une espece de dôme, pour fournir de la lumiere aux quatre parties ; le cabinet des curiositez sera placé à une extremité, dans un espace fait exprès, avantageusement disposé.

Cette bibliotheque conserve au moins quarante-cinq mille volumes rangez dans des armoires d'une belle menuiserie fermées de fil d'archal, entre lesquelles on a placé des bustes sur des scabelons, qui représentent les hommes illustres de l'antiquité & quelques personnes distinguées de ces derniers siecles. Ces bustes pour la plûpart ont été moulez sur les meilleurs originaux par *Girardon*, qui les a drapez diversement & reparez de sa propre main.

On y verra quantité d'estampes, dont

une partie vient d'un nommé *Accart*, qui en mourant, laissa tout ce qu'il avoit amassé pendant plusieurs années, à saint Germain des Prez, à saint Victor & à sainte Geneviéve; mais depuis, cette collection a été fort augmentée de quantité de pieces rares.

Maurice le TELLIER, Archevêque de Reims, mort le 22 de Février 1710, a donné sa bibliotheque, composée de dix-sept mille volumes tres-bien conditionnez, pour joindre à celle-ci; ce qui fait qu'aucune bibliotheque ne la surpasse par le nombre, si ce n'est celle du Roi.

Sur quoi il ne sera pas hors de propos de faire remarquer ici, comme une chose tres-constante & universellement reconnue, de tous les voiageurs studieux, qu'il n'y a aucune Ville en Europe, où il y ait un si grand nombre de grandes bibliotheques qu'il s'en trouve à present à Paris; sans parler d'une infinité de cabinets de livres choisis, chez des particuliers, entre lesquels il y en a plusieurs qui contiennent quantité de volumes rares & parfaitement bien choisis, sur toute sorte de matieres.

On distinguera dans la même bibliotheque une horloge, de l'ouvrage d'*Oronce* FINE', premier Professeur roial en mathematique sous *François* I. Cet habile mechanicien acheva cet ouvrage en 1553, pour le Cardinal de Lorraine, Archevêque de Reims; c'est-à-dire dans le tems que la France abondoit en excellens hommes pour toute sorte de sciences & de professions. Elle est de figure pentagone, haute de six à sept piés, en y comprenant le piédestal, où le soubassement sur lequel elle est posée, en forme de colonne creusée, dans lequel est un seul poids qui fait marcher onze quadrans, à savoir les sept planettes, le quadran des heures, l'astrolabe, la tête du dragon & le quadran de la Lune. Sur le couronnement il y a un globe céleste de cuivre peint en miniature, qui fait son tour en vingt quatre heures. Le poids dont on a parlé, se monte en moins d'une minute, & dans l'espace de deux piés qu'il a de jeu, il est huit jours à descendre. Ce qui est de plus singulier, c'est la facilité à conduire cette piece ingenieuse; tout se peut monter & démonter en un moment, bien qu'elle soit composée de plus de cent roues differentes, lesquelles sont aussi entieres & aussi polies, que si l'ouvrage sortoit des mains de l'ouvrier. Ces roues sont d'une trempe particuliere, qui n'a jamais été sujette à la rouille, quoique cette belle & ingenieuse machine ait été longtems exposée à l'air & à la pluie. L'ouvrier fut sept ans à la construction de cette piece, de laquelle on a fait une description imprimée en 1630, mais si confuse & si obscure, qu'il y a bien de la peine à y comprendre quelque chose.

Le cabinet des raretez a son entrée à present au milieu de la bibliotheque, proche de l'endroit où le comble doit être ouvert en dôme, mais ce n'est qu'en attendant que le grand dessein dont on a parlé, soit executé.

Il est extrememement rempli de diversitez rares & curieuses de toutes les especes, principalement de médailles, de grand, de moien & de petit bronze, d'un choix & d'une conservation admirable, ainsi que des talismans de diverses figures.

Dans une petite armoire, on conserve des couteaux sacrez, nommez *jugulatoria*, dont les anciens se servoient dans les sacrifices pour égorger les victimes ; des pateres sur lesquelles ils détrempoient la farine avec l'huile & le vin, pour oindre les victimes avant que de les immoler ; des *Sphinx*, ou des *Harpocrates*, dieux du silence, qui se trouvent ordinairement dans les Momies ; des clefs antiques ; des ftiles dont les Romains se servoient pour écrire sur des tablettes faites exprès ; une petite table de cuivre sur laquelle sont attachées des boules de même métail, qui se placent comme on veut, pour composer des nombres d'arithmetique, des ftrigiles & des *guttes* pour les bains.

Plusieurs sortes de lacrimatoires, ou fioles de verre, dans lesquelles les anciens conservoient les larmes des pleureuses, qu'on louoit exprès pour affister aux funerailles. Elles ramassoient leurs larmes avec des cuillieres de cuivre, sur des tabliers de cuir, qu'elles portoient exprès devant elles, pour cet usage.

Avec toutes ces choses, des lampes sepulcrales de cent sortes differentes, telles que *Licetus* les décrit dans un savant volume fait exprès, des anneaux gravez tres-curieux ; des sceaux de divers tems & de diverses especes.

Dans une petite armoire à main droite, il se trouve des mesures antiques pour les liqueurs, comme ce fameux *Conge*, dont parle le savant *Gassendi* dans la vie de *Peresc* ; des poids de la premiere antiquité pour peser les marchandises, selon l'usage des anciens Romains.

Dans une autre armoire on garde les poinçons de ces célebres ouvriers qui vivoient dans le seiziéme siecle, *Alexandre Bassian* & *Jean Cauvin*, surnommez les PADOUANS, parce qu'ils étoient de la Ville de Padoue, avec lesquels ces graveurs habiles contrefaisoient si adroitement les médailles antiques, que les plus versez dans cette belle connoissance y étoient trompez.

On pourra encore remarquer plusieurs pieces d'Optique de differens maîtres; une lanterne magique du fameux *Cardan*, & le pié d'une momie tres-bien conservé.

Une autre momie d'un homme entier, qui n'a rien de postiche que les yeux. C'est un Arabe de six piés de haut, dont le corps desseché a été trouvé dans les sables ardens de l'Arabie déserte; sa langue se sent encore dans sa bouche. On verra encore quelques poissons monstrueux d'une figure extraordinaire.

Mais une rareté qui dans les siecles passez eût été estimée un tresor entier, c'est une grande corne de licorne blanche comme l'yvoire; haute de six piés

& demi, d'une grosseur à proportion, naturellement tournée à vis, plus longue de deux piés que celle du tresor de saint Denys, pour laquelle on assure cependant que la république de Venise offrit autrefois la somme de cent mille écus, dans le dessein d'en faire present à un roi de Perse. Mais il s'en faut bien que ces cornes ne soient aussi précieuses à présent qu'elles l'étoient autrefois, parce qu'on a découvert depuis quelques années, qu'elles viennent d'un poisson qui se trouve dans la mer Glaciale ; & depuis que les Hollandois ont penetré jusques sous le Pole & dans les parties les plus Septentrionales de l'Europe, afin de trouver un chemin plus court pour la Chine, ils ont rapporté quantité de ces dents, ou cornes de poisson, comme quelques personnes veulent les nommer, dont les curieux ont orné leurs cabinets. Cette découverte a fait revenir de l'erreur de plusieurs siecles, que c'étoit la corne d'un animal de la taille d'une biche, nommé pour cette raison *Monoceros* ou *Licorne*.

On verra aussi l'épaule d'un Hippotame, ou cheval marin ; la main d'une Sirene, si cependant on peut croire qu'il y ait jamais eu de ces sortes de monstres, quoique le savant Aldouran-dus, médecin de Boulogne, en fasse l'histoire dans son grand recueil des animaux de toute espece.

Dans un petit cabinet il y a toute sorte de pierreries, de coquillages, de morceaux de mines de divers métaux, & d'autres choses curieuses.

Vis-à-vis de la porte dans un enfoncement cintré, sont differens habits de plumes de perroquets & de divers autres oyseaux, travaillez avec bien de l'industrie, à l'usage des Ameriquains; une cuirasse ou corselet du Japon, ouvrage de Vernix d'une forme particuliere; un bouclier de soie apparemment du même payis; & ce qui ne se trouve ailleurs que rarement, un grand nombre de souliers presque de toutes les nations du Levant, de forme tres-differente.

Des pétrifications curieuses & une pierre disloquée, ou composée de diverses pieces mobiles, de telle façon qu'il est dificile de distinguer si c'est un ouvrage de l'art, ou un caprice de la nature.

Il y a encore bien d'autres singularitez, comme la machoire d'un poisson d'une grandeur extraordinaire à plusieurs rangs de dents tres-aigües; des excrescences de mer, des plantes coralines, & des foffiles de differentes figures; le miroir de la reine *Anne de Bretagne*, qui fe connoît par fes armes qui font deffus la bordure de bois doré. Il eft d'acier, l'art de fondre le verre pour cette forte d'ouvrage, n'étant pas encore en pratique, comme il a été depuis, & comme il l'eft à prefent.

Un petit tombeau de marbre blanc, tres-curieux, nommé *Offuarium*, tout chargé de fculptures qui font autant d'hieroglyphes de la mort, felon la theologie des anciens.

Tous les portraits des rois de France d'après nature, autant qu'il a été poffible de les recueillir; quelques tableaux affez bons, & diverfes autres chofes tres-curieufes & en fort grand nombre.

L'hiftoire de ce riche cabinet fe trouve dans un grand volume *in fol.* qui a été imprimé exprès, enrichi de quantité d'eftampes fort bien gravées & d'explications d'une étudition favante. En 1720 on a commencé l'édifice dont on a parlé pour augmenter la bibliotheque, auquel le Duc d'Orleans a mis la premiere pierre.

Il a paru un nombre confiderable de perfonnes illuftres dans cette Abbéie depuis la reforme qui y fut introduite en l'année 1625, par les soins du Cardinal *François* de la ROCHEFOUCAULT, Abbé de la même maison, tres-zelé pour la regularité de la vie monastique.

Le P. *Jean* FRONTEAU, né à Angers, Chancelier de l'Université, étoit d'une profonde doctrine, excellent critique & des plus savans de son ordre. Il est mort à Montargis Curé de la Madelene, le 17 d'Avril 1662, âgé de quarante-huit ans seulement. On a de sa composition plusieurs ouvrages dans lesquels il paroît une grande nêteté & plusieurs lettres sur differens sujets fort savantes & fort-bien écrites.

Le P. *Pierre* L'ALLEMAN, aussi Chancelier de l'Université, s'étoit aquis une haute réputation, à cause des ouvrages de pieté & pleins d'onction, qu'il a composez; entre autres, *la mort des justes*, les *saints desirs de la mort*, & le *testament spirituel*, dont la lecture est tres-édifiante & a produit de grands fruits. Il est mort le 18 de Février 1673, âgé de cinquante & un ans.

Le P. *René* le BOSSU, né à Paris, si connu par son traité du *Poëme épique*, qui passe au sentiment des savans pour un ouvrage achevé. Il est aussi auteur du livre intitulé le *Parallele de Descartes & d'Aristote*. Il est mort le 14 de Mars 1680, âgé de quarante neuf ans.

Le P. *Claude* du MOULINET, de Châlons en Champagne & d'une famille distinguée, a mis plusieurs ouvrages en lumiere ; comme la *défense* de *Thomas à Kempis*, un *discours* sur la tête de bronze trouvée proche de l'Eglise de saint Eustache, de laquelle il a été parlé au commencement de cette description; *Historia veterum pontificum per eorum numismata* ; les ouvrages d'*Estienne* de *Tournay*, augmentez de plusieurs pieces importantes qui n'avoient point encore paru, ausquelles il a joint un savant Commentaire. On a encore du même auteur *vingt-quatre reflexions* sur les Chanoines seculiers & reguliers *in quarto*; *des differents habits des chanoines & des chanoinesses reguliers* ; *les traitez singuliers tirez de la bibliotheque de sainte Genevieve* ; *l'histoire des lettres Romaines établie & justifiée par plusieurs belles antiques*. Cet ouvrage a paru en l'année 1648, dans lequel on remarque une érudition curieuse, qui fait voir que cet auteur avoit fait de grandes reflexions sur les monumens antiques. Il avoit avec cela une grande connoissance des médailles, des pierres gravées, des talismans, des MS. & des diversitez curieuses & plus que personne de son tems. C'est à lui à qui la bibliotheque doit toute sa beauté & son augmentation ; & il a travaillé avec un soin extrême pendant plusieurs années à l'enrichir & à la décorer comme on la voit à present. Ce savant homme est mort le 2 de Septembre 1687. âgé de 67 ans, regreté de plusieurs illustres amis qu'il avoit eus pendant sa vie.

Le P. *Anselme* de PARIS, né à Reims, s'est rendu recommandable parmi les plus profonds Théologiens de son siecle, comme le marque évidemment son ouvrage contre le ministre *Claude*, intitulé la *croiance de l'Eglise Grecque sur l'Eucharistie*. Sa mort est arrivée à Paris le 2 de Mars 1683, dans la cinquante-deuxiéme année de son âge.

Le P. *Claude* de CREIL, né à Paris, est mort en l'année 1708, & a passé avec justice pour tres-versé dans la bonne architecture, comme il est aisé d'en juger par les excellens desseins qu'il a donnez, lesquels ont été suivis avec succès en plusieurs occasions, particulierement ceux des nouveaux embellissemens de cette maison, dont on a parlé, qui sont considerables & estimez par les personnes qui s'y entendent. Il eut ordre d'en fournir pour l'édifice du Louvre, lorsqu'il avoit été résolu d'y travailler, sous le ministere de *J. B. Colbert*, & il en proposa d'une beauté & d'une magnificence si surprenante, qu'on lui dit qu'il étoit difficile de les entreprendre à cause de la dépense extrême où ils engageroient.

Le P. SANLEC, né à Paris, a donné des poësies qui ont reçû de grands applaudissemens. Il est mort en 1715.

Le P. POLINIER, General de la congregation, d'une capacité éprouvée, a été continué par une élection generale faite dans le mois de Septembre 1712.

Le P. COURAYER & le P. GILLET, l'un & l'autre tres versez dans la connoissance des livres, sont Bibliothecaires à present.

Les Chanoines de sainte Geneviéve ont fait élever plusieurs maisons commodes, dans un espace vis à-vis de la principale entrée de leur cloître, & l'on y a travaillé avec bien de l'aplication en l'année 1720.

LE COLLEGE DE MONTAIGU, un des plus renommez de l'Université, est fort proche. Il a été fondé en 1314, par *Gilles Aycelin*, Archevêque de Rouen, forti de l'ancienne maifon de *Montaigu*, dite de *Liftenois*. Le chapitre de Nôtre-Dame & les Chartreux en font Adminiftrateurs.

On y entretient un bon nombre d'écoliers qui vivent fous une difcipline rigoureufe, & font conduits avec bien de la fageffe ; ce qui fait qu'il en fort fouvent des fujets tres-capables de s'aquiter des fonctions les plus difficiles de l'Eglife.

Il eft bon de favoir que le fameux *Erafme* de Roterdam a demeuré quelques années dans ce collége pour y faire fes études ; de même que *Jean Calvin* célebre heretique, mort à Geneve le 16 de Mai 1564, âgé de 52 ans.

Dans une chapelle de ce college on voit le tombeau de *Jean Standontht*, qui en a été autrefois principal. C'étoit un homme d'un zele ardent pour la correction des mœurs, & grand Prédicateur de fon tems, qui travailloit avec chaleur à reformer les abus de fon fiecle. Il ordonna que l'on mît cette fimple infcription fur fa tombe.

PAUPERIS MEMENTOTE STANDONIS.

Il fut exilé par le roi Louis XII. parce qu'il avoit parlé librement & avec trop de chaleur, du second mariage de ce Prince, d'ailleurs d'une extrême bonté.

Ulrich GERING, Alleman, un des trois Imprimeurs que les Docteurs de la maison de Sorbonne firent venir à Paris vers l'année 1470, est inhumé dans la même chapelle. Il est mort le 23 d'Août 1510; & comme il avoit amassé beaucoup de bien dans sa profession inconnue avant lui en France, il en laissa une grande partie à ce college, & l'autre à la maison de Sorbonne.

Tout ce quartier est rempli de colleges fort negligez la plûpart.

Celui de *Sainte-Barbe* a encore gardé quelque réputation. *Saint Ignace* Patriarche des Jesuites, y a fait ses études déja parvenu dans un âge assez avancé; & pendant plusieurs années on y a vû la chambre qu'il y avoit occupée, qui a été détruite depuis, & qui devoit être conservée en consideration de ce grand Saint qui a procuré tant de bien à l'Eglise par l'institution de sa Societé.

LE COLLEGE DES GRASSINS, situé dans la rue des *Amandiers*, est assez proche. Il a été fondé par noble homme *Pierre Grassin*, Conseiller au Parlement.

On lit cette inscription sur la porte d'un escalier en entrant à main gauche, gravée en lettres d'or.

Ædificavit hanc domum Grassinorum familia, *in Senonicorum pauperum gratiam, non ut gravi marcescant inertia, sed ut graviter & viriliter aliquando operentur in vinea Domini.*
Illi bene precare.
Anno benignitatis Domini
1574.

Dans la chapelle de ce college qui est assez bien construite, il y a deux fort bons tableaux, l'un sur la porte de la sacristie, qui represente la resurrection du fils de la veuve de Naïm, peint par le fameux le SUEUR; & l'autre, l'histoire du jeune Tobie, par le BRUN.

L'*Abbé* le FEVRE, homme d'un mérite reconnu, à present Principal de ce college, travaille avec une extrême application à le rétablir. Il a des tableaux choisis qui font connoître qu'il a le choix délicat pour les bonnes choses.

Le *College* de Reims qui n'est pas éloigné, a été fondé pour les étudians de cette Ville. L'emplacement en est avantageux ; mais il est à present peu frequenté.

L'Eglise de Saint-Hilaire, d'un ancienne fondation, qui se trouve assez proche, est la paroisse de ce quartier. On a fait quelques embellissemens au grand Autel, qui sont d'un dessein assez bien imaginé.

Le college de Beauvais est dans une rue qui vient terminer au portail de cette Eglise.

Il a été fondé en 1370 par *Jean* de *Dormans* Evêque de Beauvais & Chancelier de France. La chapelle est pleine de tombeaux de ceux de cette famille & de quelques personnes qui ont fait du bien à ce college. Le tableau qui est sur l'Autel est de le Brun.

On ne doit pas obmettre de dire pour la gloire de ce college, que saint François Xavier, Apôtre des Indes, y a professé un cours de philosophie, dans le dessein d'être de la maison de Sorbonne.

DE LA VILLE DE PARIS. 527

Dans la rue du Fouare, qui termine à la rue *Galande*, il est encore resté sur pié de vieilles classes où se donnoient autrefois des leçons lorsque le nombre des colleges n'étoit pas aussi grand qu'il est devenu depuis.

L'Hôtel-Dieu a une porte à l'extremité de cette rue, ornée d'un morceau d'architecture Dorique sous un grand arc qui fait un effet assez agréable à la vûe. Cet ouvrage a paru si beau aux Architectes, qu'ils l'ont copié servilement en divers endroits de cette Ville, ce qui ne prouve que trop qu'ils ne travaillent gueres de genie. Ce morceau se trouve repeté, au portail des filles de la Visitation proche de la Bastille, à celui des Capucines de la place de Louis le Grand, & à la fontaine de la porte saint Michel.

Fin du second Volume.

TABLE
DES MATIERES
PAR QUARTIERS.

SECONDE PARTIE.

LA Porte de saint Denys. page 1.
Les inscriptions qui se lisent sur cette porte. 2.
Description de cette porte. 3.
La maison des Prêtres de la Mission de saint Lazare. 5.
Histoire de l'antiquité de cette maison. *Ibid.*
L'Eglise. 8.
L'épitaphe de *Vincent* de PAUL, Instituteur de la Congrégation de saint Lazare. 9.
Les premiers Superieurs de cette Congrégation. *Ibid.*
Quelques personnes de distinction inhumées dans l'Eglise. *Ibid.*
L'épitaphe d'*Adrien* le BON, dernier Prieur titulaire de saint Lazare. 10.
La vaste étendue de cette riche maison. *Ibid.*
Les services que la Congrégation de la Mission tache de rendre à la religion 11.
Vincent de PAUL premier Superieur, se chargea de prendre à correction des personnes dont l'esprit & la conduite étoient dans le déreglement. 13.

Tome II. Z

TABLE

Les grands édifices que les Prêtres de la Mission ont fait élever dans ces dernieres années. *Ibid.*

Avis publié en 1724. par les Prêtres de la Mission. 14.

Les Filles de la Charité. 15.

La foire de saint Laurent. 16.

LA RUE SAINT MARTIN. 17.

L'Eglise de saint Jacques de la Boucherie. *Ibid.*

Nicolas FLAMEL, fameux Alchimiste, y est inhumé. 18.

Jean FERNEL, fameux Médecin a sa sépulture dans la même Eglise. 19.

L'Eglise de saint Merry. 20.

La tapisserie de cette Eglise. *Ibid.*

Un morceau de Mosaïque en tableau, dans une chapelle de cette Eglise. 21.

Le tombeau & l'épitaphe de *Simon Arnauld*, Marquis de POMPONNE, mort Secretaire d'Etat. 22.

Simon MARION, Avocat general au Parlement. 24.

Jean CHAPELIN, Poëte. *Ibid.*

Les Juges Consuls. 25.

Etablissement de cette Jurisdiction. *Ibid.*

Saint Julien des Ménétriers. 26.

La rue aux Ours, & l'histoire de cette rue. *Ibid.*

Le cabinet curieux de N. VIVANT. 28.

La maison de *Nicolas* CHUPIN. 29.

Les Carmelites de la rue Chapon. *Ibid.*

Saint Nicolas des Champs, Eglise paroissiale. 30.

Ancien titre du Curé de cette paroisse. 31.

Les illustres qui sont inhumés dans cette Eglise. 32.

Guillaume BUDE' Maître des Requêtes. *Ibid.*

Son épitaphe. 33.

Pierre GASSENDI & son épitaphe. *Ibid.*

Henri de VALOIS célebre Auteur. 34.

Adrien de VALOIS son frere. *Ibid.*

Madelene de SCUDERI, savante fille. 35.

DES MATIERES.

Theophile VIAUD Poëte. *Ibid.*
François MILLET, Peintre connu sous le nom de *Francisque*. *Ibid.*
Saint Martin des Champs ancien monastere, sous la regle de saint Benoist. 36.
La disposition des édifices de cette ancienne maison. 37.
Les dedans de ce monastere. 38.
Le refectoire. 39.
Guillaume POSTEL est enterré dans l'Eglise, & son éloge. *Ibid.*
La porte saint Martin. 41.
Les inscriptions qui se lisent sur cette porte. 42.
La maison de le MERCIER. 43.
L'Eglise paroissiale de saint Laurent. *Ibid.*
Louise de MARILLAC y est inhumée. 45.
L'Eglise paroissiale de la Ville-Neuve. *Ibid.*
Le Couvent des Récolets. 46.
La belle & curieuse bibliotheque de ces Peres. 47.
Les Prédicateurs renommez de cette maison. 48.
Le nombre des Couvents que les Peres Recolets occupent dans le roiaume, & les services qu'ils rendent. *Ibid.*
L'hôpital du nom de Jesus. 49.
L'hôpital de saint Louis. *Ibid.*
Inscription sur la porte de l'Eglise de cet hôpital. 51.
Montfaucon. 53.
L'histoire de ce fameux gibet. *Ibid.*
Les noms de plusieurs scélerats insignes qui y ont été executez. 55.
La maison bâtie par JABAC, dans la rue saint Merry. 64.
Les Religieuses de la rue sainte Avoie. 65.
Inscription de SANTEUL, sur la fontaine de cette rue. *Ibid.*
L'ancien hôtel de Mesme, autrefois l'hôtel de Montmorency. 66.
La mort de l'illustre Connétable de MONTMORENCY. 66.

Z ij

L'hôtel de Beauvillier & le nom de l'architecte. *Ibid.*
Nicolas de l'Argilliere, Peintre célebre, & les belles choses qui se voient chez lui. 68.
Le Temple. 69.
Histoire de la destruction des templiers. *Ibid.*
Le vaste terrain que le Temple occupe. 72.
La maison destinée aux grands Prieurs. 73.
Les nouvelles augmentations dans l'hôtel du grand Prieur sur les desseins de *Gilles-Marie* OPPENORD, premier Architecte de *S.A.R.* le Duc d'Orleans défunt. 74.
Vers sur la fontaine du Temple. 75.
Le Couvent des Madelonnetes. *Ibid.*
Le cabinet de *N.* DASSENAY. 76.
Les Religieuses de sainte Elisabeth. *Ibid.*
Les Peres de Nazaret. *Ibid.*
La rue du grand Chantier. 78.
La maison de Batonneau. *Ibid.*
Le Couvent des Billettes. 79.
Papire MASSON, savant de son tems y est inhumé, & son épitaphe. *Ibid.*
Le cœur de Mezeray & l'inscription sur ce monument. 80.
Le Couvent des Religieux de sainte Croix de la Bretonnerie. 82.
Les personnes distinguées qui sont inhumées dans l'Eglise de ces Peres. *Ibid.*
L'hôtel de Soubise & l'histoire de cet hôtel. 85.
François Duc de ROHAN, a fait de grands embellissemens dans cet ancien hôtel. 86.
Le Prince *Armand Gaston Cardinal* de ROHAN, a fait construire un grand hôtel dans une partie du terrain de cet hôtel. 90.
La fameuse bibliotheque des illustres de THOU y est conservée. 92.
Fontaine à l'extrémité de la rue de Paradis, sur laquelle on lit des vers de SANTEUL. *Ibid.*
La maison du *Marquis* CAMILLAC. 93.
Le Couvent des Peres de la Mercy. *Ibid.*
Les belles maisons de la rue du grand Chantier. 94.

DES MATIERES.

Celle d'Amelot CHAILLOU. 96.
Les Enfans rouges. 97.
La vieille rue du Temple. Ibid.
La maison de *Claude* le PELLETIER. Ibid.
La maison d'Amelot de BISEUL & ses beaux appartemens. 98.
L'hôtel d'O, à present un monastere de Religieuses. 103.
Le Couvent des Blancs-Manteaux. 104.
Le tombeau de Jean le CAMUS, Lieutenant Civil. 105
La rue Barbette. 106.
Vers de SANTEUL, sur la fontaine de cette rue. Ibid.
Le Couvent des Capucins. 107.
La rue saint Louis. 109.
Le Couvent des Religieuses du Calvaire. Ibid.
L'hôtel Boucherat. 110.
Les Religieuses Bénédictines de l'adoration perpetuelle du saint Sacrement. Ibid.
Inscription de SANTEUL, sur une fontaine de cette rue. 111.
Dessein du roi HENRY IV. 112.
Inscription sur une fontaine à l'extrémité de la rue saint Louis. 113.
La rue saint Antoine. Ibid.
La Gréve. 115.
Les débordemens extraordinaires de la riviere de Seine. Ibid.
L'hôtel de Ville. 119.
Inscription mise dans les fondations. Ibid.
Le nom de l'architecte. 120.
François MIRON, Prevost des Marchands, a fait achever l'édifice de l'Hôtel de Ville. 121.
Eloge de ce grand Magistrat. Ibid.
La figure en bronze du roi HENRI IV. sur la porte de l'Hôtel de Ville. 124.
Statue en bronze du roi Louis XIV. dans le fond de la cour de l'Hôtel de Ville. ibid.
Inscription autour du piédestal. 126.
Plusieurs inscriptions qui se lisent dans une frise, autour de la cour. 127.

Z iij

TABLE

Les tableaux qui se voient dans les chambres de l'Hôtel de ville. 135
L'hôpital du saint Esprit. 136
Le Quai Neuf. 137
Inscription à l'extrémité du Quai-Neuf, du côté du pont N. D. 138
L'Eglise de saint Jean. 139
Les personnes dignes de memoire inhumées dans cette Eglise. ibid.
Alain VEAU & son épitaphe. ibid.
Simon. VOUET, Peintre estimé. 141
Michel-Antoine BAUDRAN, Geographe. 142
L'Eglise de saint Gervais. 143
Le magnifique portail de cette Eglise. 144
Le nom de l'architecte de ce bel édifice. 145
Les tableaux qui se voient dans la nef de cette Eglise. 146
Le crucifix audessus de la porte du chœur. 147
Ouvrage Gothique dans la chapelle de la Vierge. ibid.
Les personnes renommées inhumées dans cette Eglise. 148
Mathieu de LONGUE-JOUE, Garde des Sceaux. ibid.
Philippe de CHAMPAGNE, Peintre fameux. ibid.
Charles du Fresne sieur du CANGE, son épitaphe. 149
Le tombeau de Michel le TELLIER, Chancelier de France. 151
Son épitaphe. 154
Le Chancelier BOUCHERAT. 154
Pierre du RIER, Historiographe. ibid.
Marin le Roi de GOMBERVILLE, de l'Académie françoise. ibid.
Abraham-Nicolas AMELOT de la HOUSSAIE, ses principaux ouvrages. ibid.
Claude le PELLETIER, Ministre d'Etat. 155
Philippe COLLOT, fameux Operateur pour la pierre. 156
Paul SCARON, poëte fameux. ibid.

DES MATIERES.

Vers à sa louange. 157.
L'épitaphe de *Françoise* d'Aubigné, Marquise de MAINTENON sa veuve, qui se voit à saint Cyr dans le chœur des Religieuses. *ibid.*
Le cémetiere de saint Jean. 160.
Le cabinet d'*Estienne* GEOFFROI & son laboratoire, dans la rue Bourtibourg. *ibid.*
L'hôtel d'Aumont. 162.
La maison de *Henri* de FOURCY, Conseiller d'Etat. 163.
L'hôtel de Beauvais. *ibid.*
L'Eglise du petit saint Antoine. 165.
La rue de Fourcy. 167.
L'hôtel saint Pol. 168.
La maison professe des Jesuites. 170.
Inscription sur la premiere pierre de l'Eglise de ces Peres. 171.
Autre inscription sur la frise du portail. 172.
Description de l'interieur de l'Eglise. *ibid.*
Le cœur du roi LOUIS XIII. 175.
Les inscriptions qui se lisent sur ce monument. 176.
Le cœur du roi LOUIS XIV. conservé dans l'Eglise des Peres Jesuites. 177.
Monument magnifique à la memoire de Henri de Bourbon, Prince de CONDE'. *ibid.*
Inscription sur ce monument. 178.
Autre monument pour la maison de CONDE', avec l'inscription 180.
François DERRAND, Architecte de l'Eglise des Jesuits 181.
Histoire de la fondation de cette maison professe. 183.
Les tableaux rares dans l'interieur de la maison. 184.
La bibliotheque. 185.
Gilles MENAGE & *Daniel* HUET évêque d'Avranches, ont donné leur bibliotheque pour l'enrichir. *ibid.*
L'établissement de la Compagnie de Jesus, selon *Louis-Elies* du PIN. 186.
Les illustres qui ont paru dans cette maison. 187.

TABLE

Les confesseurs des rois tirez de cette maison depuis Henri III. 191.
Inscriptions sur la fontaine dans la place vis-à-vis de l'Eglise des Jesuites. 193.
La rue de la Couture ou Culture sainte Catherine. 194.
L'Eglise qui lui donne ce nom. ibid.
Tombeaux de quelques personnes de distinction qui y sont. ibid.
La disposition de l'entrée de l'Eglise. 195.
L'hôtel de Carnavalet. 197.
L'hôtel de Lamoignon & la bibliotheque qui y est conservée. 199.
Maison bâtie sur les desseins de de L'Isle. 200.
La maison de *Michel* le Pelletier. 201.
Les Filles bleues. ibid.
L'hôtel de Sully. 202.
La Place Roiale. 203.
Vers sur la mort du roi *Henri* II. 204.
La disposition de la Place Roiale. ibid.
La statue équestre du roi Louis XIII. au milieu de la place. 205.
Les inscriptions autour de ce monument. ibid.
La figure du cheval, de l'ouvrage de *Daniel* de Voltere. 209.
Les plus considerables maisons de la place Roiale. 210.
L'hôtel de Richelieu & l'hôtel de Rohan. ibid.
La maison occupée par le Baron de Breteuil. ibid.
L'hôtel de Nicolai. 211.
L'entrée de la Place Roiale. ibid.
Le Couvent des Minimes. 213.
L'Eglise de ces Peres. ibid.
Inscription sur la premiere pierre. ibid.
Le frontispice de cette Eglise, du dessein & de la conduite de *François* Mansart. 214.
Le grand autel de cette Eglise. 215.
Dans une chapelle de la nef, le tombeau de Diane, légitimée de France, fille de Henri II. 215.

Son épitaphe. 216.
La Chapelle du *Duc* de la VIEVILLE. *ibid.*
Jean de LAUNOY, Docteur en Theologie, est in-
    humé dans cette Eglise. *ibid.*
Son épitaphe 217.
L'épitaphe de *Charlotte* de MONTMORENCY,
    dans la chapelle des Valois. 219.
Nicolas le JAY, premier Président du Parlement.
    ibid.
Abel de sainte MARTHE. *ibid.*
La bibliotheque de cette maison. *ibid.*
Les savans qui ont paru dans cette maison. 220.
Le P. *Marin* MERCENNE. *ibid.*
Le P. *Hilarion* de COSTE. *ibid.*
Le P. GIRY. 221.
Le P. PLUMIER. *ibid.*
Le premier établissement de l'ordre des Minimes,
    tiré de l'histoire de *Philippe* de COMMINES. 222.
La charité des femmes. 224.
La maison de *Jule-Hardouin* MANSART, dans
    la rue des Tournelles. *ibid.*
L'hôtel de Maienne, dans la rue saint Antoine.
    225.
Les filles de la Visitation. 226.
Nicolas FOUQUET, Surintendant des Finances est
    inhumé dans l'Eglise de ces Religieuses. 228.
La Bastille. 230.
Le magasin de TITON. *ibid.*
La Porte saint Antoine. 233.
Les inscriptions gravées sur cette porte. 234.
Le nouveau Cours. 237.
Porte rustique au milieu du rempart. 638.
Les deux grands bastions à côté de la porte saint
    Antoine. *ibid.*
Le dessein utile de VILLEDO, entrepreneur de
    bâtimens. 239.
Le faubourg saint Antoine. 240.
L'hôpital des Enfans Trouvez. 241.
L'abbéie roiale de saint Antoine. 242.
La manufacture des Glaces. 243.

L'arc de triomphe, la description de ce bel ouvrage à present détruit. 245.
Le château de Vincennes. 249.
La SainteChapelle du château de Vincennes. 252.
La grande porte qui conduit au parc. 254.
Plusieurs Rois ont fait leur séjour dans ce château. 255.
Quelques-uns y ont fini leurs jours. 256.
Le *Cardinal* MAZARIN y est mort. *ibid.*
Le château de Saint Maur. 259.
Le château de Bercy. 260.
La maison de Conflans. 262.
Le riche & curieux cabinet de *Louis-Leon* Pajot d'ONS-EN-BRAY, dans une maison autrefois nommée la *Vigne de Chaunes*. 263.
La maison des PARIS, freres. *ibid.*
Le Couvent des Piquepuces & leurs beaux jardins. 264.
La maison destinée pour l'entrée des Ambassadeurs extraordinaires. 265.
La maison de REUILLY. 266.
La maison de TITON. 267.
Dans la rue de Charonne une maison du dessein de de l'Isle. 271.
Les filles de la Madelene. 272.
Les filles de N. D. de bon Secours. *ibid.*
Les filles de la Croix. *ibid.*
Les filles de la Raquette. 274.
Le Couvent de Pincourt. *ibid.*
Une jolie maison à l'extrémité de la rue de la Raquette. *ibid.*
L'hôtel des Mousquetaires du Roi. 276.
Le Couvent des Religieuses Angloises. *ibid.*
L'hôtel de Villeroi. *ibid.*
A qui cet hôtel a appartenu autrefois. 277.
Le Couvent des Celestins. 278.
Histoire de leur établissement en France. *ibid.*
BRANTOME rapporte dans ses memoires la mort d'*Isabelle* de BAVIERE. 279.
Dans un coin du cloître le tombeau d'*Antoine* PE-

DES MATIÈRES.

Rez, & son épitaphe. 281.
Leon, ioi d'Armenie, est inhumé dans le chœur de l'Eglise de ces Peres. 282.
Les Secretaires du Roi y font dire leurs services. 283.
La chapelle d'Orleans & les beaux tombeaux qui s'y voient de plusieurs personnes tres-illustres. *ibid.*
La chapelle du Duc de Tremes, ornée de plusieurs tombeaux. 298.
Le tombeau de *Louis* de la Tremouille Marquis de Noir-Moutier. *ibid.*
Celui de *Sebastien* Zamet. *ibid.*
La statue en bronze de Charolus Magneus. 269.
Pierre Bard est inhumé dans le Chapitre. *ibid.*
Philippe Maziere est inhumé dans le même lieu. 300.
Estienne Carneau, & ses épitaphes de sa composition. *ibid.*
La curieuse bibliotheque des Peres Celestins. 302.
Le P. *Antoine* Becquet, savant Bibliothequaire. *ibid.*
L'Arsenal. 304.
Inscription sur la porte de l'Arsenal 306.
Le quai qui conduit à l'Arsenal, 307.
La maison de Gaspard de Fieubet. 308.
L'Eglise paroissiale de saint Paul. 309.
Plusieurs personnes de distinction ont leur sépulture dans cette Eglise. 312.
Arnauld de Corbie. *ibid.*
Charles de Gontaud Maréchal Duc de Biron. *ib.*
Robert Cenalis, fort consideré du roi François I. *ibid.*
L'épitaphe de *Nicole* Gilles, Auteur des Annalles de France. 314.
François Rabelais, & son épitaphe. *ibid.*
Jean Nicot. 316.
Le tombeau d'*Anne* Duc de Noailles. *ibid.*
François Mansart, fameux Architecte, 317.
Jule-Ardouin Mansart. 319.

Jean des MARETS de Saint Sorlin. ibid.
Godefroy HERMANT, Chanoine de Beauvais. 320.
Adrien BAILLET, & son épitaphe. ibid.
Pierre-Silvain REGIS. 322.
L'hôtel de saint Paul. 323.
Le Couvent des filles de l'Ave-Maria. 325.
Les tombeaux remarquables dans l'Eglise de ces Religieuses. 326.
Claude-Catherine de CLERMONT. ibid.
Charlotte de la TREMOUILLE. ibid.
Dom ANTOINE, Roi de Portugal. ibid.
L'hôtel de Sens. 328.
Le Cardinal Antoine du PRAT & sa conduite. ibid.
La rue des Barrez. 329.
L'histoire de l'ordre du Mont Carmel. 331.
Le Pont Marie. 332.
L'Ile de Nôtre-Dame. 335.
La maison du Président Lambert de THORIGNY. 337.
La maison de BRETONVILLIERS en 1719. Cette belle maison a été convertie en bureau pour les Aides & pour les entrées qui arrivent incessament à Paris. 346.
Quelques autres maisons remarquables dans l'Ile de Nôtre-Dame. 347.
Dans la rue Regratiere demeure une célebre Musicienne, nommée Elisabeth-Claude JACQUET, veuve de Marin de la GUERRE. 348.
La maison de Pierre-François OGIER, Receveur general du Clergé de France. 349.
L'Eglise paroissiale de saint Louis. 350.
Inscription sur la premiere pierre de la nef. 351.
Le tombeau d'Antoine de Vyon d'HEROUVAL, Auditeur à la chambre des Comptes; & son épitaphe. 352.
Philippe QUINAUT, Poëte célebre. 355.
Son épitaphe. ibid.
Le Pont de la Tournelle. ibid.
Inscription attachée sur la premiere pile de ce Pont. ibid.

La

DES MATIERES.

La Tournelle où sont gardez ceux qui sont condamnez aux Galleres. 356
Divers desseins proposez pour la communication de l'isle de Nôtre-Dame, avec l'Isle du Palais. 357
Remarque sur la riviere de Seine. 358
La porte saint Bernard. 362
Inscription sur cette porte. 363
L'Abbéie roiale de saint Victor. 365
Sa fondation. *ibid.*
Les illustres qui ont paru autrefois dans cette maison. 368
La bibliotheque publique de cette maison. 369
Henri du Bouchet de BOURNONVILLE a fondé cette bibliotheque. *ibid.*
Inscription à côté de la porte de la bibliotheque. 370
Louis COUSIN a donné sa bibliotheque pour l'augmenter. 371
Les épitaphes de plusieurs savans de cette maison. 372
J. B. SANTEUL, excellent Poëte, & son épitaphe. 375
Louis MAIMBOURG a fini ses jours dans cette maison; Il avoit été Jesuite. 378
Inscription de SANTEUL, sur la fontaine voisine. 379
L'hôpital de la Pitié. *ibid.*
Plusieurs couvents dans ce quartier. 380
Le Jardin Roial. 381
La disposition & la distribution de ce Jardin. *ibid.*
Les exercices qui se font publiquement dans le Jardin roial, de Botanique, de Chimie & d'Anatomie; les personnes qui y president. 384
Le curieux cabinet de *Joseph* Pitton de TOURNEFORT. 388
L'hôpital de la Salpetriere. 390
L'Eglise de cet Hôpital. 391
Histoire de l'établissement de ce grand Hôpital. 392

Tome II, A a

Les Gobelins, les rares ouvrages qui s'y fabriquent, & le nom de quelques maîtres plus distinguez. 324.
L'Eglise de saint Marceau. 400.
Le fameux *Pierre* LOMBARD y est inhumé, son épitaphe. 401.
Le Couvent des Cordelieres. 402.
Saint Medard Eglise paroissiale. *ibid.*
Olivier PATRU y est inhumé; son éloge. 403.
Pierre NICOLE est inhumé dans la même Eglise. 406.
L'Eglise paroissiale de saint Hipolyte. *ibid.*
Ancienne maison proche de cette Eglise. *ibid.*
Les Peres de la Doctrine Chrétienne. 407.
Bibliotheque publique de cette maison, donnée par *Jean* MIRON, Docteur de Sorbonne. 408.
Le P. BAISE', Bibliothequaire. 409.
L'Eglise de saint André des Ecossois, & le monument érigé à la memoire de JACQUES II. roi de la grande Bretagne. 410.
Le monastere des Religieuses Angloises. 411.
La maison de le BRUN, Auditeur des comptes. *ibid.*
La bibliotheque de l'*Abbé* de CAUMARTIN, de l'Academie Françoise; dans la rue Neuve de Saint Estienne. 412.

Le Quartier

DE L'UNIVERSITE'.

Antiquité de l'Université. 416.
Son ancienne splendeur. 417.
Les Colleges où l'on tient exercice. 420.
Les quatre Facultez qui composent le corps de l'Université. 423.
L'école de Medecine. *ibid.*
Eloge de cette Faculté. 425.
La Faculté des arts, divisée en quatre Nations. 427.

DES MATIERES.

Les principaux revenus de l'Université. 428.
Le Quai de la Tournelle. 430.
Le College des Bernardins. 431.
L'Eglise de ce College. 432.
Le tombeau de *Guillaume* du VAIR, Garde des Sceaux ; & son épitaphe. 434.
Le savant *Paul* PEZRON a paru dans ce College. 435.
L'Eglise paroissiale de saint Nicolas du Chardonnet. 437.
Les nouveaux édifices de cette Eglise. *ibid.*
Plusieurs personnes renommées sont inhumées dans cette Eglise. 438.
Jean de SELVE, premier President du Parlement. *ibid.*
Jerome BIGNON, Avocat general, & son épitaphe. 439.
René de Voyer Comte d'ARGENSON, & les épitaphes de plusieurs personnes de cette famille distinguée. 442.
Le tombeau magnifique de *Charles* le BRUN, premier peintre du Roi, & ses principaux ouvrages. 449.
Son épitaphe. 453.
Le College du Cardinal le Moine. 456.
Le Séminaire des Bons-Enfans. *ibid.*
Les conferences qui s'y tiennent. 457.
La place Maubert. 458.
Vers de SANTEUL, sur la fontaine de cette place. 459.
Les Carmes de la place Maubert. *ibid.*
Grande dévotion dans l'Eglise de ces Peres. 460.
Oronce FINE' célebre Mathématicien, est inhumé dans leur Eglise. 461.
Le P. *Sebastien* TRUCHET, tres-excellent Mathématicien. Son curieux cabinet. *ibid.*
Le College de Navarre. 462.
Inscriptions anciennes sur la porte de ce College. 463.
Les illustres qui ont paru dans ce College. 464.

Aa ij

L'Eglise paroissiale de saint Estienne du Mont. 467.
La Chaire du Prédicateur de cette Eglise. 469.
Les illustres enterrés dans cette Eglise. 470.
Blaise PASCHAL, & son épitaphe. 471.
Antoine le Maître de SACY. 472.
Jean RACINE, Poëte tres-célebre. 473.
Eustache le SUEUR, peintre tres-estimé. 474.
Pierre PETIT, savant Médecin, son épitaphe. 475.
Pierre BARBAY, fameux Professeur en philosophie. 477.
Son épitaphe. 478.
Jean MIRON, Docteur de la maison de Navarre. 479.
Jean GALLOIS, Professeur roïal en langue Greque. *ibid.*
Epitaphe singuliere d'un Chirurgien, prévenu de sa capacité. 480.
Simon PIETRE, habile Médecin, & son épitaphe. 482.
Joseph Pitton de TOURNEFORT, savant Médecin botaniste. 483.
L'Abbéie roiale de sainte Geneviéve du Mont. 485.
La fondation de cette ancienne Abbéie. *ibid.*
La Chasse de sainte Geneviéve. 490.
Epitaphe sur le tombeau du roi CLOVIS. 492.
Description du grand Autel de cette Eglise. 493.
Les tableaux de la nef. 495.
Le tombeau du *Cardinal* de la ROCHEFOUCAULT, & son épitaphe. 497.
Des figures de l'ouvrage de *Germain* PILON, proche de la porte du chœur. 499.
Le tombeau du fameux *René* DESCARTES; & les épitaphes que l'on peut lire. *ibid.*
Le cœur de *Jacques* ROHAULT, célebre Philosophe Cartesien, & son épitaphe. 502.
Remarque critique au sujet des cryptes ou caves qui se trouvent sous les anciennes Eglises 504.

L'intérieur

DES MATIERES.

L'interieur de la maison & les choses remarquables qui s'y voient. 506

La riche & nombreuse bibliotheque de cette maison. 509

Celle de *Maurice* le TELLIER, Archevêque de Reims, y a été jointe. 511

Le cabinet des raretez & tout ce que l'on y peut remarquer de plus singulier. 513

Quelques savans qui ont paru dans cette maison. 519

Le College de Montaigu. 522

Le College de sainte Barbe. 524

Le College des Grassins. 525

L'Eglise paroissiale de saint Hilaire. 526

La porte de l'Hôtel-Dieu. 527

Fin de la table du second Volume.

www.ingramcontent.com/pod-product-compliance
Lightning Source LLC
Chambersburg PA
CBHW060749230426
43667CB00010B/1504